指文® 战争事典 特辑 014

枭雄录

古代欧洲卷

指文烽火工作室 主编

中国长安出版社

图书在版编目（CIP）数据

枭雄录. 古代欧洲卷 / 指文烽火工作室主编. -- 北京：中国长安出版社, 2015.3
ISBN 978-7-5107-0898-5

Ⅰ. ①枭… Ⅱ. ①指… Ⅲ. ①历史人物－列传－欧洲－古代 Ⅳ. ①K811

中国版本图书馆CIP数据核字(2015)第051819号

枭雄录：古代欧洲卷

指文烽火工作室　主编

出版：中国长安出版社
社址：北京市东城区北池子大街 14 号（100006）
网址：http://www.ccapress.com
邮箱：capress@163.com
发行：中国长安出版社
电话：（010）85099947　85099948
印刷：重庆大正印务有限公司
开本：787mm×1092mm 16 开
印张：16
字数：369 千字
版本：2015 年 4 月第 1 版　2015 年 4 月第 1 次印刷

书号：ISBN 978-7-5107-0898-5
定价：49.80 元

前言

本书中记载的人物均可谓一时之人雄，他们或身先士卒、骁勇善战，如皮洛士大王、阿提拉；或励精图治、运筹帷幄，如安条克三世、米特拉达梯六世；又或精于谋事、果敢干练，如庞培、安东尼。但他们或因为时运不济、天不假时，或因为身伴强敌、掣肘难伸，又或因为寡恩暴戾、寡断谋尽，最终功败垂成、身死国灭，让人不禁扼腕墓道。前事不忘后事之师，因此不妨翻开本书，一览这些欧洲古代历史上枭雄人物的崛起、兴盛、争雄、败亡的精彩篇章。

原　廓

2015 年 3 月

本期作者团队简介

杨英杰：资深军事爱好者，专精古典时代地中海世界的历史与军事发展历程，同时涉猎广泛。活跃于国内各历史、军事爱好者群体，撰写古典军事史相关专题文章。

章　毅：青年历史题材作者，涉猎广泛，专精于古典时代地中海世界的历史与军事发展历程，活跃于国内各历史、军事爱好者群体，曾参与厦门电视台《军情全球眼》嘉宾主持。

董　狐：安徽大学历史系毕业，资深军史题材作者，著有长篇抗日谍战小说《致命裁决》、趣解名著系列《大宋道纪实——乱弹水浒》。

目录

皮洛士
身首异处的伊庇鲁斯国王

生于乱世的王子 002
参与继业者战争 008
雄鹰国王的崛起 013
鏖战罗马共和国 018
阿斯琴伦的惨胜 025
军事冒险的终结 032

安条克三世
壮志未酬的塞琉西国王

内外交困的新王 040
塞琉西中兴之主 045
拉菲亚不胜而胜 050
势如破竹的平叛 056
无往不利的“大帝” 064
屡败于罗马军团 073
一去不返的霸业 079

米特拉达梯六世
众叛亲离的本都国王

富庶的本都王国 090
罗马人的挑战者 095
希腊人的解放者 102
来自苏拉的攻击 107
本都的政治胜利 112
国王的最后尝试 117
众叛亲离的结局 123

格涅乌斯·庞培
功败垂成的罗马前巨头

崛起的罗马将星 136
罗马最有权势者 140
罗马前三头同盟 146
前三头同盟瓦解 151
恺撒面前的败者 157

马克·安东尼
沉迷女色的罗马后巨头

罗马独裁官副手 165
崛起于恺撒之死 169
恺撒继承人之争 174
罗马后三头同盟 178
钟情于埃及艳后 183
最后的穷途末路 188

尼禄·克劳狄乌斯·凯撒
身负污名的罗马帝国皇帝

元首之名的皇帝 194
宫廷阴谋中成长 197
弑母之后的残暴 202
慷慨与奢欲并存 205
渐入窘境的暴君 209
暴君的可悲结局 214

阿提拉
婚夜暴毙的游牧战神

蛮族入侵的世界 220
罗马的交换人质 226
“上帝之鞭”的铁蹄 230
与西罗马人为敌 235
血腥的沙隆会战 239
新婚夜里的暴毙 246

皮洛士

Pyrrhus of Epirus

身首异处的伊庇鲁斯国王

作者 / 杨英杰

我们留下多么美好的战场呀！我的朋友，就留给罗马人和迦太基人去玩吧！——皮洛士

公元前272年，在伯罗奔尼撒半岛东北部的城市阿尔戈斯外，一场葬礼正在进行。马其顿国王，安提柯王朝的二次中兴之主安提柯二世(Antigonus II Gonatas)正在火化他的死敌——伊庇鲁斯国王皮洛士。就在不久之前，皮洛士摧毁了他的军队，将他的权力颠覆，使他在各个沿海城市之间狼狈地躲藏；而现在，皮洛士身首异处，只是由于敌人的仁慈才得以获得一个庄严的葬礼，无常的命运起伏给了皮洛士一个悲惨的结局。

皮洛士的生命持续了46年，这46年中他从故乡——伊庇鲁斯的莫洛索伊起步，脚步遍及了埃及、小亚细亚、马其顿、意大利南部和西西里。皮洛士在这段时间中夺取了无数胜利的桂冠，先后为自己搏来数个王座。但当一切尘埃落定之时，他的王国依旧偏安希腊边陲一隅，他的功业也随着自己的死亡转瞬间倾颓。

有人把皮洛士看作是能力出众、野心勃勃的英主：安提柯一世认为他将是属于那个时代最杰出的将领；托勒密一世将女儿嫁给他作为政治投资；德米特里乌斯一世被这个后起之辈逼得流落海外。也有人对皮洛士不屑一顾："大希腊"的诸独立城邦，把他看成是呼之即来挥之即去的佣兵队长；马其顿人曾为他箪食壶浆，却不免以野蛮人视之；罗马人将他当作在亚历山大的声威下借机发难的小丑和奴仆。

所幸古典时代的历史学家足够勤劳，他们留下了足够多的史料记载，足以让我们从更为全面和严谨的角度来了解皮洛士的一生。这是一部起源于野心和梦想的冒险史，掺杂入现实的残酷和时运不济，最终成为一幕属于枭雄的悲剧，为皮洛士所属的时代——一个属于许多同样野心勃勃的失败者的时代——划上一个句号。

◎ *皮洛士的胸像，那不勒斯的意大利国立考古博物馆藏品*

生于乱世的王子

作为一切的开始，我们首先要从伊庇鲁斯这片土地说起。按照古代地理学家斯塔拉波的记载，伊庇鲁斯的范围从塞罗尼安山脉（今南阿尔巴尼亚）延伸到希腊的安布拉基亚角（Ambracian Gulf）。这片崎岖不平的山地始终与希腊世界维持着若即若离的关系，东部边境与马其顿和色萨利相接，北邻好战而掠夺成性的伊利里亚诸部落。

在古风时期（公元前八世纪是希腊地区在荷马时代结束之后普遍出现城邦国家

的时期），伊庇鲁斯最为人所熟知的是其位于多多纳（Dodona）的神谕所，这也是古希腊最早、最著名的神谕所之一。与希腊人不同，伊庇鲁斯人并非居住在有城墙的城市中，这也使得围绕着城邦产生的政治制度对于他们而言相对陌生，但伊庇鲁斯诸部很可能同样以古希腊语为语言。伊庇鲁斯的14个部族中，以北方的凯奥尼亚人（Chaonian）、中部的莫洛索伊人（Molossian）和南部的德斯普罗托伊人（Thesprotian）最为强大，其中莫洛索伊人长久以来奉行君主制。根据传统说法，莫洛索伊人君主制的建立，是由特洛伊战争的参与者之一，涅俄普托勒穆斯完成的。而皮洛士的故事，也要以他的经历作为起点。

◎ 腓力二世铸币。腓力二世一手推动了马其顿军队的战术体系的建立和职业化进程，强化了王国的中央集权，大力繁荣了工商业，促进了城市化进程和人口增长。尽管马其顿的辉煌大多归于其子亚历山大大帝，但这一切的基石是由腓力二世以惊人的谋略和毅力打下的

作为色萨利的王，涅奥普托勒穆斯参加了特洛伊战争，战后他并未返回故土，而是远航来到了伊庇鲁斯安身，并成为历代伊庇鲁斯国王上溯的根源。此后的莫洛索伊王国和整个伊庇鲁斯，一度在历史进程中沉寂。直至公元前430年至公元前390年在位的塔洛帕斯（Tharrhypas）为伊庇鲁斯地区引入了更多希腊世界的风俗、法律和文字，伊庇鲁斯才重新进入人们的视野中。

塔洛帕斯的王位诸代相传，然而，当他的孙子涅俄普托勒穆斯一世（Neoptolemus I）于公元前360年去世时，莫洛索伊的王位更替出现了动荡。涅俄普托勒穆斯一世的儿子亚历山大，在父王去世时年仅10岁，于是他未能成功继位，他的叔叔阿莱拜斯（Arybbas）掌握了权力。

为了进一步巩固自己的王位，公元前357年，阿莱拜斯将自己的侄女、亚历山大的姐姐——奥林匹亚丝（Olympias）嫁给了马其顿国王腓力二世，这场婚姻的结晶——亚历山大三世就是后来的亚历山大大帝。而对于伊庇鲁斯来说，联姻带来的变动近在眼前，与马其顿建立良好关系后，阿莱拜斯索性将亚历山大送至马其顿宫廷中做客。在他看来，这一举措赶走了他最大的权力威胁者，孰料未来的局势发展却应了“聪明反被聪明误”的老话。

年轻的亚历山大以男色诱惑了腓力二世，对亚历山大的宠爱，加上控制伊庇鲁斯的野心让后者改变了政策。公元前350年左右，腓力二世协助亚历山大驱逐了阿莱拜斯，使亚历山大成为莫洛索伊国王亚历山大一世，阿莱拜斯遭到流放逃去了跟马其顿敌对的雅典。这一过程中，莫洛索伊事实上成为马其顿的附庸国，伊庇鲁斯

东部的部分土地也被马其顿所控制。

亚历山大一世即位后，通过多年经营，设法将伊庇鲁斯的各部落以同盟形式统一，莫洛索伊王国无疑在联盟中占据领导地位，拥有同盟的军事指挥权。实力的增强，也逐步增强了亚历山大一世的独立欲望，恰好在公元前 337 年，马其顿自身的政治变动给了他一个机会。

公元前 338 年的喀罗尼亚会战后，大胜归来的腓力二世在首都佩拉与将军阿塔卢斯（Attalus）之女——克利奥帕特拉·欧律狄刻（Cleopatra Eurydice）一见钟情，继而准备在次年娶她为妻。这样一个纯马其顿血统的女人，极有可能为腓力二世生下一个纯马其顿血统的子嗣。这对于来自伊庇鲁斯的王后奥林匹亚丝，以及混血王

◎ *公元前三世纪的伊庇鲁斯处于希腊半岛的核心文化圈之外*

子亚历山大三世而言，都是不可接受的。于是在次年，腓力二世迎娶欧律狄刻的同时，奥林匹亚丝和亚历山大三世与腓力二世不欢而散，王后回到了伊庇鲁斯娘家，而王子则被流放去了伊利里亚。

亚历山大一世适时出手，他收留了自己姐姐的同时，在政治上站到了腓力二世的对立面，这也是他对自继位以来附庸地位的一个挑战。腓力二世此时正忙于准备发动对波斯的远征，这一“后院失火”显然让他猝不及防，他不希望家庭纠纷演变为政治上的动荡；另一方面，他对儿子亚历山大三世从感情上仍旧是接受的，也无意让局面演变到奥林匹亚丝裹挟王子站到伊庇鲁斯一方对抗自己的地步。于是，腓力二世开始设法重建和伊庇鲁斯的联盟。

最终，妥协又以联姻的方式达成，尽管奥林匹亚丝一度想要让弟弟对丈夫开战，但最后她还是只得贡献出她和腓力二世的一个女儿——克利奥帕特拉（Cleopatra）——嫁给亚历山大一世。但婚礼却转变为一场悲剧：公元前 336 年，腓力二世在婚礼上遭到刺杀。

在一连串政治博弈后，亚历山大三世得以继承王位，并迅速处决了多位潜在竞争对手。

而在伊庇鲁斯，腓力二世的死，以及奥林匹亚丝母子的掌权，无疑让伊庇鲁斯和马其顿的盟约更为稳固，也使得伊庇鲁斯在政治上获得了更大的自由。

至此，马其顿和伊庇鲁斯之间的一连串政治联系暂时稳定。现在这两个王国各有一位名叫亚历山大的英主，野心勃勃且都将目光投向海外。公元前 334 年，马其顿的亚历山大三世发动了准备许久的东征；而伊庇鲁斯的亚历山大一世则剑指西方。

意大利半岛南部的一系列希腊殖民城市被称为“大希腊”（Magna Graecia），由位于半岛“脚后跟”的城邦塔拉斯（Taras，或称塔兰托）领导。在意大利中南部各民族不断的军事压力下，“大希腊”各城邦的扩张碰壁，继而连自保都难以胜任，在此情况下，他们试图寻求外来的军事援助。公元前 342 年，亚历山大一世成了一个“应征”而来的“佣兵队长”。亚历山大一世对这次远征有更大的野心，在帮助“大希腊”各城邦驱逐布鲁提伊人（Bruttian）和卢卡尼亚人（Lucanian）之余，他还想建立在南意大利的统治。这一野心最终使他和“大希腊”各城邦分道扬镳，他的暴虐统治也使他兵败被杀。

亚历山大一世的横死，使得在公元前 337 年出生，当时仅有 3 岁的王子涅奥普托勒穆斯二世继位，而他的母亲克利奥帕特拉及祖母奥林匹亚丝则充当摄政。尽管王子年幼，但权力看上去仍将在莫洛索伊王国最正统的世系中稳固地继承下去。在这时，快要被遗忘的被流放者阿莱拜斯，仍在远离伊庇鲁斯的土地上游荡和伺机而动，但他成功的希望无比渺茫。没有人会想到，他的孙子，大名鼎鼎的皮洛士，将有机会在未来借势而起，建立属于自己的统治。

公元前 323 年 6 月 10 日，在新的帝国首都巴比伦尼亚，亚历山大大帝带着未竟的征服野心离开了人世。这一惊人的消息

◎ 古科森提亚遗址，亚历山大一世可能的战死之处。亚历山大一世在意大利的征战以众叛亲离告终，互相交战的奥斯堪人和他领导的希腊人最终联合起来攻击他。亚历山大一世的尸体被切成两段且遭受百般凌辱，可见其不得人心

很快传到了帝国的各个角落，并立即造成了一次政治上的大爆炸。在亚历山大大帝的部将忙于争夺权力的同时，希腊本土的反马其顿势力开始蠢蠢欲动。雅典人、埃托利亚人、福基斯人、罗得岛人加入反马其顿同盟，马其顿控制下的色萨利表面上顺从马其顿摄政安提帕特，却在拉米亚会战中倒戈一击，使之被困于拉米亚城中，这场叛乱也被称为“拉米亚战争”。

但在安提帕特和其他亚历山大部将焦头烂额地处理拉米亚叛乱的同时，奥林匹亚丝却另有算盘。她与安提帕特势如水火，为了设法削弱后者的地位，她试图让伊庇鲁斯军队加入希腊人的行列。但国王涅俄普托勒穆斯二世仍然年幼，显然不具备领军作战的能力，为此奥林匹亚丝召来了流放在外的阿莱拜斯。在拉米亚战争中，阿莱拜斯与色萨利将军门农建立了友谊，他的儿子埃阿喀德斯（Aeacides）与门农之女佛提雅（Phthia）成婚。

阿莱拜斯的海外征程没能持续多久，公元前 322 年的克拉农会战中（Battle of Crannon），安提帕特和克拉特鲁斯彻底击败了希腊联军。不过伊庇鲁斯并未在这次失败的投机中付出什么代价。阿莱拜斯在拉米亚战争结束的前后去世，而埃阿喀德斯成为伊庇鲁斯国王。他此前完成的婚姻也在公元前 319 年诞生结晶，本文的主角皮洛士就此出生。

贵为伊庇鲁斯王子和亚历山大大帝远房亲戚的他，无疑是含着金汤匙出生的天之骄子。然而，生于乱世的皮洛士注定无法在一个安稳的环境中成长。

拉米亚战争结束之后，继业者之间的政治斗争愈演愈烈，皮洛士出生的那年，安提帕特离世，他将权力交给另一位老将波利比孔，但后者却无力掌控局面，全面战争随之爆发。奥林匹亚丝和埃阿喀德斯与波利比孔结盟，安提帕特之子——野心勃勃的卡桑德联合安提柯等人与之敌对。亚历山大大帝死后，他的两位继承人——腓力三世和亚历山大四世都卷入了这一系列纷乱中，相继殒命。首先遭遇不幸的是亚历山大大帝同父异母的兄弟，有智力残疾的阿里戴乌斯（Arrhidaeus,即腓力三世），他先后成为不同摄政者的木偶。最后一个试图借助他掌握权力的是他的妻子——腓力二世的孙女欧律狄刻二世。欧律狄刻二世和腓力三世的军队在战场上遭遇了奥林匹亚丝，马其顿士兵们毫不犹豫地临阵倒戈，投向了亚历山大大帝的生母，而腓力

三世夫妇也被捕获并杀害。

获胜的奥林匹亚丝一度掌握了马其顿的权力，但她对反对派的迫害引起了马其顿人的不满。卡桑德借机起事，成功地将奥林匹亚丝以及她保护下的亚历山大四世困在了马其顿重要的港口城市彼得纳（Pydna）。试图解围的波利比孔和埃阿喀德斯分别在色萨利和马其顿西部遭遇挫折：前者的部队被卡桑德大批收买；而后者则在坚城下顿足不前，补给不足的士兵爆发兵变，使得军事行动被迫中止。结果，围城中无力坚持的奥林匹亚丝在公元前316春季决定投降。卡桑德答应保证她的个人安全，但却在此后爽约杀害了她，而亚历山大四世则在公元前311年连同母亲罗克珊娜一起被卡桑德毒死。

与此同时，埃阿喀德斯遭遇的兵变演变为一场全伊庇鲁斯的叛乱，伊庇鲁斯国王被他的臣民推翻并流放。莫洛索伊王国的正统王族此时无人能够掌权：涅俄普托勒穆斯二世和埃阿喀德斯先后被流放；奥林匹亚丝被困于彼得纳；而克利奥帕特拉由于之前的一桩政治婚姻，身处小亚细亚，被“独眼龙”安提柯扣留。卡桑德借此夺取了伊庇鲁斯的控制权，而年仅 3 岁的小皮洛士被迫在一小群忠心耿耿的卫士的保护下，试图逃出政敌的虎口，他的流亡生涯自此开始。

卡桑德对马其顿的控制，使得皮洛士放弃在希腊半岛避难。他们的去处，是伊庇鲁斯北方的伊利里亚地区。根据某些记载，由于惧怕卡桑德的势力，伊利里亚国王格劳西亚斯在与皮洛士一行会面时表示并不愿意收留他，但这时小皮洛士却走上前去，抱住了格劳西亚斯的腿，用力拉扯。这一孩童的无意之举，象征着寻求保护，格劳西亚斯顿生怜悯，视之为天意要他收留皮洛士，并因此扛住了卡桑德要他交出皮洛士的威逼利诱。

去除史料中的传说意味，格劳西亚斯的真实动机很容易从政治角度分析得到：作为马其顿的传统敌人，伊利里亚人当然无意配合卡桑德；而一个伊庇鲁斯王子，对格劳西亚斯而言奇货可居。皮洛士在这样的政治环境中，刚好能够获得一个容身之所，度过踏上政治舞台前的时光。

而在马其顿帝国的各个地区，战乱则在继续扩大，随着阿吉德王朝终结，继业者们更加肆无忌惮地追求自己的利益。被流放后避难于波利比孔麾下的埃阿喀德斯觅得机会，重新回到了伊庇鲁斯，或许是厌烦了受马其顿人统治，伊庇鲁斯人欢迎了他的回归，并组建了一大支军队。

卡桑德随即作出反应，他的兄弟腓力带领一支军队进入阿卡纳尼亚，从这里可以威胁到北面的伊庇鲁斯和南面的埃托利亚联盟。埃阿喀德斯试图与希腊人共同对付腓力，便率军南下阻截。占据内线位置的马其顿军队，在他们汇合前抢先击败了埃阿喀德斯，受重创的埃阿喀德斯带领残部设法与埃托利亚人汇合。这支混合军队在俄涅戴伊（Oeniadae）再度与腓力交战，结果再度惨败，埃阿喀德斯在战斗中身受重伤，不久后身亡。

随着国王的死亡，伊庇鲁斯人被迫在次年（公元前 315 年）推选埃阿喀德斯的兄弟阿尔塞塔（Alcetas）为王。但这个国王性情暴烈乖戾，以至于一度被父亲阿莱拜斯流放。继位后的阿尔塞塔立即面临马其顿人的入侵威胁，此前由卡桑德任命的伊庇鲁斯总督利西斯库斯（Lyciscus）率领军队入侵伊庇鲁斯。阿尔塞塔最终战败投降，卡桑德与之订立了盟约，然而厌倦马其顿统治的伊庇鲁斯人再度发起暴动，在公元前314年前后杀死了阿尔塞塔和他的儿子们，再度独立。这一系列动荡削弱了卡桑德在希腊西部和伊庇鲁斯原本稳固的统治。

至公元前311年前后，各初代继业者们大多划分了自己的势力范围，此前在相对低烈度下进行的继业者战争，终于彻底转变为一场“世界大战”。安提柯的儿子德米特里乌斯,在公元前311年大举入侵希腊，迅速攻占了麦加拉和雅典，从而直接威胁到了卡桑德在希腊的统治根基。在这样的情况下，皮洛士的支持者们终于有希望帮助他重回伊庇鲁斯王位。

参与继业者战争

经历了8年在伊利里亚的流亡，11岁的皮洛士终于在公元前307年返回伊庇鲁斯。格劳西亚斯无疑给予了他巨大的帮助。皮洛士返回时，伊庇鲁斯的实际掌权者是此前被流放、后来返回的涅俄普托勒穆斯二世。皮洛士返回后，他再度被流放出国。然而就如同腓力二世帮助亚历山大一世继位一样，皮洛士成为国王的同时，也使得伊庇鲁斯成为了伊利里亚的附庸国。

◎ “围城者”德米特里乌斯一世胸像。他以相貌英俊传世，看他的胸像多少能领略一二

此后的5年多，皮洛士的傲慢使他难受国民欢迎，另一方面他是伊利里亚人的傀儡这一事实也进一步触怒了伊庇鲁斯人。最终在公元前302年，刚刚17岁的皮洛士再度失去了王座：他出国参加格劳西亚斯的婚礼，莫洛索伊人和其他伊庇鲁斯部族趁机发动叛乱，重新立涅俄普托勒穆斯二世为王。皮洛士再一次陷入了流浪中。为了获取复国的政治资本，皮洛士前去投奔当时最强大的继业者——安提柯父子。就在一年前，德米特里乌斯娶了皮洛士的妹妹黛达米娅（Deidamaia）为妻。

安提柯和德米特里乌斯父子作为继业者时代最出色的军事指挥官之一，让年轻的皮洛士颇有大开眼见之感。安提柯在行伍的掌控和作战的指导方面十分出色，尤其是他的骑兵指挥艺术在继业者时期出类拔萃；而德米特里乌斯则擅长海战和围城战，他的工程设计天赋在围城战中显露无遗，因而获得“围城者”的称号。在他们的宫廷中，皮洛士成为了最为勤奋和好学的学生，安提柯对他印象深刻，赞许他将成为同辈人中最优秀的将军。

此时的安提柯父子已经通过多年的征战建立了强大的势力。在公元前306年的塞浦路斯攻防战中，德米特里乌斯获得巨大的成功。安提柯父子借此大胜带来的声威，正式僭取了国王的称号，其余继业者也在此后纷纷称王。但安提柯家族过于强大的势力和野心终于招致惩罚，所有其他继业者联合起来与之敌对，随后的局势发展逐渐不利于他们。塞琉古一世设法统一了各东部省份，并成为安提柯最强大的敌人。当皮洛士在公元前302年投奔德米特里乌斯一世时，后者刚好要动身与父亲汇合，准备在小亚细亚西南部的伊普苏斯（Ipsus）进行一次会战，一劳永逸地在战场上摧毁所有对手。一场各大继业者参与的最终决战即将开始，作为贵宾，年轻的皮洛士也有幸参加了人生中的第一次大会战。

作为继业者时代规模最大的一次会战，公元前301年发生的伊普苏斯会战有超过15万士兵直接参与。安提柯的军队拥有7万名步兵、1万名骑兵和75头战象，而联军则投入了6万4千名步兵和1万5千名骑兵，战象的数目则达到了惊人的400头之多（塞琉古一世不久前与印度的月护王签订了盟约，他将亚历山大大帝占领的印度领土送给月护王，换取了长久的盟约和大量战象的军援）。

安提柯一世对于部队的部署，依旧选择了继业者军队中最典型的形式：以方阵为支柱组成了中央的步兵战线，而在两翼部署骑兵。安提柯的右翼由其子德米特里乌斯带领，他麾下集中了安提柯的绝大部分重骑兵，承担最主要的攻击任务；而安提柯的左翼则主要是轻骑兵，以进行防御性的阻滞和游击为主；安提柯本人则坐镇中央。安提柯父子的部署，和过去15年内他们在帕莱塔西奈、伽比埃奈、加沙等会战战场上的部署别无二致，遵循了马其顿军队典型的斜行序列战术，以重骑兵为核心的优势翼先行攻击，劣势翼则进行防御作战。

而指挥联军的塞琉古一世，则对部队进行了截然不同的安排。他数量占优但更不擅长近战的骑兵，被较平均地分散到两翼，左右翼分别由塞琉古之子安条克、色雷斯国王利西马库斯指挥。与安提柯数量相若的战象被部署到步兵战线前方，另有至少300头战象集中部署在主战线后，这部分战术预备队将作为决定性的力量使用。

随着战线排布停当，安提柯发出了进军的信号。德米特里乌斯一马当先，以右翼势如千钧的重骑兵发起冲击，拉开了整场大战的帷幕。右翼骑兵的队形中也包括了“初生牛犊”皮洛士，他和所有德米特里乌斯的部下一起，以全部的悍勇和热情猛击联军的左翼。在4千名重骑兵的冲击之下，联军左翼被击溃，德米特里乌斯欣喜地率部投入追击之中。跟着战败者的脚

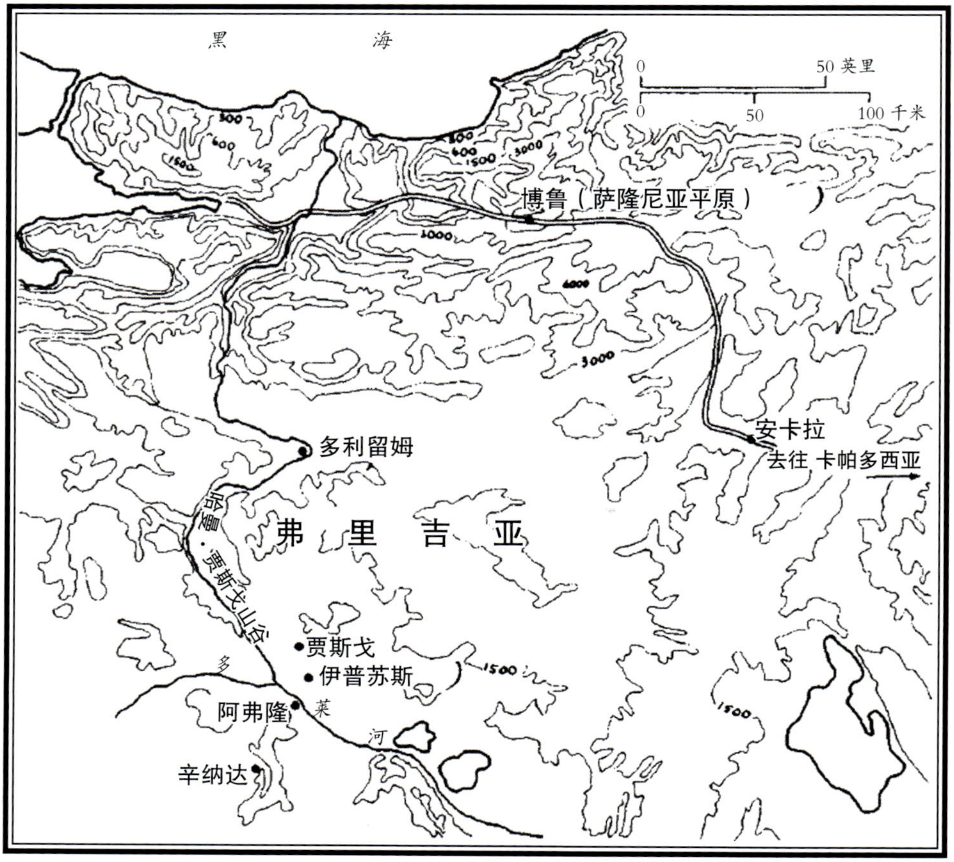

◎ 伊普苏斯战场。伊普苏斯会战的战场位于安提柯的小亚细亚领土腹地，安提柯父子战败的同时，也再无战略空间用以扭转败局

步，安提柯军的右翼一路追入哈曼·贾斯戈山谷（Hammam Gazigol）之中，试图将前者赶尽杀绝，同时也使得自己远离了战场中心。

在得悉左翼的战况后，塞琉古迅速做出反应，将那支规模庞大的战象预备队调往自己的左翼填补缺口。这些战象来到哈曼·贾斯戈山谷的入口，封死了山谷的出口。此时，双方的中央战线各自缺少一边的侧翼掩护。塞琉古又通知右翼的利西马库斯，从麾下调拨大量轻装的投射部队，从本方战线后部横贯战场，来到安提柯军空虚的右翼。

安提柯一世此时已经率领方阵主力投入了战斗，两翼交战情况的报告来到了他的面前，他的右翼势如破竹，而左翼则很好地拖延了敌军的进展。战况进行到如此，“独眼龙”满意地继续等待，只需等到德米特里乌斯的骑兵回转并再度冲击，对方的方阵主力就会土崩瓦解，这场会战的胜利和整个亚历山大帝国唾手可得。

但战局的发展却出乎他的意料，德米特里乌斯的骑兵迟迟没有重新出现，反倒是联军一方的骑射手出现在烟尘中。这些来自东部行省的轻骑兵迂回到安提柯方阵的后方，用如雨的箭矢射向安提柯的方阵。正忙于正面交战的方阵士兵，立即陷入了骚动和不安之中，此时的安提柯却没有预备队来驱逐那些骑射手，他的部队逐渐陷入瓦解。

此时的德米特里乌斯终于判断追击应当结束，于是掉头冲向主战场。然而他却发现，数百头战象将山谷出口堵得严严实实，战象的气味甚至让战马都无法前进。皮洛士和其他骑兵的骁勇，在这种情况下起不到作用，骑手们被迫下马前进，和配属给他们的步兵一起，试图杀死和驱逐战象。

而主战场上的战局发展终于到了临界点，安提柯麾下的方阵开始投降或是逃跑，安提柯努力地稳定军心也无济于事。最终，在正面和背后的双重压力下，他的整条战线如同退潮一般，陷入了彻底崩溃。安提柯一世没有逃跑，而是继续待在指挥位置上重整部队，等待儿子出现直至最后一刻。最终，联军冲到了他的面前，在拒绝了幕僚让他撤离的请求后，未披铠甲的安提柯被一支标枪当场射杀，大军随之崩解。

直到尘埃落定之时，德米特里乌斯才突破了那道战象之墙，但已是于事无补。意识到失败之后，他匆匆收拾残军逃离了战场。幸运的是他的海军依旧强大，东地中海对他而言有如内湖，因此在失败后他也基本能够行动自由。到这时，安提柯投入战场的 8 万大军，只剩下德米特里乌斯身边的 9 千人。

犹如丧家之犬的德米特里乌斯，还来不及咀嚼失去了父亲和大半个王国带来的苦楚，就被迫启程匆匆前去确保尚能防守的领土。伊普苏斯的胜利者们纷纷开始吞并安提柯留下的疆域，德米特里乌斯集中手头有限的力量，起锚前往色雷斯的切索尼斯半岛（Chersonese）制止利西马库斯的进一步行动。而他先前在希腊仍旧掌握了不少城市，留下了数处重要的驻军，他将这部分力量交给了皮洛士掌管，给予他独当一面的地位。

伊普苏斯会战对于继业者战争的局势有着巨大的影响，而对于皮洛士个人来说，这也是极为重要的经历。德米特里乌斯追击过于深入的教训，以及塞琉古运用战象预备队的决定性一击，在皮洛士本人军事生涯的用兵风格中，打下了深深的烙印。而从军事以外的角度而言，伊普苏斯会战的结果促使了各继业者势力的重新洗牌，皮洛士将在未来从此乱局中获益匪浅。

公元前 298 年，从惨败中逐渐恢复的德米特里乌斯开始在希腊和马其顿打开局面，并重新与塞琉古和托勒密结盟，塞琉古还娶了他的女儿。作为盟约的一部分，他与黛达米娅所生的儿子亚历山大，将作为人质留在亚历山大里亚，皮洛士作为孩子的监护人和叔叔，也一并前往亚历山大里亚作人质。然而在 2 年之前，黛达米娅就已病逝，这使得皮洛士和德米特里乌斯之间的纽带就此断裂。从到达亚历山大里亚的第一天起，皮洛士就开始精心谋划重抢权力的计划。

在埃及，托勒密夫妇对他都留下了良好的印象。于是在公元前297年，托勒密一世将他与贝蕾尼基之女安提哥妮（Antigone）嫁给皮洛士，并开始支持他回到伊庇鲁斯的计划。

此时的伊庇鲁斯处在第三次上台的涅俄普托勒穆斯二世手中，托勒密一世的金钱和政治支持使皮洛士很容易地获得了权力，他和涅俄普托勒穆斯二世被立为共治国王。但这样的妥协并没有持续太久，两人很快就将敌意放到了台面上。在一次祭祀活动中，皮洛士的一名亲随米提鲁斯（Myrtilus）因故遭到了皮洛士的羞辱，涅俄普托勒穆斯二世看到了机会，指使手下收买米提鲁斯寻机毒杀皮洛士。但米提鲁斯表面上答应参与阴谋，却将事情向皮洛士全盘托出。皮洛士决定抢先下手，在一次宴会上设法谋杀了涅俄普托勒穆斯二世，由于他在伊庇鲁斯的统治过于严苛，皮洛士获得了更多拥戴。现在，皮洛士成为了伊庇鲁斯的唯一统治者，他以整个伊庇鲁斯的人力和财力为基础，有足够的资源来实现野心。在他的努力下，一支全新的伊庇鲁斯军队被建立起来，马其顿式样的长枪方阵和枪骑兵成为这支军队的核心。在伊普苏斯战场上积累的宝贵经验，将使皮洛士成长为当时最优秀的战术家之一。

与此同时，德米特里乌斯也迎来了机运的再度上升。马其顿原有的统治者卡桑德在公元前305年病死后，留下了三个儿子继承王国。年长的腓力四世最先继位，但很快病死，随后掌权的次子安提帕特和三子亚历山大五世之间爆发了冲突，两人将王国划分为东西两边，各自掌握一部分领土。很显然，在强敌环伺下，两人不可能长久地维持统治。

公元前295年，皮洛士抢先发难，威逼亚历山大五世与他结盟，并要求获得马其顿西部的泰菲亚（Tymphaea）和帕劳伊（Parauaea）两座城市，以及希腊的安菲洛基亚、安布拉西亚（Ambracia）和阿卡纳尼亚（Acarnania），亚历山大软弱地同意了这一要求。皮洛士随后击败了安提帕特，并将其领土交予亚历山大五世统治。接着他将安布拉西亚立为伊庇鲁斯的新首都，他希望通过这一举措，以及随后对安布拉西亚的建设，加快伊庇鲁斯王国希腊化的进程。在同一年内，他挚爱的妻子安提哥妮去世（极可能是死于难产），皮洛士给儿子取名为托勒密向岳父致敬。

失败的安提帕特逃往色雷斯，向岳父利西马库斯请求支持。后者有意于马其顿的领土，但却忙于指挥小亚细亚的军事行动而难以抽身，便假托托勒密之名给皮洛士写了一封信，让他收取安提帕特的赎金，归还东马其顿的领土。但这一小花招被皮洛士看穿了。

这一小阴谋惹怒了皮洛士，但皮洛士无力正面对抗利西马库斯。最终在后者的撮合下，皮洛士和亚历山大五世、安提帕特签订了合约，三人成为名义上的马其顿共治国王，皮洛士随后返回伊庇鲁斯。但马其顿的局势却并未随之平静，同样活力充沛、野心勃勃的德米特里乌斯在此时介入了马其顿局势。

在此前的争斗中，亚历山大五世一度试图与德米特里乌斯结盟对抗安提帕特，此时德米特里乌斯停止了在希腊的行动，腾出手来北上马其顿。抱有戒心的亚历山大五世试图在接风宴会上进行谋杀，但碍于卫队无法下手，事后自己反遭毒手。按照马其顿的传统，弑王者需要为自己申辩，德米特里乌斯辩称自己为自卫，并侃侃谈起自己登上王位的资格：其父安提柯在腓力二世和亚历山大大帝麾下效力，以及一度当选帝国摄政带来的正当性，显然胜过了曾谋杀亚历山大大帝家人的卡桑德及其子嗣。于是马其顿人推选德米特里乌斯为马其顿国王，安提帕特再度被逐出马其顿。

这样一来，德米特里乌斯的势力已经遍布了希腊半岛，仅有伊庇鲁斯、斯巴达和美塞尼亚不在他的统治之下。在德米特里乌斯和皮洛士边境相接的地区，局势尤为紧张。泰菲亚和帕劳伊的伊庇鲁斯驻军打起十二分精神，皮洛士忙于加固安布拉西亚的城防，同时虎视眈眈。这两位君主的好战天性，使得他们之间的和平毫无长久的可能。

雄鹰国王的崛起

终于，两人之间的平衡因希腊城市的行动被打破。在伊普苏斯会战的失败后，德米特里乌斯改变了此前对希腊各城邦的宽松政策。这在希腊各地区造成了不小的反弹，阿提卡、皮奥夏等地区先后叛乱。在公元前 292 年，德米特里乌斯对色雷斯进行了成功的远征，但前一年被镇压的皮奥夏人再度叛乱。德米特里乌斯被迫返回希腊，并对底比斯进行了围攻。

皮洛士决定抓住良机，趁德米特里乌斯忙于平叛，他带领伊庇鲁斯军队和盟友埃托利亚人，以大约 3 万人的军队东进色萨利。德米特里乌斯反应迅速，他将围城任务交由儿子、未来的安提柯二世戈纳塔斯（Gonatas）处理，而自己带领主力北上求战。皮洛士的实力不足以正面对抗德米特里乌斯，在一番劫掠之后他选择了西撤。德米特里乌斯在色萨利留下了大将潘陶克斯（Pantauchus）和 1 万 1 千人的守军，自己则返回南方继续围攻，并在第二年成功攻取了底比斯，两人间的全面战争也因此宣告开始。

在皮洛士被迫返回伊庇鲁斯的同时，他还遭受了另一打击：他的另一位妻子——拉娜萨（Lanassa）离他而去。拉娜萨自视甚高，不愿与皮洛士后宫中的其他蛮族妻子共处。结果她逃往了科基拉岛（这片领土是她结婚时带来的嫁妆），并放话要将自己献给德米特里乌斯。德米特里乌斯闻讯后发动了一次海上远征，轻松攻取了科基拉岛和莱夫卡斯岛（Leucas），并接回拉娜萨。没有海军力量的皮洛士，只得无奈地接受羞辱。

公元前 289 年，德米特里乌斯发动了旨在永久消灭西部威胁的军事行动，他的主力与潘陶克斯的驻军汇合后，从色萨利出发，南侵埃托利亚同盟。无力正面对抗的埃托利亚山民们躲入山区，以持续的游击战骚扰入侵者，避免正面战斗。但德米特里乌斯有更大的野心，他在埃托利亚留下潘陶克斯，自己则带领部队迅速穿越埃托利亚的山隘，向西北的安布拉西亚挺进。

获悉埃托利亚人的危局，皮洛士迅速动员了大约2万人，以最快的速度进入埃托利亚。他刚好选择了另一条沿海的道路，这使得他与反向进军的德米特里乌斯擦肩而过，数量不足的伊庇鲁斯人也得以免于进行会战。德米特里乌斯从容蹂躏伊庇鲁斯乡间的同时，皮洛士的军队也进入了埃托利亚，留守的潘陶克斯不顾人数劣势，决定收拢驻军进行会战。

根据普鲁塔克的记载，素以勇猛著称的潘陶克斯，在战端初开之际就直冲皮洛士而来，要求进行单独决斗。皮洛士接受了这个挑战，两人在众目睽睽之下，先以骑枪互相冲刺，再拔剑贴身肉搏。皮洛士在搏斗中留下一处刀伤，但刺中了对手的大腿和头颈，重伤的潘陶克斯靠着侍卫拼死力救才捡回一条命。伊庇鲁斯军队同样也在全局战斗中赢得了大胜，至少5千名马其顿士兵被俘，战死者不计其数。皮洛士人生中第一次指挥的会战告捷，伊庇鲁斯人士气大振，称呼他们的国王为“雄鹰”，这一外号也跟随了皮洛士的一生。

而皮洛士不仅让伊庇鲁斯人为之昂扬，甚至还赢得马其顿人的欣赏。尽管被皮洛士打得损失惨重，但马其顿人并未对皮洛士有所怨恨。相反地，马其顿人对这个阿喀琉斯的后裔和亚历山大大帝的远亲，充满了敬意。同时，因为这一年的交战，最终让德米特里乌斯打消了消灭皮洛士的想法。他膨胀的野心使他试图重建他父亲的版图，为此在希腊和马其顿全力扩军，据说他想要组建一支超过10万人的大军和500艘战舰组成的舰队，毫无疑问，这对其他继业者再度构成了威胁。

又一次，还在世的继业者们出于恐惧结盟。托勒密、利西马库斯、皮洛士和德米特里乌斯的亲家塞琉古，从三条战线、三个方向逼向德米特里乌斯。公元前288年，托勒密的舰队在希腊各城市间挑动叛乱，同时利西马库斯领军南侵，德米特里乌斯匆忙北上。而此时的皮洛士，则安坐安布拉西亚，他等待着德米特里乌斯将注意力投向北方，然后从容出兵，夺取马其顿的王座。

联军的行动十分迅速，南下的利西马库斯和德米特里乌斯在马其顿北部展开了会战。德米特里乌斯在安菲波里斯（Amphipolis）赢得了一场正面胜利，但他的权力基础却在南方开始崩塌。皮洛士等到了他需要的机会，从南方和西方开始了火速进军。

传闻在进军过程中，皮洛士梦见了亚历山大大帝，病重的后者提出以荣誉和名望帮助皮洛士，随后便骑上来自尼萨的骏马，带领皮洛士慨然起行。或许是受到了梦境的激励，皮洛士在马其顿境内的行动大胆而迅猛，连续的败报在德米特里乌斯的军营中造成了极大的不安。终于，安提柯家族的故乡、重镇贝里亚（Beroea）的陷落，让马其顿军队士气大减。刻薄寡恩的德米特里乌斯并不是一个深受爱戴的指挥官，他效仿波斯式的帝王做派更是招致了马其顿士兵的不满。贝里亚的陷落，此时被当作一个恶兆，大大刺激了马其顿人的神经。

发现军营中酝酿着的反叛计划，德米特里乌斯将军队南移远离利西马库斯。在他看来，士兵更可能叛逃到利西马库斯帐中，而非伊庇鲁斯的“蛮族”旗下。然而这却大错特错，皮洛士释放了许多俘虏，消除了马其顿人的顾虑，士兵们随之彻底丧失了对德米特里乌斯的忠诚。最终在亲信的劝说下，德米特里乌斯被迫放弃这支处在叛乱边缘的大军，化装成平民逃出了营地，皮洛士无需战斗就吞并了整支军队和马其顿领土。

随后来到马其顿的是姗姗来迟的利西马库斯，他要求瓜分半个马其顿。皮洛士判断马其顿人的忠诚并不足信，自己没有足够的实力与利西马库斯公开敌对，便同意以奥克西乌河（Axius）为界，各自统治马其顿的一半领土。而德米特里乌斯则又如丧家之犬一般逃往希腊，这里有他的儿子戈纳塔斯和各希腊城市的驻军。利西马库斯和皮洛士忙于内斗和瓜分马其顿之时，德米特里乌斯回到希腊着力解决叛乱。

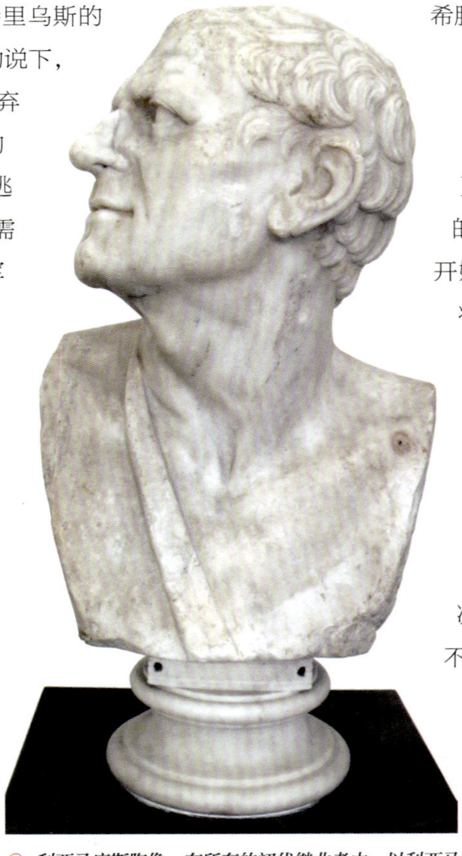

◎ *利西马库斯胸像。在所有的初代继业者中，以利西马库斯最为暴虐，德米特里乌斯和他之间存在私怨，这让两人的政治势力存在不可调和的矛盾*

在降伏了底比斯人的又一次叛乱后，德米特里乌斯转而围攻雅典。围城之中的雅典人绝望地寻求外援，皮洛士成为了他们理所当然的选择。皮洛士可能到来的消息使得兵力不足的德米特里乌斯放弃围攻，而这也成为了德米特里乌斯在希腊统治崩溃的标志。

失去了整个马其顿和部分希腊城市的德米特里乌斯，已经陷入了更甚于伊普苏斯会战后的困境。在绝望之下，他开始了对亚洲的东征行动，将有限的希腊领土和驻军交给儿子安提柯·戈纳塔斯管理。如果说亚历山大大帝的东征是两代雄主筹划日久的水到渠成的话，那么德米特里乌斯的这次东征，则是一只流血不止的猛兽在做最后一次挣扎。

在远征开始之初，德米特里乌斯取得了一些胜利。但这支有如无源之水的远征军，很快失去了后劲。德米特里乌斯幻想深入塞琉西帝国的领土腹地，在亚美尼亚占据一席之地，并从那里东山再起，而他的部下们则对这样的异想天开并不买账。随

◎ 安条克一世和斯特拉通妮斯。斯特拉通妮斯以“马其顿第一美女”和德米特里乌斯一世女儿的身份，嫁给了辈分高她两代的塞琉古。塞琉古之子却暗恋自己的后母，深受相思之苦。得知此事的塞琉古大方地为爱子安排了婚礼，使得这桩政治婚姻最终成为为爱结婚

着他的部队逐渐进入内陆，之前他们依仗的海上补给变得艰难起来。而与此同时，利西马库斯和皮洛士也开始行动。皮洛士在公元前 286 年开始攻击安提柯·戈纳塔斯控制下的色萨利，并且获得了成功。

最终，德米特里乌斯的绝望东征止于叙利亚北部的奇里斯提卡。他只剩下饥肠辘辘的数千人之众，被迫向两次毁灭自己统治的死敌，也是他的前女婿（塞琉古将自己的续弦妻子，德米特里乌斯之女，改嫁给了为之魂牵梦绕的儿子，安条克一世）投降，他生命中的最后一次军事冒险，在公元前 284 年初的冬春之交画上句号。

在此，我们有必要先叙述他的结局。这位“围城者”在即将落入塞琉古之手时，写信给远在希腊的儿子，让安提柯二世视自己如死人，将全部权力一并交给了他。被俘后的德米特里乌斯得到了优待，塞琉古性情宽厚，与这位亲家也素无个人恩怨，而且正统的马其顿国王是一个很有用的政治傀儡。而德米特里乌斯却觉得活着了无生趣，自 20 岁开始军旅生涯起，他的人生充满了军事冒险、对权力的追求，以及胜败间多变和无情的起落，至此，他已是心灰意冷。在塞琉古的软禁中，他纵情于声色犬马之娱，在不久后的公元前283年秋季，他即因病去世。

尽管安提柯二世数次恳求塞琉古释放他的父亲，甚至不惜以整个“王国”（此时仅剩几处孤零零的希腊城市）和自己为

条件，但塞琉古始终不愿行放虎归山之举。在德米特里乌斯离世后，安提柯二世以隆重的礼仪埋葬了父亲的骨灰。安提柯父子的势力实际上已经从政治舞台的正中央消失，而作为希腊半岛最有希望的统治者之一，皮洛士已经占据了整个伊庇鲁斯、色萨利、半个马其顿和希腊若干地区。

几乎是在德米特里乌斯被俘消息传来的同时，皮洛士和利西马库斯都意识到他们之间脆弱的同盟关系即将破裂。利西马库斯首先行动，恰逢埃及的托勒密一世去世，继承王位的托勒密二世成为了他的外交目标，托勒密二世将妹妹嫁给了利西马库斯。这和其他一系列分化皮洛士旧盟友的动作，让意识到威胁的皮洛士与蜷缩在希腊的安提柯二世结盟，共同对抗利西马库斯。

终于在公元前 284 年，戒心转变为了军事冲突。利西马库斯此时的势力范围已经遍及色雷斯、马其顿和小亚细亚西部，这使得他能够动员的军队人数大增。于是他动员起一支可能多达 7 万人的军队入侵了马其顿西部，而皮洛士或许只能征召 4 万人左右的军队，即使加上安提柯的援助，他也无力正面迎战利西马库斯。力不能敌的皮洛士，被迫退到了马其顿旧都埃迦伊坚守。

但噩运随后而至，皮洛士几乎重蹈德米特里乌斯的覆辙。利西马库斯设法切断了皮洛士的补给线，皮洛士的军营中人心浮动。利西马库斯抓住机会，设法劝诱敌军的马其顿士兵投降。他提醒他们自己是马其顿宿将，而皮洛士则是一个伊庇鲁斯的“野蛮人”，在其麾下作战有违“光荣”传统。这给了马其顿士兵充分的叛变借口，他们立即背叛了皮洛士。罗马帝国时代的希腊作家普鲁塔克曾对此有过一针见血的评述：

“归根结底，马其顿人在腓力父子的统治期间，连年征战；而接踵而至的继业者战争，更让元气大损的马其顿人，为一个又一个国王、总督抛洒鲜血。毫无意义的牺牲耗尽了马其顿人的耐心和胆气，尽管他们仍是东地中海最善战的士兵，但他们为了和平将会不惜损失名望在内的一切，任何一个试图驱使他们作战的人，都会被马其顿人为了生存而背叛。”

随着在马其顿的战败，皮洛士被迫带领残部逃往伊庇鲁斯，而利西马库斯在开战次年尾随而至。皮洛士在坚城中龟缩不战，于是利西马库斯在伊庇鲁斯境内大肆劫掠，甚至开掘了伊庇鲁斯的皇家陵墓。至此，皮洛士在马其顿的统治只持续了 3 年多就遭遇了无可辩驳的失败而彻底告终。

之后的 2 年内，皮洛士转而向北攻略伊利里亚，弥补马其顿的损失。这一过程中他收获颇丰，他曾经的保护者格劳西亚斯已经去世，继任者无力抵抗他的兵锋，不少伊利里亚领土，连同希腊城市科基拉、阿波罗尼亚都被纳入皮洛士的势力范围。至此，伊庇鲁斯王国的领土北至阿波罗尼亚，南至科基拉，使得皮洛士重新成为希腊西部一个强有力的君主。

而看似尘埃落定的马其顿则在悄悄变化，利西马库斯娶了托勒密一世之女阿尔西诺厄（Arsinoe），后者希望以自己和利西马库斯的儿女继承王位，于是枕边风劲吹。这使得利西马库斯的长子，由他的另一位妻子产下的阿加索克利斯（Agathocles）处于尴尬的境地中。这一计划中还涉及了另一位“托勒密”——托勒密一世的长子托勒密·克劳诺斯，后者的境地与阿加索克利斯极为相似，托勒密一世将王位传与幼子，而前妻所生的长子克劳诺斯只得流亡海外，投奔利西马库斯。

利西马库斯轻信了阿尔西诺厄，他认定阿加索克利斯有弑父夺位之心。此时的阿加索克利斯已在父命下管理王国的亚洲领土，他出色的能力和平易近人的性格，使他在小亚细亚极具声望人心，这却使他的境地更为危险。最终，利西马库斯处死了阿加索克利斯，并立即在整个色雷斯和小亚细亚引发了一场政治动荡。

阿加索克利斯的被害直接导致大量亚洲城市叛离利西马库斯，而阿加索克利斯的遗孀赖山德拉（Lysandra）和与阿尔西诺厄闹翻的克劳诺斯，匆匆逃往巴比伦尼亚，试图在塞琉古处寻得庇护。赖山德拉请求塞琉古，希望他出兵援助，让自己的儿子登上王位。这一建议立即让塞琉古视为天赐良机，他立即同意了请求，动员军队西进，旨在吞并整个小亚细亚，继而入侵欧洲。

公元前282年的冬季，塞琉古一世入侵亚洲西部，利西马库斯率军迎战。公元前281年2月，在小亚细亚西南的库鲁佩狄安（Corupedion），77岁的塞琉古一世和80岁的利西马库斯刀兵相见，塞琉古获得一场大胜，而利西马库斯则曝尸荒野数日，期间只有爱犬相伴。利西马库斯的帝国随着他兵败身死而崩溃，方才安定数年的马其顿王位又成为无主之物，于是，皮洛士又获得了入主马其顿的机会。然而，就在此时，命运女神仿佛是要刻意捉弄他一般，给他送上了另一个机会。

鏖战罗马共和国

公元前三世纪初，塔兰托人的尚武精神式微，“大希腊”地区的希腊殖民者们逐渐无力对抗意大利南部民族的入侵。公元前283年，意大利南部的卢卡尼亚人再度南侵，首当其冲的希腊城市图莱（Thurii）对塔兰托倍感失望，便向更北方的新兴势力——罗马共和国求援。其他希腊城市纷纷效仿，顿时，塔兰托人发现他们的领导地位荡然无存。

而罗马人则为之欣喜若狂，他们希望能够将势力逐步渗透到南意大利，此前他们的数个殖民城市已经逼近塔兰托人的势力范围，而希腊城市的同盟要求更成为天赐良机。这一年，一小支罗马舰队来到了意大利南部，他们前来援助与之结盟的希腊城市，但根据公元前302年与希腊人签订的条约，他们被明确告知不得越过意大利半岛的最南端进入塔兰托湾。那里是塔兰托海军传统的势力范围。或许是天意，一场意料之外的暴风雨打破了紧张的政治平衡。在恶劣海况的驱使下，罗马舰队被迫东驶，进入塔兰托湾的平静海面避风。这一举动进一步激怒了塔兰托人，恰逢塔兰托人正在庆祝酒神节，市民们为狄奥尼

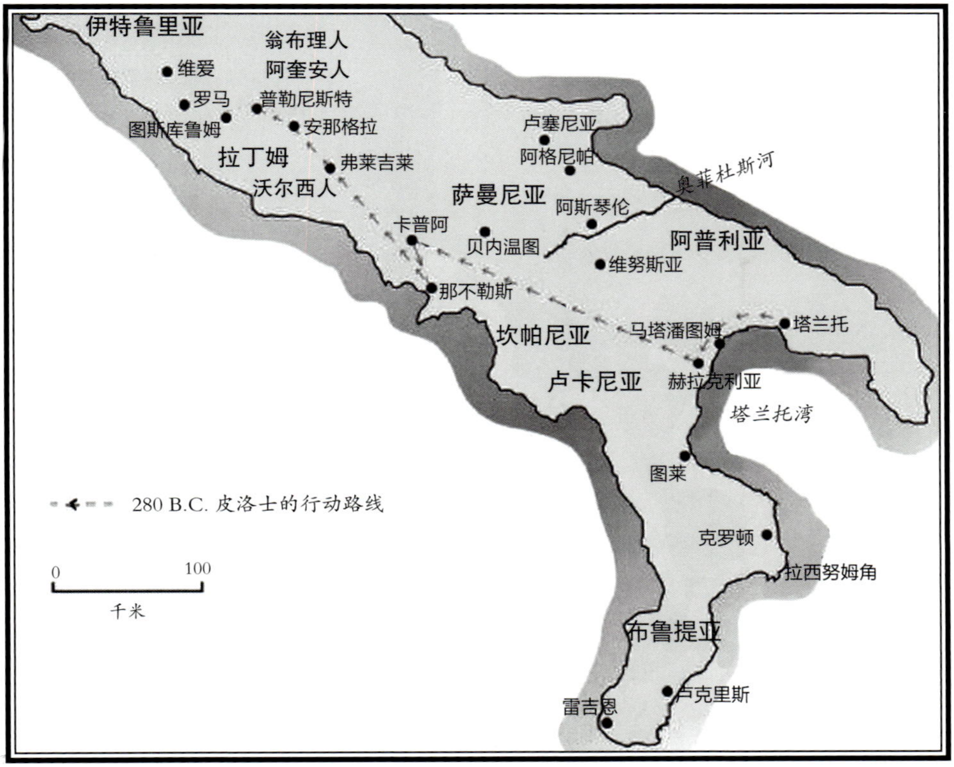

◎ 公元前三世纪的南意大利概况和皮洛士在公元前280年的行动路线

索斯喝得烂醉如泥，罗马人违约的消息让处于半癫狂状态的市民采取了过激的行为。塔兰托舰队立即倾巢而出，攻击了在海面上下锚停泊的罗马舰队，5 艘罗马战舰被俘，罗马舰队的指挥官被杀，水手纷纷被囚禁。

海战的胜利促使塔兰托人采取进一步行动。罗马人在图莱城部署的驻军被塔兰托军队突袭并被击败，亲罗马的图莱市民纷纷被处决，这座城市也遭到前盟友的劫掠。冲突的爆发促使罗马派出了由前执政官普斯图米乌斯（Posthumius）领导的使团，带来了极为苛刻的条件：塔兰托人必须归还舰队，将图莱交由罗马人控制，偿付赔款，并将带领军事行动的塔兰托指挥官交由罗马处置。这一最后通牒遭到了塔兰托人的断然拒绝，塔兰托市民被条款所激怒，有些围观者将粪便投掷到罗马使团成员的长袍上，这一举动引起了哄堂大笑，罗马人则愤怒地回击：“你们随便笑吧！总有一天，你们要用血来洗净这些衣服。”全面战争已经在所难免。

然而，外交上的针锋相对，不可能弥补军力上实实在在的不足。在谈判破裂后，罗马人立即动员军队南下，而塔兰托人显然无力对抗，于是他们想到了寻找外援。

作为这个殖民城市的母国，斯巴达此时自顾不暇难以介入，塔兰托人转而向伊庇鲁斯求援。公元前281年，塔兰托人的求援信与马其顿人的邀请大致同期来到了皮洛士手中。

此时的皮洛士不急于回应任何一个请求，而是安居伊庇鲁斯，等待局势的进一步发展。公元前281年9月，另一个惊人的消息传来，看起来即将一统亚历山大帝国的塞琉古，就在踏上欧洲土地后不久被谋杀了，杀手正是此前投奔他的托勒密·克劳诺斯。群龙无首的大军随之失控，而毫无根基的克劳诺斯设法说服了他们，跟随自己入主马其顿！克劳诺斯进而迅速接管了整个利西马库斯帝国的欧洲部分。正是这一系列势如雷霆的行动，让克劳诺斯获得了“雷霆”的称号。希望落空的皮洛士而后与塞琉西帝国的正统继承人、塞琉古一世之子安条克一世结盟，共同进攻克劳诺斯。但没能取得什么像样的战果。

◎ 塞琉古一世胸像。军政能力极强、性格宽容仁慈的塞琉古一世，是人格魅力最强的继业者之一。然而他却在统一帝国的前夜以匪夷所思的方式死于非命，不禁令人怀疑亚历山大大帝的亡灵是否真在默默诅咒着所有争夺他遗产的部将们

而与此同时，伊庇鲁斯王国位于多多纳和德尔斐的神谕所却对皮洛士出征意大利给予了有利的预言。皮洛士采信了这一预言而决意西征，并在公元前281年年底派出一支3千人的先遣队登陆意大利。忌惮于皮洛士存在的克劳诺斯，同样乐于看见皮洛士动身西去。为此，他同意以2年为期，借给皮洛士5千名精锐的马其顿步兵，以及相当数量的骑兵和战象，将这尊“瘟神”送去意大利。完成了各项准备的皮洛士，即将开始他最知名的一段军事生涯。

公元前280年初，皮洛士从伊庇鲁斯出发。他军队的实力达到了3千名骑兵、30头战象、2千名弓箭手和500名投石手，以及2万名方阵为主的步兵。可出发后不久，皮洛士的舰队就被风暴打散，皮洛士本人一度陷入绝望，跳海自杀，所幸被侍从救起。最终跟随皮洛士一同登陆的只剩不到2千名步兵和2头战象，而大部分舰队则散落各处，后来才陆续上岸。

皮洛士在登陆后稍稍收拢了部队，立即前往塔兰托接管城市。入城后，皮洛士将塔兰托变成了一座大军营，逼迫市民进行军事训练，让塔兰托履行对他的允诺——一支人数众多的公民兵。塔兰托人为此苦不堪言。在得知皮洛士到达后，罗马共和国立即开始准备即将到来的战争。马其顿式

◎ 赫拉克利亚会战发生地今貌。皮洛士很可能就是从照片背景的山脉上，观察罗马人的进攻

样的军队将第一次与罗马军团正面交锋。

同年，完成编组的4个罗马军团和配属的同盟军，进入了塔兰托的领土，在塔兰托殖民地赫拉克利亚（Heraclea）附近烧杀抢掠。皮洛士原想拖延时间，等待更多的意大利援军加入，罗马人的行动使他被迫提前迎战。与罗马人追求会战的意图不同，皮洛士更希望以游击战和骚扰逼迫罗马人主动撤退。

公元前280年6月，两支军队终于在赫拉克利亚以西的平原附近遭遇。皮洛士和罗马人各自在一条河流的两岸扎营，皮洛士在亲自侦察罗马营地时，第一次见识了罗马人的赫赫军容。他由衷感到这将是一个极为难缠的对手。他将一些轻步兵分散部署在河岸上，这些散兵将构成整支军队的侦查幕，为即将到来的会战提供足够的信息。

罗马指挥官、执政官莱韦纽斯（Laevinus）最终主动开启了战端。罗马人开始在锡里斯河（Siris）的各处实施强渡，皮洛士部署的轻步兵很快被驱逐出阵地。皮洛士闻讯赶来，为了给步兵的部署争取时间，他先率领3千名骑兵发动了冲击，但此时的罗马前锋部队已经完成渡河并结成阵形，一场激战就在眼前。值得注意的是，皮洛士一直小心地避免他个人陷入战斗，以维持对战场上各单位的战术指挥。对他而言，这是伊普苏斯会战的经历带给他的宝贵经验，该战中德米特里乌斯失败的原因就在于领导骑兵进攻时失去了对其余各部的控制。

在与意大利骑兵交战的过程中，一个意大利骑兵指挥官始终对皮洛士虎视眈眈，最终他一骑突向皮洛士。不过这名勇士与成功刺杀失之交臂，皮洛士身边的伙伴骑兵（Hetairoi）抢先一步将他杀死。由于这次遇险，皮洛士将自己的全套衣甲与自己的部下交换，麦加克利（Megacles）成为他的替身，奔驰于阵前。

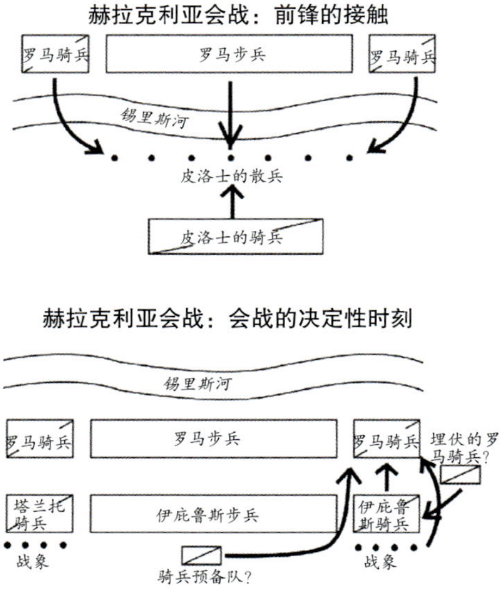

◎ *赫拉克利亚会战概况*

双方骑兵的初接触，为双方步兵的编组争取了足够的时间，现在双方骑兵重新回到两翼，准备开始正式交战。轻步兵互相投射标枪、石块和箭矢的流程结束后，两军的步兵战线开始撞击。以一阵如雨的重投枪齐射为前奏，罗马人挥舞短剑和短矛冲向了方阵。激烈的步兵战斗此后难分胜负，据普鲁塔克描述，战况反复、优势易手达到了七次之多。而在侧翼，骑兵战继续进行，又一个意外几乎造成了伊庇鲁斯军队的溃散。

替身麦克利斯在混战中不幸战死，不明就里的伊庇鲁斯军队误以为死者是皮洛士本人，这立即引起了整条战线上的不安。皮洛士被迫冲到战场中心，沿着整条战线来回奔驰，稳定局势。恰逢此时，莱韦纽斯放出了他的胜负手：他的一支骑兵设法隐藏到了战场一角，此时向皮洛士的右翼发动了猛攻。而皮洛士则早有准备，效仿塞琉古在伊普苏斯一役中的做法，他的 20 头印度战象，始终被作为独立的战役预备队。现在他适时地投入了它们。意大利人还从未见识过印度战象，庞大的身躯和马匹无法忍受的气味立即使莱韦纽斯的侧翼摇摇欲坠。预备队中的色萨利骑兵精锐们随之发动了猛烈的冲锋，彻底将罗马人的左翼击败。

随着罗马人的左翼溃散，罗马步兵的侧翼也随之暴露，皮洛士右翼乘胜进攻，和正面的方阵一起夹攻罗马军中央，腹背受敌的罗马人于是溃散。在追击过程中，一只战象因罗马人的攻击而受伤，失控的战象暂时扰乱了追击，皮洛士随即停止了

◎ *罗马青年军（hastati）攻击皮洛士的战象。罗马人直到布匿战争时期，才真正熟练地掌握了反击战象的战术，在此之前无论是北非象还是印度象，都给予了罗马军团沉重的打击*

追击，罗马人这才得以逃过锡里斯河。当晚，战败的罗马军团向北撤退，而皮洛士占据了罗马人的营地，确定了这场会战的胜利。赫拉克利亚会战的结果颇有争议，普鲁塔克认为皮洛士损失了 4 千人，狄奥多鲁斯则记载这个数字是 1 万 3 千人，罗马人的损失数字也从 7 千人至 1 万 5 千人不等，另有 1 千 8 百人被俘。不过可以确定的一点是，皮洛士并未能彻底摧毁这支罗马军队，他自己也伤亡惨重，相当数量的伊庇鲁斯军官阵亡，这是他无法承受的代价，他的基干部队难以得到补充。

而在失败的罗马人一方，态度却显得乐观很多。罗马公民抱怨道："皮洛士没能征服罗马人，但他征服了莱韦纽斯。"只是将所有战败的责任归咎于指挥失当，罗马人开始重建军队，准备再战皮洛士。而皮洛士则从会战的结果中获得了更多的实际利益：此前观望局势的意大利人，从坎帕尼亚到塔兰托，纷纷倒向皮洛士。随着政治上的改观，皮洛士再度试图与罗马议和，他的头号智囊辛尼阿斯（Cineas）出使罗马城。为了缓和罗马人的态度，辛尼阿斯特意在进入元老院前，向罗马公民散发礼物，表示好意，但随后到来的谈判仍是一无所获。罗马人在一场会战大败后完全不愿接受和平，对于辛尼阿斯和所有希腊人而言，这样你死我活的战争态度在继业者之间的争霸战争中是极为少见的。

此时的皮洛士，惊讶于罗马人坚韧不拔的抵抗意志，他不了解的还有罗马共和国极强的战争潜力。此时的罗马共和国，

◎ *赫拉克利亚城遗址*

连同其拉丁同盟和坎帕尼亚盟友，可能有多达 27.5 万人的军事人力可供消耗，肥沃的拉丁姆平原供养了希腊人难以想象的充沛人口，罗马共和国就如同传说中的九头蛇一般，有着惊人的恢复能力。

意识到无法迅速取胜，皮洛士开始了进一步的行动。他首先进入坎帕尼亚地区，直取首府卡普阿城，试图借此让罗马最重要的非拉丁盟友倒向自己。但莱韦纽斯先到一步，罗马人紧急动员了两个新军团。皮洛士朝向卡普阿的进攻遭到了连续的骚扰，他被迫转向南方的港口城市那不勒斯（Neapolis），然又被罗马驻军所阻止。

在坎帕尼亚的行动失败之后，皮洛士转而直接向罗马行军，邻近的伊特鲁斯坎城市普勒尼斯特（Praeneste）成为他的目标。该城在公元前 338 年就落入罗马人之手，但其公民仍旧保留着强烈的反罗马立场。在这年的早些时候，一些普勒尼斯特的高级公民还被罗马人带走并处决，以作为对反罗马派的惩戒。因此当皮洛士来到该地时，伊特鲁斯坎公民选择将城市献给了皮洛士。

普勒尼斯特距离罗马城不过 35 千米，罗马的炊烟从这里都清晰可见，作为一座由三重城墙保护的坚城，普勒尼斯特将是一个良好的军事据点。但皮洛士却无法获得进一步的进展，尾随而来的莱韦纽斯很好地保护了罗马城，两军一度险些发生会战，但一度逼近到距罗马城不足 6 千米处的皮洛士，还是选择放弃决战：罗马人的另一支军队正从北方前来，他的实力不足以应付两面夹击。最终，皮洛士再次转向南方，回到了坎帕尼亚。

回到坎帕尼亚的皮洛士，再度面对莱韦纽斯的邀击，但这次罗马人得到增援，

1、2、3：萨莫奈矛兵，
4：标枪手

◎ 公元前三世纪的萨莫奈士兵形象。萨莫奈是罗马人最坚韧的敌人之一。萨莫奈人重视山地作战，强调小群作战和灵活战术的军事思想，对罗马军团战术体系的形成起到了极大的影响

皮洛士拒绝接受会战，向东退入塔兰托。到公元前 280 年的冬季，双方的一系列战略行动以僵局划上了句号。皮洛士解散了意大利盟军，带领自己的主力回到塔兰托，罗马军队则在阿普利亚北部建立冬营。

这一年度的战局总体上对皮洛士有利，他赢得一场会战，使大量中立势力倒向他这一边；但罗马人并未遭到决定性的打击，相反他们斗志昂扬，赫拉克利亚会战中的幸存者纷纷被降职处罚，罗马人渴望再战以挽回荣誉，双方的和谈努力均告失败。战争，将在第二年继续下去。

阿斯琴伦的惨胜

公元前 279 年的皮洛士，已经能够获得萨莫奈人、卢卡尼亚人、布鲁提人等大量意大利南部部族的武力支持。随着实力的扩张，皮洛士得以再度考虑北进。他的军队首先谨慎地进入了阿普利亚地区，通过对这一外围地区的攻略，他能够确保通向塔兰托的交通线保持畅通。

皮洛士的战略进攻在春季开始，一系列阿普利亚城市被他占领。起初，罗马人不太愿意为了阿普利亚地区的沦陷，冒险与皮洛士正面交战，但当这一地区的罗马殖民城市维努西亚（Venusia）和卢塞里亚（Luceria）遭到威胁时，新任执政官普布利乌斯·丹提乌斯·穆斯（Publius Dentius Mus）和普布利乌斯·苏尔比西乌斯·塞维鲁斯（Publius Sulpucius Saverius）立即作出反应，之前在阿普利亚过冬的 4 个罗马军团前出求战。最终，在阿普利亚南部城市阿斯琴伦（Asculum）附近的原野上，皮洛士和罗马人第二次遭遇的舞台搭建好了。两方都虎视眈眈，皮洛士试图用一场决定

◎ 公元前三世纪至公元前二世纪的罗马骑兵

性的胜利把罗马人打上谈判桌，而罗马人则想一劳永逸地摧毁希腊势力对意大利的染指。

古典时代的作家认为这两支军队的总人数都达到了 7 万人以上，而双方的实际人数大约都在 4 千名骑兵和 3 万 5 千名步兵上下，罗马人还准备了 300 辆障碍马车，作为武器和路障用来对付战象。皮洛士的基干部队在赫拉克利亚之战后再无补充，但更多意大利人加入了他的队伍。

会战的第一天，由散兵战斗拉开序幕。罗马人起先占领了阿斯琴伦战场的山地和林地，这些地形极大地阻碍了皮洛士占优势的骑兵、战象和马其顿方阵作战，因而他指派轻装部队将罗马人驱逐出这些地形。在一天的游击战后，皮洛士成功地将罗马人逐退，第二天的正式交战，得以在一块平地上进行。

次日，两军排布出了常规的战斗序列。皮洛士依旧保留了一部分战象、轻步兵和骑兵作为预备队，余下的骑兵分布两翼，步兵主力在中央结阵。皮洛士将他最信赖的部队——来自马其顿和伊庇鲁斯三大亲族的各方阵团，分别部署在主战线右侧和中央，而在这两个“拳头”之间，则是居左的布鲁提人、卢卡尼亚人，和居右的塔兰托人，步兵战线的最左侧则部署着萨莫奈人。在各方阵单位的间隙，皮洛士还部署了一些意大利部队，通过他们来加强方阵间的联系。而罗马人从左至右依次部署了第 1、第 3、第 2 和第 4 罗马军团，以及与其对应的同盟军团。骑兵部署在两翼对抗皮洛士的骑兵，少量轻步兵和那些马车一起部署在战线后方，用以对付战象。8 个军团加上两翼的骑兵，使得罗马人的战线长度达到了 6 千米之长。

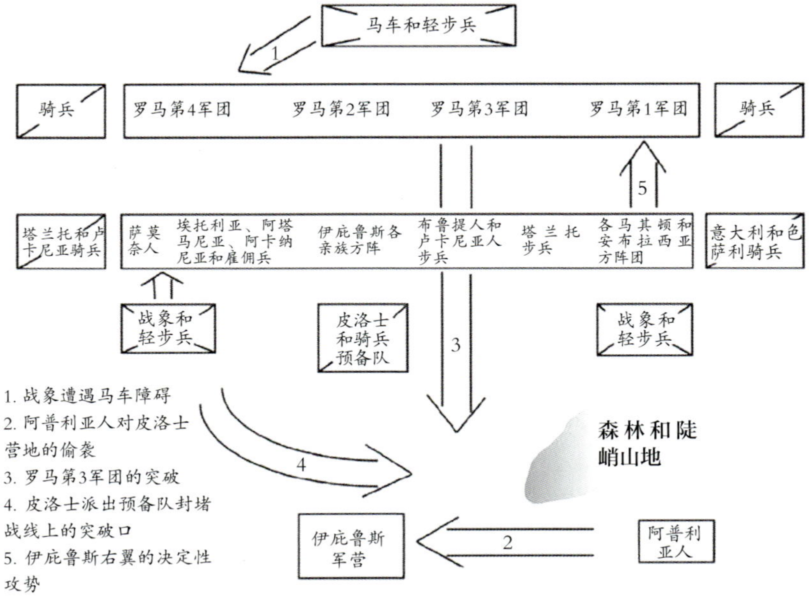

◎ 阿斯琴伦会战的第二天。阿斯琴伦会战中，皮洛士的步兵战斗力显著下降，其方阵部队得不到补充的弊端逐渐凸显

伴随着此起彼伏的战吼和号令，两条战线开始前进。两军的骑兵首先在两翼接战，来自罗马和希腊的骑兵偏好用长矛直接冲击对方，而塔兰托骑兵则习惯于以灵活的转向躲开冲击，回击以标枪的投射。随之而来的步兵交战更为血腥和激烈，双方的密集阵形每一次互相碰撞都产生大量的伤亡。

在步兵战线上，两军各自在右翼获得了优势。克劳诺斯借给皮洛士的马其顿士兵们以密集的攒刺将罗马第 1 军团逐渐逼退；而在战线另一端，罗马第 4 军团则在和老对手萨莫奈人的交战中，渐渐占到上风。皮洛士将预备队中的战象调至左翼，试图挽回局面，罗马人则针锋相对地派出了轻步兵和障碍马车回击。一些士兵躲藏在马车中，等战象接近时再发动攻击，一度占了上风，但战象的驭手们稍稍退后，让伴随的轻步兵上前进攻。后者成功驱逐了设伏的罗马人，随后战象群继续进攻，使得得胜的罗马第 4 军团陷入混乱，罗马人在这一局部获得的优势也随之失去。

然而在战线的中央，罗马第 3 军团却突然获得了决定性的进展。与之对阵的卢卡尼亚人和布鲁提人，在短暂的交战后败下阵来，随后一溃千里。战线的缺口逐渐扩大，同样不可靠的塔兰托人受到了友军的影响，也加入了逃亡的行列。溃败的势头直到强大的方阵部分才告终止，缺口两翼的各方阵部队尽管两面受敌，但仍阻止了罗马人继续扩大缺口。尽管如此，皮洛士的步兵战线上仍旧被打出了一个宽达 1 千米的大洞，第 3 军团和配属的同盟军团从这里一拥而入，肆无忌惮地追击皮洛士的意大利盟军。

◎ *阿普利亚步兵形象。阿普利亚人和布鲁提人都偏向于轻装化的步兵武装，这使得他们总是很难在战场上正面对抗罗马重步兵*

屋漏偏逢连夜雨，此时罗马人的一支援军从战场外姗姗来迟，一支约 4 千名步兵和 400 名骑兵的阿普利亚军队从皮洛士的后方进入战场援助罗马人。由于战场的混乱，他们没有选择直接投入战斗，而是转而攻击皮洛士的营地。皮洛士连忙调回左翼的战象，让骑兵预备队和战象一起前往援救营地，但他们没能在营地陷落前赶到，阿普利亚人掠夺了营地，随后带着战利品退出了战场。

预备队在返回路上，一头撞进了那支追击中的第 3 军团和配属的同盟军团。罗马人已经失去了秩序，反而遭到生力军的打击而溃散。皮洛士的预备队一路追击，将这支罗马部队赶进了一处森林。陪伴战

◎ *塔兰托式骑兵。塔兰托式骑兵特指希腊世界中那些手持大盾的标枪骑兵。他们的形象最早在公元前四世纪的塔兰托铸币上出现，同时期很少有持盾作战的希腊骑兵。从公元前四世纪末期开始，这种轻型标枪骑兵开始从塔兰托风靡整个地中海，塔兰托式骑兵的首次大规模海外服役是在公元前317年的帕纳塔西奈会战，数百名塔兰托式骑兵雇佣军加入了安提柯一世的军队。讽刺的是，塔兰托式骑兵的作战方式广泛流行的同时，塔兰托公民自己的骑兵却逐渐衰退*

象的投石手和弓箭手随之开火，让躲在森林中的罗马人伤亡惨重，但慑于骑兵和战象的冲力，罗马人又无法突围而出。

至此，罗马人在中央和右翼的两处进展均被皮洛士所遏止，皮洛士却依仗马其顿方阵在右翼的成功逐渐占到了上风。最终皮洛士将战象－骑兵预备队重新投入第一线，以又一次强有力的右翼进攻，配合方阵粉碎了罗马人的战线，不过被困的第3军团却借此脱身。夜幕降临之时，罗马人被迫接受失败，残部逃回了营地。同样损失惨重而筋疲力尽的伊庇鲁斯－希腊联军，无力进行追击，也撤出了战场，由于营地的被毁，他们被迫在附近的高地上重新扎营。

阿斯琴伦会战再度以非决定性的形势画上句号。现代史学界普遍认为，皮洛士损失了超过3千5百人，罗马人损失7千人以上。但是，掩盖在优势的交换比之下的，是皮洛士基干部队和军官团的又一次惨重损失。连皮洛士本人也身中一支标枪，大难不死。他自己的受伤连同高级军官的大量伤亡，促使他迅速将部队撤回了塔兰托，解散盟军过冬。罗马人同样退出了阿普利亚，尽管在战术上失败，但他们成功阻止了皮洛士占领阿普利亚的行动。

阿斯琴伦会战后，皮洛士真正见识到罗马人的恢复能力，自己的职业军人部队难以承受大量的战斗伤亡，他由此留下了“再这样获胜一次，我们就完了”的著名感叹。在意大利的冒险进行2年后，皮洛士萌生退意，开始考虑返回马其顿或者南下西西里。而在来年春季，他再度求和无疑印证了这一想法。

公元前278年春季，皮洛士向罗马人提出休战建议，双方暂时维持现有势力范围。罗马人却再次展示了倔强的民族性格，他们要求将战争进行到底，直至皮洛士彻底退出意大利。而皮洛士则不再考虑罗马人的反应，在留下一部分守军后，皮洛士在第3年放弃了在南意大利的攻略，而进入西西里岛。

皮洛士放弃意大利和进入西西里的决策，缘于阿斯琴伦战后传来的几个消息。就在托勒密·克劳诺斯入主马其顿后不久，一个意想不到的灾难落到了希腊世界的头上，凯尔特人在公元前279年发动了大规模的南下行动。为了阻止蛮族入侵，克劳诺斯亲自走上战场，却在一场惨败后身死，连头颅都成为了凯尔特酋长的酒器。克劳诺斯死后涌现的数位僭主都不足以稳固掌握权力，为此，马其顿人向皮洛士提出了入主的邀请。

又一次的，皮洛士面临着双重选项：南方的西西里岛上，希腊殖民城市的强势统治逐渐衰弱，迦太基人的东侵造成了严重的威胁，和塔兰托人一样，西西里的希腊人也需要一位“佣兵队长”。再三权衡后，皮洛士放弃了变化无常、乡间饱受蹂躏的马其顿，而前往富庶的西西里，并指望以此为基地，在未来入侵阿非利加。

西西里岛上的希腊城市，以锡拉库萨为代表，是希腊本土各城邦早从公元前八世纪就开始的殖民行动的结果。也就是从那时起，希腊人和腓尼基人在西西里岛上的浴血争夺，持续了数个世纪。尽管希腊人曾一度兵临迦太基城下，但在这时的西西里岛，迦太基人却无疑占到了上风。陷入内乱的希腊城市无力靠自己的力量解决问题，便将目光转向了皮洛士。而在接到了来自锡拉库萨、阿格里真托（Agrigentum）和莱昂提尼（Leontini）等城市的求援后，皮洛士慨然应允，迦太基人闻讯后选择与罗马结盟。公元前278年的夏末，在60艘战舰的护航下，皮洛士带领战象和约8千名士兵进入了西西里西部。

皮洛士的登陆，立即得到了西西里岛各希腊城市的欢迎，他们的军事资源让皮洛士的军队如滚雪球般快速扩大。皮洛士上岛后，立即向西西里第一“大希腊”城市锡拉库萨进发，后者正被迦太基的5万大军和100艘战舰围得水泄不通。但迦太基人显然对皮洛士的到来缺乏准备，皮洛士的舰队强行突破了封锁线，冲入了锡拉库萨内港，和被困港内的锡拉库萨海军汇合，舰队数量占据了上风。而战斗力低下的迦太基陆军更无直面皮洛士的勇气，很

◎ 皮洛士初次登陆西西里的陶罗米纳海滩

快迦太基海陆军放弃了锡拉库萨之围。

锡拉库萨的解围，让大量希腊城市加入他的同盟，他的军力扩充到了 3 万名步兵和 2 千 5 百名骑兵，这些部队大多是西西里的希腊雇佣兵。截至公元前 278 年年底，皮洛士已经解放了大多数受困于迦太基威胁的城市，并在次年继续向西前进，正式进入迦太基及其盟友的势力范围。

在一系列的围攻战中，皮洛士得以发挥他从德米特里乌斯军帐下学习到的围攻技艺，大型的攻城器械被建造起来。在伊利克斯（Erys）城的攻防中，皮洛士以投射武器清除了城墙上的防卫者，并首先冲上城墙，作为对赫拉克勒斯勇名的效仿。随后，赫克泰尔（Herctae）、潘诺穆斯（Panormus）等一系列迦太基的西西里要塞纷纷失守。在数月时间里，皮洛士的兵锋让迦太基在西西里的据点仅剩下其大本营利利巴厄姆（Lilybaeum）一处。对利利巴厄姆的围攻，将成为皮洛士西西里攻略中最关键的一步。

得知西西里摇摇欲坠，迦太基人连忙进行增援。这一过程中，希腊联军的舰队很可能在海战中遭遇失败。因为皮洛士一度拥有的多达 200 艘的战舰，在后来他离开西西里时只剩下 110 艘了。皮洛士失去了制海权，利利巴厄姆的守军得以获得本土的持续补给，皮洛士因此无法选择长期围攻，强行攻取成为了唯一的选择。

建立围攻线后，皮洛士发动了攻击，但迦太基在利利巴厄姆的防御固若金汤，防御者轻松击退了进攻。皮洛士本来试图建造更大的攻城器械并开挖攻城坑道，但他本人经营西西里的意志却很快产生了动摇。在他看来，利利巴厄姆的围攻将会消耗太多的时间。在仅仅 2 个月的围攻后，皮洛士选择半途而废，并下令西西里的希

◎ *伊利克斯的“布匿”城墙遗址。城墙由迦太基人所建，皮洛士在伊利克斯围城战中有着极其勇猛的表现*

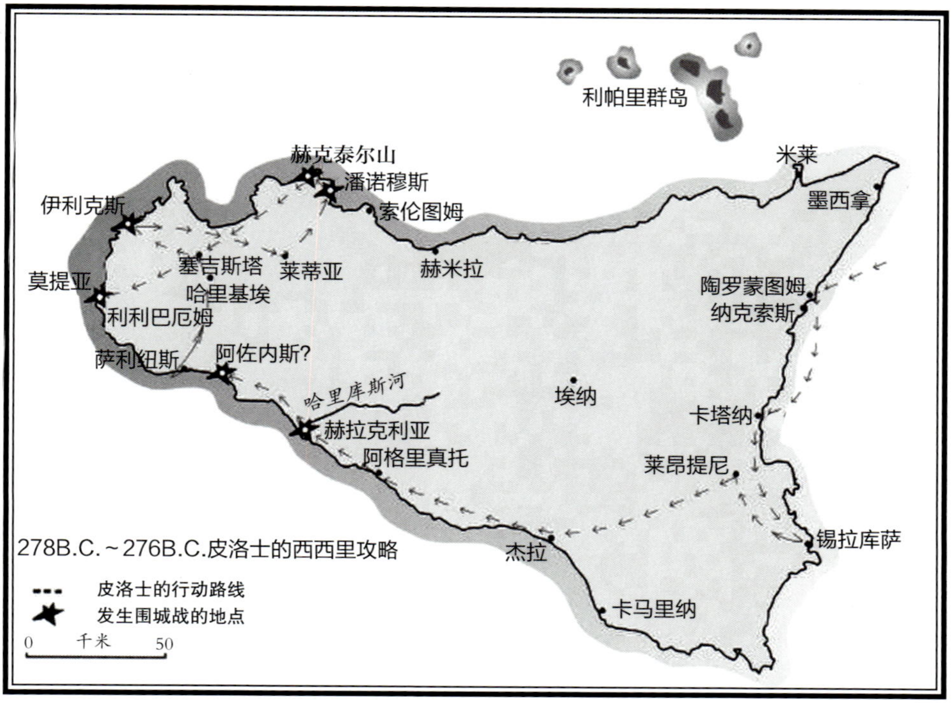

◎ *皮洛士的西西里攻略。在西西里的两年征战中，皮洛士表现出了出色的攻坚战能力，但战术上的亮点无法弥补战略上的连续失误*

腊城市提供新的人力和舰队，他的计划是直接登陆阿非利加本土。

这一决策也成为皮洛士在西西里的分水岭，此前长达两个世纪的经验表明，只要迦太基人能够维持利利巴厄姆，他们总能够迅速地收复其余失去的领土。在这一关头，皮洛士没有学习到安提柯一世的经验。后者曾在公元前 315 年围攻地中海最著名的坚城之一——提尔，尽管在海军处于劣势的情况下，围攻者补给困难、苦不堪言，但安提柯仍下令强攻提尔。最终在长达 18 个月的咬牙坚持后，安提柯攻取了提尔，同时让托勒密王朝的海军失去了最重要的海军港口之一，扭转了局势。

皮洛士放弃围攻不仅在军事上是一个错误，从政治上来看，他轻易放弃围攻的举动显露了他对西西里盟友的真实态度：他无意真正为希腊人清除迦太基的威胁，只一心想利用前者的人力物力达成自己的野心。各希腊城邦与他的“蜜月期”也随之结束，他们表达了自己对此的不同意见，反而让皮洛士暴露出了本来面目。他如暴君一般愤怒地痛斥了希腊人，并居高临下地向他们处以罚金。至此，他在西西里所受的广泛欢迎荡然无存，还一并留下了三心二意、忘恩负义的恶名。

为了对抗西西里城市的敌意，皮洛士开始在各希腊城市中安排驻军，这一举措进一步激起了希腊人的不满。首批邀请皮洛士上岛的城市，现在反倒首先开始煽动公开叛乱。迦太基人闻讯大受激励，从利利巴厄姆向皮洛士的势力范围反击。结果，皮洛士首先丢掉了锡拉库萨，随后发现整个西西里岛都在与自己敌对。他在西西里的冒险仅仅持续了 2 年时间，就因自己的决策失误而毁于一旦。公元前 276 年，皮洛士在西西里无法维持，恰逢罗马人再度向塔兰托进攻，一封来自意大利的求援信总算让皮洛士有了体面退出西西里的借口，他重新将目光转向了意大利。

军事冒险的终结

在皮洛士远离意大利的 2 年中，他的盟友在反罗马战争中损失惨重。公元前 277 年和公元前 276 年，新任的罗马执政官都取得了足以举行凯旋式的大胜。到皮洛士准备回应盟友的求援，返回意大利的时候，意大利已只剩少数皮洛士驻军的坚城仍未失守。

皮洛士选择了最直接的返回线路：从墨西拿海峡渡海，登陆意大利南部城市雷吉恩和卢克里斯（Locris）。出发前他的总兵力包括 2 万名步兵、3 千名骑兵和 110 艘战舰。但在墨西拿海峡，他遭到迦太基海军的 130 艘战舰拦截，海战中他的舰队被彻底摧毁了：70 艘战沉，28 艘失去航行能力。登陆后的皮洛士面临着雷吉恩和卢克里斯的敌对，进行围攻后才得以确保自己的后方。他的第二次意大利之旅，从一开始就困难重重。

设法从雷吉恩前往塔兰托后，皮洛士开始寻求人力和金钱的补充。此时坏消息从东方传来：安提柯二世戈纳塔斯成为了马其顿国王。皮洛士写给他一封威胁信索取援助，但遭到拒绝，这也为未来他们之间的恩怨埋下伏笔。勒索不成的皮洛士，转而通过抢劫卢克里斯的神庙获取收入，结果运输赃物的船只仿佛遭到天谴，甫一出海便遭遇海难，皮洛士惊惶之间被迫归还了财物，军队的士气也随之大跌。

然而，公元前 275 年的罗马人同样诸事不顺。前一年的多次流行病造成了大量人口和牲畜死亡，加上一起雷劈卡皮托神庙的天灾，让罗马人对皮洛士的返回颇为惊恐。尽管过去 3 年内，罗马共和国连战连捷，但当这一年度的执政官开始征兵时，还是有大量公民逃兵役。直到发出违令者没收财产、贬为奴隶的威胁后，罗马军团才重新组建成型。

最终还是皮洛士率先行动，在得到意大利人的人力补充后，他带领 4 万人首先进入了意大利中部。而罗马军队则分为两路，执政官科内利乌斯的一半军队进入卢卡尼亚，而曼纽乌斯·卡里乌斯（Manius Curius）则带领 2 万至 2 万 5 千人直面皮洛士的主力。通过迅速的行动，皮洛士抢在两支罗马军队汇合前，在贝内温图（Benevento）截住了卡里乌斯。没钱发饷的皮洛士希望能利用兵力优势各个击破，首先打败卡里乌斯。为此，皮洛士设法进行了一次夜间偷袭，一支战象和轻步兵的特遣队将绕到罗马营地后方袭击。结果，复杂的地形使得偷袭分队直至破晓才抵达

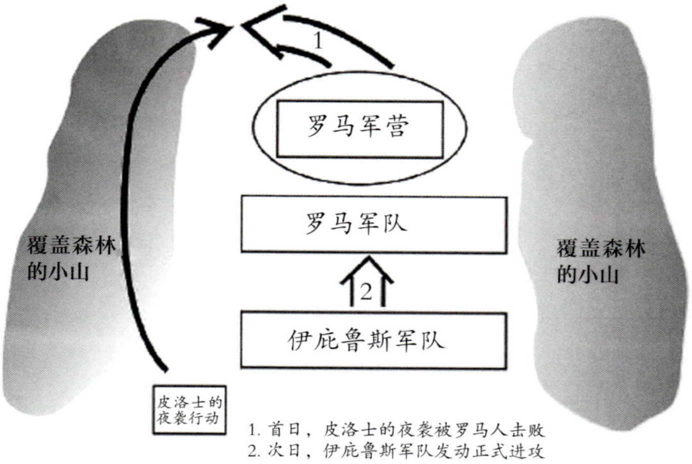

◎ 贝内温图会战。贝内温图的战败宣告了皮洛士在意大利冒险的终结

目标，筋疲力尽的偷袭者被罗马人发现并击败，甚至有数头战象被俘，皮洛士本人艰难逃脱。

偷袭的惨败，激起了罗马人的战意，卡里乌斯立即在次日发出挑战，而皮洛士也随即接受正面会战。贝内温图会战的开头与前两场会战别无二致：依靠方阵部队和骑兵－战象混成部队的侧翼打击，皮洛士在右翼获取优势，而由意大利部队组成的左翼则被罗马人击溃。但是在追击过程中，一头幼象在围攻罗马营地时受伤，它的哭喊影响了其余已疲惫不堪的大象，最终导致了连锁反应：皮洛士的整条战线被失控的象群冲垮。罗马人戏剧性地赢得了贝内温图会战的胜利。

皮洛士的伤亡视不同史料而定，有 1 万余人到 3 万之众的不同说法。但有一点是毫无疑问的：皮洛士的意大利冒险至此彻底结束。皮洛士最依赖的伊庇鲁斯、马其顿士兵和战象已经消耗殆尽，他的财源也已经枯竭。就在这一年的秋季，皮洛士带领仅存的 8 千名步兵和 500 名骑兵起锚离开塔兰托，返回伊庇鲁斯。在皮洛士离开 5 年后，罗马人彻底统一了南意大利。

在 6 年的征战之后，皮洛士又一次回到了伊庇鲁斯故土。除了军队比出发前少了一半，他在这 6 年中一无所获。皮洛士的个性中有太多和他曾经的宿敌、上司和亲戚德米特里乌斯相似之处，无休无止地追求军事冒险是对他一生的总结。现在，他不满于偏安伊庇鲁斯一隅之地，而再度将目光投向了马其顿和希腊。

在加拉太人肆虐的公元前 278 年，安提柯・戈纳塔斯成功地在色雷斯击败了一支凯尔特人，这次胜利连同他的血缘一起为他争取到了马其顿的王座。而皮洛士在意大利期间，安提柯二世公然拒绝提供援助，连同皮洛士对马其顿的野心一起，引发了皮洛士对马其顿的再度入侵。

公元前 274 年春季，皮洛士涉足马其顿，并迅速取得了一定的成功，至少 2 千名马其顿士兵倒戈到他的麾下。最终，安提柯二世带领主力前来阻止他，双方在一条狭窄的隘路上相遇，战斗地点很可能在阿乌斯河（Aous）附近。安提柯二世并未从他的祖父和父亲身上继承过人的军事天赋，在会战中他的部队被皮洛士分割击败。马其顿方阵仓皇逃跑，而充当后卫的凯尔特雇佣兵和战象全军覆没，皮洛士俘虏了其中的相当一部分。

战斗结束后，马其顿人再度因伤亡畏于继续战斗。皮洛士见此，在军营外大声呼喊熟识的马其顿军官，安提柯的马其顿士兵纷纷倒戈，而安提柯二世像他父亲一样，趁夜悄悄逃亡。皮洛士凭此轻松夺取了马其顿和色萨利地区，安提柯二世则屈身于一些沿海城市，手中再次仅剩下一些雇佣兵。

重占马其顿的皮洛士让一支凯尔特雇佣兵驻守马其顿古都埃迦伊（Aegae），结果酗酒和贪图财货的蛮族直接掘开了马其顿的历代皇陵，这一举动几乎让马其顿人暴怒，也让皮洛士才刚获得的人心无影无踪。而由于安提柯二世从父辈手中继承的强势海军，皮洛士始终无法消除他在沿海的存在，他在马其顿的统治同样无法稳固。

还没彻底消灭安提柯的皮洛士，此时又开始寻觅新的扩张机会，这时，斯巴达人克里奥尼穆斯（Cleonymus）前来拜访，送上一个天赐良机。克里奥尼穆斯原有斯

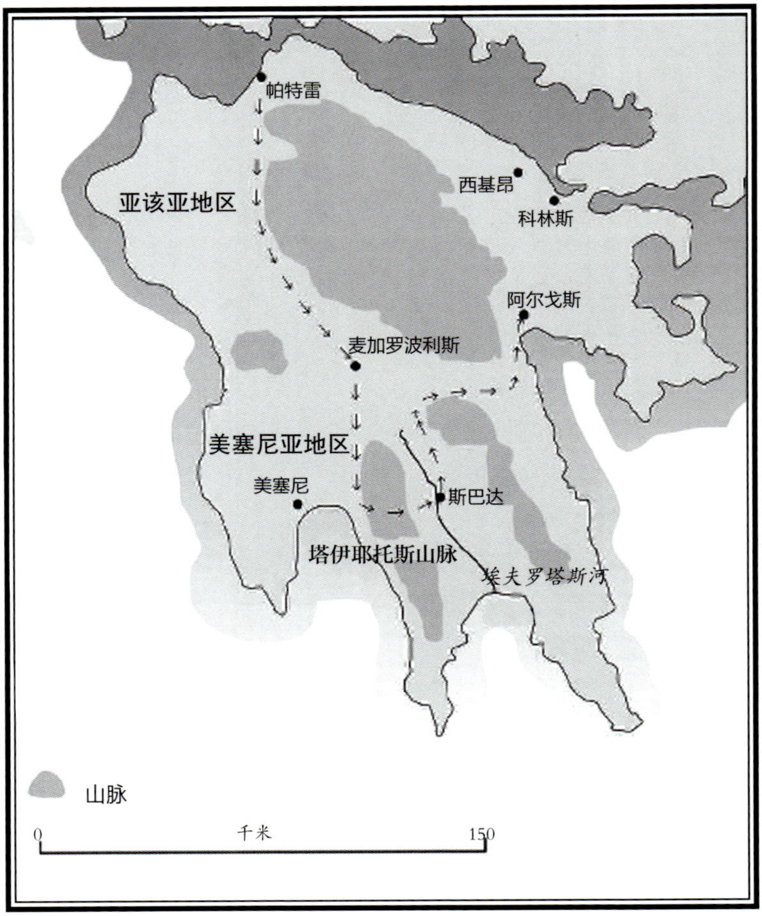

◎ 公元前272年皮洛士在伯罗奔尼撒的攻略

巴达的王族血脉，然而他过于专断而失去了王位继承权。于是，被流放海外的克里奥尼穆斯试图叫来外援，帮助自己复位，而皮洛士无法拒绝这个建立傀儡政府的机会和诱惑。他毫不犹豫地答应了这个请求，借机进入斯巴达。

带着2万5千名步兵、2千名骑兵和24头战象，皮洛士入侵了伯罗奔尼撒半岛。在行军南下的路上，皮洛士遇见了来自亚该亚、美塞尼和雅典的各路使者。这些地区都有安提柯设置的驻军，他们请求皮洛士帮助希腊城市颠覆安提柯的控制，这使得安提柯在希腊的利益遭到威胁。

恰逢此时，斯巴达国王阿瑞乌斯（Areus）正率军出征克里特岛，国内可谓毫无防备。于是，当皮洛士穿越科林斯地峡进入伯罗奔尼撒时，斯巴达使者前来了解皮洛士南下的原因。皮洛士煞有介事地告诉使者，自己旨在推翻安提柯对各希腊城市的控制，并表达了对斯巴达的敬意，甚至表示自己希望能获得斯巴达式的军事训练。结果，斯巴达使者轻信了这一说法。

而当皮洛士一进入拉柯尼亚的领土时，他立即开始蹂躏乡间，此时斯巴达人才对皮洛士的不宣而战如梦初醒。斯巴达自古以来的传统是以公民的勇武好战作为防卫，因而不设城墙。兵临城下的皮洛士也因此而轻视斯巴达，并没有在到达的第一天当晚进攻，而是准备在第二天白昼再行攻城。不料，这个晚上却改变了此后的历史进程。

当皮洛士次日醒来时发现城市在一夜之间重重设防，原来在前一日夜间，斯巴达的全体女性和老人全力赶工，挖掘出了一条壕沟工事。而斯巴达留守国内的青壮年，则趁机休息了一整晚，以应付次日的杀戮。斯巴达的女性完成这些工作后，纷纷以世代流传的言语激励子弟，“带着盾牌凯旋，或是躺在盾牌上马革裹尸”。曾是克里奥尼穆斯的妻子、后来与他决裂的契洛尼斯（Chilonis）更是将绳索套在颈上，随时准备自杀。尽管斯巴达的国运早已不复往日，但斯巴达人仍旧保留了几分全盛时的风骨，令人感叹。

攻城开始后，皮洛士亲自领导了第一轮步兵突击，结果人数处于劣势的斯巴达公民兵被逐退，但依靠临时工事，他们设法挡住了皮洛士的前进。皮洛士的儿子托勒密带领一支凯尔特人和凯奥尼亚卫队迂回冲击，破坏路障。契洛尼斯的心上人、斯巴达王子阿克罗塔都斯（Acrotatus）则组织了300人，从战场侧翼发动反击。托勒密的部下们被斯巴达人猛烈的突袭赶进壕沟，托勒密使尽浑身解数才得以脱身。

经此，皮洛士第一天的攻击以惨重的伤亡宣告失败。第二日的进攻开始后，皮洛士的马其顿士兵设法填补了壕沟，随后皮洛士亲率骑兵直冲城中，他的坐骑却身中流矢导致军心大乱。斯巴达人趁势又一次将皮洛士赶回营地。就在斯巴达人苦苦支撑时，安提柯二世部署在科林斯要塞的驻军，在福基斯人阿米尼亚斯（Aminisa）的指挥下雪中送炭，他们抵达后不久，阿瑞乌斯本人也带领2千人从克里特返回，皮洛士的突袭随着两支援军的到达宣告破产。

放弃攻城的皮洛士原打算就近过冬以图久计，但上天仿佛注定要让他困于连续的战事中。斯巴达以北的城市阿尔戈斯（Argos）发生了与斯巴达类似的政治变局，城中的亲安提柯派掌权，另一派便前来邀请皮洛士介入政局，皮洛士立即引军北上，投入自己的最后一次军事冒险中。

在皮洛士离开斯巴达的过程中，斯巴达军队对他的后卫发动了凶猛的突击，充当后卫的凯尔特佣兵和莫洛索伊方阵团均伤亡惨重，托勒密带领皮洛士的卫队前去援救，却在混战中被斯巴达的骑兵杀死。闻讯赶来的皮洛士怒不可遏，手持骑枪手刃了斯巴达骑兵的指挥官伊瓦库斯（Evalcus），才得以暂时逐退斯巴达人的追击。

然而还未及到达阿尔戈斯，坏消息接踵而至：安提柯二世带领全军已在阿尔戈斯城外的高地上以逸待劳。皮洛士不敢直接冲击高地上的敌军，便亲自向安提柯挑战，两人间的对话倒是颇能展现二人的性格，皮洛士表示要以单打独斗分出胜负；而安提柯则回答说："统军作战要务在身，国王不可轻出决斗。若是皮洛士执意找死，那自然有许多别的死法可供挑选。"岂料安提柯的回答却一语成谶。

作为战场的阿尔戈斯，此刻居中调解，两人暂时接受了和谈的提议，皮洛士却私下另有考虑。当晚，亲皮洛士的阿尔戈斯市民为他打开城门，伊庇鲁斯大军鱼贯而入，起初突袭进行得很顺利，但当皮洛士的战象入城时，需要拆卸大象背上的箭塔才能通过。黑暗中的这番嘈杂，使得阿尔戈斯市民纷纷从梦中惊醒，公民兵们连忙

◎ 伊庇鲁斯战象的冲击。战象是一种强大而敏感的动物，一旦使用不慎，很可能对友军造成极大的杀伤

取出武器，冲进位于城市要道的工事“阿斯匹斯”（以重装步兵圆盾命名的一座堡垒）把守。

闻讯而来的除了安提柯在城外的军队，还有尾随而至的斯巴达人。阿瑞乌斯国王率领卫队和克里特雇佣兵与安提柯会师，两人猛攻皮洛士留在城外的凯尔特佣兵，一时间皮洛士腹背受敌，混乱不堪。战况的不利让皮洛士试图撤军，他让另一个儿子赫勒努斯在城墙上开出大洞，赫勒努斯却误会了命令，从主干道上增援皮洛士。进出的人流汇集一处，让军队更无秩序可言。此时，一头叫做奈康（Nicon）的战象，其驭手意外落下大象，急于救主的战象在惊慌中彻底发狂，无差别地攻击所有士兵。

皮洛士眼看着混乱的一幕，寄希望于用自己的勇武改变局势，冲至阵前鏖战。此时，一支标枪射中了他的胸甲却未能击穿，皮洛士转而前去砍杀那位不知名的标枪手。怎料那位士兵的老母正在屋顶上观看搏斗，眼见儿子正处险境，她用砖瓦砸向皮洛士，恰好将皮洛士砸晕在地。此前皮洛士为安全起见，去除了一切王室标记，结果没人认出他的身份，直至一位安提柯麾下的老兵佐庇鲁斯（Zopyrus）认出皮洛士，准备砍下他的头颅。正在他要下手之际，皮洛士从眩晕中苏醒，佐庇鲁斯第一刀砍歪了，他又补上数击终砍落皮洛士的人头。就这样，叱咤风云的皮洛士因一位老妇投出的砖瓦，横死异乡，死无全尸。

随着皮洛士的死讯传遍战场，苦战中的伊庇鲁斯军队群龙无首，选择向安提柯放下武器。安提柯的一个儿子阿西奥纽斯

◎ 安提柯二世铸币。安提柯二世几乎以一己之力力挽狂澜，使得马其顿的国力回升到了自腓力-亚历山大父子后的最高点，开创了安提柯王朝的统治

（Alcyoneus）将皮洛士的头颅献于父亲，或许是为了表现自己的英雄气概，他将死敌的头颅猛地掷于安提柯身前的地上。然而安提柯认出皮洛士后，却愤怒地把儿子拉到面前，举起手杖痛打和责骂他，指责他的举动恶劣而野蛮。随后安提柯用长袍掩面而泣，皮洛士的命运让他不禁想起了祖父和父亲的结局。

皮洛士败亡后，安提柯二世完成了他的祖父和父亲都未竟的事业，虽然短于领军作战，但安提柯二世在政治、外交和谋划方面的惊人天赋，让他从即位时的山穷水尽中力挽狂澜。最终，安提柯二世建立了安提柯王朝，以及马其顿此后一个多世纪的稳固统治。安提柯王朝的世系尽管追溯到安提柯一世父子，却没有人否认他才是王朝的真正建立者。从伊庇鲁斯、马其顿到希腊的各城市，安提柯二世以直接统

治、驻军、政治联姻、扶植僭主等诸多手段，牢牢掌握了一切。被他放回的皮洛士之子赫勒努斯，一度试图挑战安提柯的权威，最终也遭击败。

这样的结局，对皮洛士以及他的同类们而言是讽刺的：擅长舞刀弄枪的军人国王们，在战场上赢得胜利换取的领土注定朝不保夕，而政客们却能够以勤勉和智力换取一幅稳定的版图。皮洛士是一位悍勇的武士、一个颇有造诣的战术家，却在战略上显得短视和毫无毅力，在外交上显得幼稚及愚蠢，总是为了单纯的个人欲望追求军事冒险，白白浪费鲜血。

从某种角度来说，皮洛士生于一个最好的时代，亚历山大大帝的英年早逝让西至西西里和意大利，东至印度半岛的偌大一片土地，成为皮洛士们肆意追求权力欲和战场荣誉的舞台。然而天下无不散的筵席，天下大势分久必合，当人民厌倦无止境的杀戮时，统一的王朝必然将开始建立。只懂得排兵布阵的武人，最终在继业者时代的尾声退场，而将舞台留给了更懂得治国和权术的后辈们。皮洛士的悲剧命运属于继业者时代的所有武人，而他自己则成为了这个时代的句号。

安条克三世

Antiochus III the Great

壮志未酬的塞琉西国王

作者 / 杨英杰

我比任何人都更有权利成为这里（色雷斯和加里波第半岛）的君主，我也拥有这个力量。——安条克三世

爱伦坡曾有诗句云："光荣属于希腊，伟大属于罗马"。古典时期的地中海历史，经历了一段罗马共和国走向崛起，而希腊世界逐步衰落的过程。在这一过程中，许多曾经为胜利女神所垂青的希腊化势力，在战场上沦为罗马军团光荣战史的注脚，这其中就包括了亚历山大帝国的继承者之一——塞琉西帝国。那场短暂并且几乎是一边倒的罗马－叙利亚战争，也被以战败方的国王名讳命名为"安条克战争"，领导了这场战争的塞琉西国王安条克三世，就以这种特殊的方式在史书的一角被铭记。

然而，在安条克三世并不算长久的统治（36 年）中，值得被记住的远不止是统治末期的那一场军事灾难。从登上王位到在位期间的一系列军事征服，安条克三世证明了他是一位野心勃勃、能力出众的英主，他的事迹也证明这位枭雄配得上"大帝"（Megas Basileus）的称号。从困境中的坚持，霸业重铸的前夜，再到转瞬之间基业的崩塌，安条克大帝的故事需要娓娓道来。

◎ 安条克大帝雕像。即使没有雕上瞳仁，我们仍能透过雕像想象出安条克大帝坚毅的眼神和勃勃野心

内外交困的新王

公元前三世纪后期的环地中海世界处在一个战乱频仍、政治局势变幻无常的局面中。在西地中海，经过了与意大利半岛上各势力的激烈竞争，罗马共和国终于凭借其民族的坚韧秉性脱颖而出，成为地区性霸主。然而随之而来的布匿战争，对参战的罗马人和迦太基人而言，都将是一个漫长而血腥的考验。此时，距离罗马人走向无可阻挡的霸权还有很长的一段时间；在西地中海建立新秩序尚遥遥无期的同时，在东地中海世界，旧的秩序却行将崩塌。

半个世纪前，亚历山大大帝通过军事征服建立了幅员辽阔但政治上脆弱至极的马其顿帝国，几乎是在他去世的同时，这个帝国的政治寿命走向了终点。随后连绵不绝的继业者战争，让几个胜利者得以在旧帝国的尸体上建立起属于自己的王朝。这一相对带来稳定局面的结果，连同希腊文化在亚洲的迅速传播，以及希腊世界的经济在马其顿东征过程中的短暂复苏一起，俨然让东地中海进入一个新的、由希腊人主导的黄金时代。不过这种海市蜃楼式的繁荣和继业者王朝对广大疆土看似严密的统治，实际上与希腊化世界中无休无止的希腊人内战所共存。在连续的战争中，各继业者王国的国力减弱了，希腊裔人口的数量下降了，希腊人的商业、手工业在衰退，越来越多的中小政治势力谋求自由与独立，从而进一步加剧了东地中海的战乱和分裂。

对于继业者王国之一、继承了大部分亚历山大帝国遗产的塞琉西帝国而言，它同样处于困境之中。尽管在表面上，塞琉西帝国是三大继业者王国中最为强大的一个，依旧维持着极为广阔的疆域，但其中相当一部分，尤其是偏远的东部各行省，对统治者而言已经是鞭长莫及。公元前255年，帝国的巴克特里亚总督狄奥多图斯举起叛旗，将原本就半独立的巴克特里亚行省（Bactria）正式变成一个独立政权，定都巴克特拉城，也就是在中国古籍中定都"薄知城"的"大夏"。差不多在同一时期，帝国北部边陲的帕提亚行省（Parthva，由于拉丁语拼写后改为Parthia）宣告独立。到了公元前238年，古伊朗的草原游牧联盟大益人（Dahae）中，一支叫做帕尼人（Parni）的游牧民族，从他们的居所南下。他们在国王阿萨西斯的领导下，攻占了独立后无力对抗入侵的帕提亚行省。在他们割据一方、迈向建立帕提亚帝国之路的同时，其称呼成为了世人所熟知的"帕提亚人"。而在帝国版图的另一端，小亚细亚西北部的城市帕加马（Pergamon），在继业者战争中由于机缘巧合，城市的管理者菲勒泰罗斯（Philetairos）获得了9千银泰伦的巨款。这个数字大抵相当于公元前二世纪彻底吞并本都、比提尼亚和塞琉西前夕，罗马共和国一整年的公共财政收入总

◎ 安条克三世在铸币上的形象。发行货币并铸上自己的形象，一直是王权最重要的象征之一

额；并相当于伯罗奔尼撒战争开始前，盛极一时的雅典帝国的全部货币储备的1.5倍左右。这个幸运的管理者在臣服塞琉西帝国的同时，小心地隐藏起他的野心和这笔财富。直到他的后继者攸美尼斯一世（公元前263年至公元前241年在位）借托勒密王朝和塞琉西帝国之间的战争，于公元前261年宣布独立，并在帝国西部重镇、吕底亚行省首府萨迪斯的附近，痛击了当时的塞琉西国王安条克一世亲率的大军。

除去这些公然独立并且强大到帝国无力收复的行省外，塞琉西帝国疆域内还存在着其它此起彼伏的叛乱威胁，其中甚至包括帝国核心的地区，位于首都安条克城左近的奇里斯提卡（Cyrrhestica）。

伴随着叛乱和军事入侵导致的外部安全威胁而来的，是频繁的内部政治斗争。从公元前246年安条克二世被前妻暗杀起，政治上的反对派始终在给帝国制造分裂局

面，连续三位塞琉西统治者都被内战和暗杀阴谋所困扰。公元前 223 年，当时在位仅 3 年的塞琉古三世在率军出征的过程中被刺杀身亡，统治权由此来到了他的弟弟手中，也就是未来大名鼎鼎的“大帝”安条克三世。

与被暗杀的兄长一样，安条克三世同样是塞琉古二世及其妻劳狄斯的儿子。在公元前 242 年，他在波斯帝国传统的避暑胜地和夏都——波西斯行省的首府苏萨（Susa）出生。在安条克的童年成长过程中，他见识到了各种各样的动荡局面。在他出生的同时，他的父王正陷入第三次叙利亚战争中，对塞琉西帝国而言这是一次不折不扣的军事灾难。利用塞琉西国内的不稳定，托勒密三世的兵锋一度直达伊朗高原，包括帝国的西部首都安条克城在内，大批帝国重要城市惨遭劫掠，托勒密三世据说掠得了相当于4万银泰伦的巨额资产。在公元前 241 年，终于以一纸和约结束了第三次叙利亚战争后不久，塞琉西帝国又陷入了内乱。塞琉古二世的亲弟弟——安条克·海拉克斯（Hierax，意为雄鹰）在小亚细亚发动叛乱。前往镇压的塞琉古二世，在公元前 235 年发生的安卡拉会战中惨败于弟弟之手，拱手献上了整个安那托利亚高原的疆土。只是由于安条克·海拉克斯在随后与帕加马的战争中败北逃亡，塞琉古二世才得以在公元前 228 年开始部分收回小亚细亚的疆土。在勉强稳定了局面仅仅 1 年之后，安条克三世的父亲死于一次意外坠马事故，这使得安条克的兄长塞琉古三世继位。安条克三世自己或许从未曾想过自己的哥哥在位仅仅 3 年就被暗杀，自己借此登上帝国的王座，获得了施展自己野心和抱负的舞台。

然而，对于当时年仅 18 岁的安条克三世而言，登上王位与实际掌握权力有着千差万别。深受塞琉古三世宠信的首席大臣赫米阿斯（Hermeias）身居高位，并且成为实际上的帝国统治者。在年轻的安条克面前，他表现得飞扬跋扈，毫无顾忌地运用各种政治手腕排除宫廷内外的一切异己。

塞琉西帝国不仅内部政局不稳，外部环境同样岌岌可危。在帝国核心区域的东部，无论从财政还是兵源角度来说都极为重要的米底行省，几乎在安条克继位的同时选择发动叛乱。米底行省总督莫隆和他的兄弟、波西斯行省总督亚历山大迅速利用米底的富饶资源，纠集了一支规模可观的大军，进入西南毗邻的美索不达米亚地区。对于内外交困的安条克三世而言，这几乎是插向心口的一刀。米底首府埃克巴塔纳附近，和美索不达米亚南部的幼发拉底河北岸，属于塞琉西军事人力分布最密集的区域。一旦失去这两个地区，连同东方各行省和小亚细亚人力的损失一起，塞琉西帝国就将失去其最主要和可靠的兵源。那是一些主要分布在帝国核心区域的军事定居者，他们通过提供高质量的军事服务换取世袭的土地拥有权或使用权。

面临着这样的威胁，刚刚继位的安条克三世提出，将主要的军力用于东方，消除莫隆带来的巨大威胁。按照塞琉西帝国和大部分希腊化国家的传统，这支军队当然将由国王本人亲自率领。然而卷入一起叛乱阴谋的赫米阿斯反对这个建议，并力主让安条克本人带领一部分军队南下攻击托勒密王朝在叙利亚的领土，而让其他将军领导针对莫隆的平叛军事行动。为此，他还不惜假借国王的外甥、西部的总督阿基乌斯之名写信劝说。最终，国王采纳了这个决定，事后证明这是一个巨大的错误，而赫米阿斯则达成了目的，暂时让安条克转移了注意力，避免了可能到来的惩罚。

就当安条克正带领规模有限的军队，在柯里－叙利亚进行徒劳无功的入侵时，他得到了关于莫隆的报告，这是他不想看到的消息：受命带领军队平叛的将军、亚该亚人色诺塔斯（Xenoetas）行事鲁莽，而错误判断了叛军的实力。他试图立即渡过底格里斯河，迅速地打败莫隆，而一些相对冷静的高级军官，比如齐欧西斯（Zeuxis），在提出反对意见后被色诺塔斯解职并赶走，留守后方基地。结果，在被莫隆的诈败引过底格里斯河后不久，色诺塔斯的军队遭到莫隆的夜袭。完全没有部署警戒措施、喝得酩酊大醉的平叛军队被撕成了碎片，色诺塔斯本人被杀。

事已至此，安条克无法再继续接受赫米阿斯的意见，也不愿容忍他的专权了，国王下决心把所有权力揽到手中。首先，他重新制订了镇压莫隆反叛的政策，听从了齐欧西斯的意见，决心亲自率军东向，与莫隆进行决战。同时，他悄悄开始了针对赫米阿斯的动作：买通了后者的医生，准备以暗杀的方式解决问题。

公元前 221 年冬季，安条克三世开始了他第一次独立指挥的大规模军事行动。此时的莫隆在确保了米底的同时，已经占领了美索不达米亚的相当一部分，安条克三世可以掌握的军事资源，去除防备托勒密王朝和参与叛乱的部分，只有相当有限的一部分可以用于平叛。莫隆带领军队主力停留在他占领的冬季营地——帝国的东部旧都、底格里斯河畔塞琉西亚城。了解到这一点，安条克决心以迅猛的战略行动迅速穿越整个美索不达米亚，切断莫隆与他的大本营米底行省的联系，在阻止他利用米底行省的资源进行长时间游击战的同时，逼迫莫隆在普遍不欢迎他的土地上，以不利的情报和后勤条件，进行一场对安条克有利的决定性会战。

安条克行动迅猛，在莫隆后知后觉的情报人员得以获得信息之前，帝国军队已经来到了通往米底的必经之路——阿波罗尼亚城。这里位于底格里斯河的两条支流——迪亚拉河（Diala）和纳林・彻埃河（Narin Tchai）之间。而在阿波罗尼亚城的西北和东南方向，分别延伸着两条西北至东南走向的山脉——贾巴・哈姆林山脉（Jabal Hamrin）和奎米兹・德莱山脉（Qyrmyzy Dereh）。以阿波罗尼亚为据点的塞琉西军队可以轻松控制山脉上至关重要的库达鲁兹隘口（Kurdaruz），封锁莫隆主力与米底间的交通线。

当莫隆急匆匆地离开冬营，急行军到阿波罗尼亚附近的山地时，他才得知自己已经被切断与米底联系的事实，于是他拿定了进行决战的主意。在他看来，他的军队中相当比例的奇里提人（Cyrtian）投石手能够在丘陵地形的会战中发挥更大作用，这是一个有利因素。随着双方指挥官都有接受会战的意愿，阿波罗尼亚附近的大规模会战势在必行。

双方的会战地点最终定于贾巴·哈姆林山脉上一块较平坦的地面上，离库达鲁兹隘口不远。战场呈西北向东南延伸的长条状，长约4千米，宽约500米，安条克的军队占领东北方，而叛军在西南方展开。战场地形较为狭窄，周围难以通行的山地使得战败一方很难完整撤离，尤其是对莫隆的部队而言。

对于这场会战双方各自投入了多少兵力，史料没有留下精确的数字，不过我们可以从较为完整的战斗序列记载中大概推测出参战两军都达到了数万人的规模。安条克三世本人亲自指挥塞琉西军队的右翼，从西至东，部署的顺序依次是从军事定居者中招募的旭斯通枪骑兵（旭斯通即xyston，一种希腊化世界中最常见的双手骑枪，长度为3米至4米）、克里特步兵（很可能是弓箭手）以及加拉太人和希腊雇佣军组成的重步兵。他的中央毫无疑问由大批训练有素的马其顿式方阵组成，兵员主要是军事定居者，也可能包括一些雇佣兵，数目大致在9千人左右，在他们的前方是10头印度战象和用以配合的散兵。而在左翼，

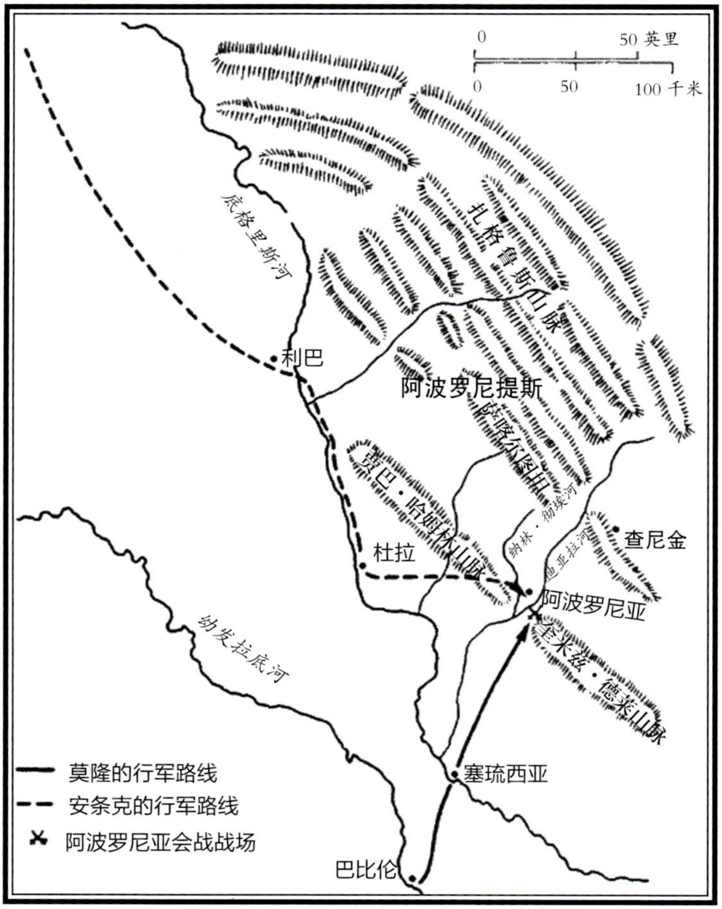

◎ *安条克在公元前220年的行动。通过战略上的主动行动，安条克将莫隆逼入不利境地，并逼迫他接受了决定性的会战*

安条克三世部署了近卫骑兵的一部分——员额1千人的伙伴骑兵，他们继承了腓力二世和亚历山大大帝时期伙伴骑兵的番号、作战方式和出色的战场表现。此外，安条克还在战线两翼后方各预留了一部分步骑混合的预备队。

莫隆缺乏足够的军事定居者响应号召，他的中央方阵不足以延伸足够的战线长度，因此他被迫用更轻型的部队，比如加拉太步兵来组成战线。在战线前方他也部署了用以冲击对方方阵的卷镰战车，不过这一手段在战象的威力面前很可能适得其反。而在两翼，莫隆部署了骑兵，并在骑兵周围崎岖难行、不会遭受敌军骑兵冲击的区域部署了轻步兵。莫隆亲自率领右翼，而把左翼交给一个兄弟瑙鲁斯（Naolaus），直面国王。总的来说，莫隆的骑兵和轻步兵数量占有优势，但重步兵，尤其是马其顿式方阵的数量，远远落于下风。

会战开始后，局势发展显得一边倒。根据波利比乌斯的描述，瑙鲁斯的左翼骑兵发动了冲击，但内心仍旧效忠国王的士兵在发现国王亲自在场时，当即选择了倒戈。而根据一些史学家的研究，叛军在左翼的迅速投降是因为遭受了安条克埋伏的侧翼预备队的伏击。安条克随即以得胜的右翼迂回，在正面作战中已经落于下风的叛军中央战线承受不住前后夹击，立即崩溃了。已经陷入战斗中的叛军右翼随即被包围，莫隆见局势无法挽回，选择了自杀。就这样，声势浩大的莫隆叛乱，随着阿波罗尼亚会战的结束和主谋的身死事实上划上了一个句号。随后的一系列收尾行动，譬如在底格里斯河畔塞琉西亚的围城中，叛军并没能掀起太多的波澜。

塞琉西中兴之主

收复米底和美索不达米亚的叛乱区域后，安条克趁势北上攻击米底地区边缘的米底·阿特罗帕特尼王国（Media Atropatene）。这一地区原属于米底行省的一部分，在亚历山大大帝死后瓜分权力的巴比伦分封中，由于米底行省过于富饶，出于平衡权力的角度，这一部分土地被从米底总督培松的手中夺走，分封给效忠亚历山大的前波斯总督阿特罗巴特斯。在继业者战争开始后，他借机宣布独立，建立了自己的王朝。在塞琉西帝国时期，由此前阿特罗巴特斯王朝的统治者——阿尔塔巴扎内斯（Artabazanes）管理的这一王国是帝国的附属国之一，后来由于米底叛乱，阿尔塔巴扎内斯宣布独立。在轻松击败阿尔塔巴扎内斯后，安条克重新让他宣誓效忠，并允许他继续统治米底·阿特罗帕特尼王国，成为帝国的附庸。在避免叛乱的同时，源源不断地向塞琉西帝国提供军事和财政的贡献。

对于安条克来说，米底叛乱的最终结局是令人满意的。一方面，莫隆的叛乱被平息且没有损耗塞琉西帝国太多的国力，无论是美索不达米亚还是米底，都没有进行长时间的围城和游击战，而宝贵的军事定居者体系的人力资源也没有遭受太严重的战斗伤亡。另一方面，在亲自指挥公元前220年冬季至次年春季的战局后，局势的一边倒也让他获得了足够的威信。

但就在军队返回的路上，小亚细亚又生事端。帝国的小亚细亚部分领古原本由坐镇萨迪斯的总督阿基乌斯（Achaeus）统一节制，他是安德罗马库斯之子，安条克三世的亲外甥。在塞琉古三世被暗杀之后，是他追拿了凶手，并且在军队向他发誓效忠的情况下放弃了唾手可得的皇位。在扶植安条克三世上台后，他保持着对帝国的忠心。同时在他任内，帝国在小亚细亚的经营重现曙光，从安条克一世时期起就飞速扩张的帕加马遭到阿基乌斯的强势压制，到安条克三世继位时，帕加马几乎已经被迫收缩回了刚刚举起叛旗时的一隅之地。安条克三世即位后，阿基乌斯几乎是完全独掌了塞琉西帝国在陶鲁斯山脉以西的一切资源，可随后发生的事颇为耐人寻味：由于赫米阿斯此前借他的名义提出的错误意见，安条克三世进行了徒劳无益的南侵，为此阿基乌斯被公然诬陷反叛和私通托勒密，而国王“相信”了这个说法，并且写信斥责了他。这仅仅是由于赫米阿斯的一系列运作所致的误会，亦或是出自安条克三世本人的猜忌从而产生的顺水推舟之举，我们不得而知。

出于自保的目的，阿基乌斯僭取了国王的头衔，并从事实上建立了一个小亚细亚的独立王国。恰好由于国王离开，首都安条克城附近的奇里斯提卡地区出现了大规模的反叛，阿基乌斯的幕僚于是提议善加利用这个机会入侵叙利亚。然而由于士兵对国王本人的忠诚，阿基乌斯的军队在接近叙利亚的过程中发生哗变，他也被迫放弃了这一计划，此后也再未能对叙利亚产生直接威胁，奇里斯提卡的叛乱也随着安条克的返回而迅速平息。在了解到阿基乌斯反叛的原委后，安条克三世通过收买的医生设法毒死了赫米阿斯，从而去掉了最后一个掣肘的角色。现在的安条克可以用所有手中的资源，去设法让塞琉西帝国中兴。

在平定莫隆的叛乱之后，安条克三世面前的目标有三个：叛乱的阿基乌斯和整个帝国的小亚细亚部分、长时间与塞琉西帝国为敌的托勒密王朝，以及已经摆脱帝国控制很久的遥远的大量东方领土。经过权衡，安条克三世选择整顿军备，暂时无视阿基乌斯的叛乱而优先南下，试图夺取托勒密王朝经营已久的柯里－叙利亚。这个举措正确与否在后世、在当时都引起了一些争论。选择以有限的军事力量去攻击一个与塞琉西帝国平起平坐的继业者王朝，而无视如芒刺在背的叛乱，或许过于冒险了。考虑到在此前的战争中，托勒密三世纵横驰骋，几乎将塞琉西帝国颠覆，这样悲惨的交战记录更让人怀疑这一战略选择的正确性。不过，安条克三世做出这个抉择也有一些极具说服力的理由和依据。

对所有希腊化政治势力，尤其是远离希腊本土的政权而言，都有一个回避不开的问题，那就是希腊裔人口。希腊裔的人力资源无论从总量还是密度上说，都十分有限，而这些人力资源又是使希腊化政权政治稳定、军事强势最重要的基石。无论是塞琉西帝国，还是其它希腊化政权，都想方设法在疆域内引入希腊裔人口的集中

◎ 亚历山大里亚阅兵中的托勒密军队。进入公元前三世纪后，加拉太人凭借勇猛的作战技艺和较低的维持成本成为各继业者王朝军队中相当重要的组成部分。图中赤身裸体的加拉太士兵就是托勒密王朝的加拉太部队的成员

殖民点，并往往以他们作为兵源。

以塞琉西帝国境内的情况为例，在继业者战争末期，一度占据叙利亚和小亚细亚地区大部的“独眼龙”安提柯一世开始向这一地区输送希腊裔人口。其首都安提贡尼亚城（Antigoneia，靠近后来的塞琉西帝国首都安条克城）的第一批希腊裔军事移民，为数5千3百人，后来被击败他的塞硫卡斯一世（塞琉古一世）接收，这也是塞琉西帝国境内有据可查的第一个希腊化军事定居点。后来在塞琉西帝国时期，这一被称为军事定居者（katoikoi）的制度继续奉行，以希腊裔人口为主，包含一些其它民族的军事人口，从国王处获得自己的庄园，或者只是土地耕种权，以响应军事动员做为回报。

安条克三世时期，在奇里斯提卡地区，军事定居者的数目是5千3百人；安条克城内有6千人；而在帝国西部的奥龙特斯河畔阿帕米亚（位于首都安条克城的东南），作为最集中的马其顿移民聚居地，军事定居者的数目，尤其是血统纯正的马其顿移民还要更多。但总的来说，帝国可动员的军事定居者数量相较其偌大的疆域而言极为有限。后世的研究估算，在这一时期，整个塞琉西帝国的军事定居者体系所能动员的重步兵（一般以马其顿方阵的形式作战）在4万4千人至5万人，骑兵则在8千至8千5百人，这一数字还要剥离安条克三世此时无法动员的小亚细亚（重步兵约8千人、骑兵约5百人）和东方诸行省（重步兵约1万4千人、中型步兵约3千人、

骑兵约5千人）的军事定居者。

尽管安条克并不难获得大量辅助性质的地方部队作为人数上的补充，但这些军力的大量动员，一方面在忠诚度和战斗力上难以满足军事上的需求，另一方面还可能由于土著人口的地位上升造成政治局势的不稳（托勒密王朝的毁灭很大程度上缘于这个因素）。因此，军事定居者人口对于希腊化政权而言，是一个需要上升到战略层面来重视的特殊资源。而作为希腊化移民最集中的地区之一，柯里－叙利亚在托勒密王朝控制下的部分无疑成为安条克三世迫切想要征服的目标。

相比托勒密王朝，安条克的另两个潜在征服对象——阿基乌斯的叛军及近乎独立的东方各行省，则有不适合短期内用兵的理由。在西面，帕加马反扑势力汹汹，并且得到托勒密王朝的支持，阿基乌斯事实上在被迫完成他叛乱前就一直进行的任务: 为帝国抵御来自西侧的压力。此时平叛，会白白让帕加马趁乱扩张，深入小亚细亚半岛。而在东方，帕提亚、巴克特里亚以及所有不稳的东方行省过于遥远，安条克三世不可能在未清除掉南方、西方威胁的情况下，进行一次动辄数年之久的东征而弃本土于不顾。反观托勒密王朝，尽管根基深厚，但托勒密四世的统治总体而言被认为是不得人心的，他的性格和私德使他的大臣与将军对他的忠诚度大有问题。从事后来看，这个因素也确实给予安条克三世的战事以极大的便利。

经过权衡利弊，安条克三世最终决定在平定莫隆叛乱和诛杀赫米阿斯后不久，重开对托勒密王朝的战事，即第四次叙利亚战争。公元前219年，安条克正式开始了向南进攻。托勒密的边境防御严密封锁了几条南下的道路。起初，安条克两次试图从黎巴嫩山脉与前黎巴嫩山脉之间进行突破，但托勒密驻军扼守着控制马西亚斯峡谷（Marsyas）的多座要塞，这两次从叙利亚中部进行突破的努力均告流产。于是，安条克转而选择了更靠西面的线路，即更艰难的沿海路线。由于地理因素，这里有大量狭窄的隘口和陡峭的悬崖，是非常有利于防卫者的防线。

但是，安条克想方设法说服了托勒密在叙利亚守军中的一个雇佣军将军——埃托利亚人狄奥多图斯（Theodotus）反叛，并使得沿海的要塞城市托勒密斯（Ptolemais）落入自己之手，托勒密守军在叙利亚的第一条防线随之被瞬间突破。狄奥多图斯在此前迎战安条克三世时多有战功，却反而遭到托勒密四世的宫廷佞臣的迫害，因而心生叛意。在狄奥多图斯成功使托勒密斯落城之后，另一名埃托利亚雇佣兵军官尼科劳斯（Nicolaus）率部将狄奥多图斯困于城中。但随着安条克三世前来解救狄奥多图斯，尼科劳斯被迫放弃围城，转而保全柯里－叙利亚剩余的一部分能够维持在托勒密的统治之下。于是，随着大量坚固据点的陷落，安条克的南征在第一年取得了可观的战果，并且没有遭到什么像样的抵抗。

到了公元前218年的冬季，托勒密四世被迫重组他在叙利亚支离破碎的防务。已经证明了忠诚和能力的尼科劳斯被晋升，统筹柯里－叙利亚的全部军事事务，并获得了大量的金钱支持。在沿海城市波尔费里翁（Porphyrion）附近，尼科劳斯重建了坚固的防线，试图彻底锁死安条克继续南进的步伐。在波尔费里翁以北，他更利用一连串断崖、河流、峡谷和隘口建立了难以逾越的防御体系。在达幕拉斯河（Damouras）西南约 1.5 千米、波尔费里翁以北约 5 千米的萨迪亚特角（Ras El Sadiyatt），尼科劳斯首先设置了观察哨；沿海岸南行 2.5 千米，内比·雅内斯角（Ras Nebi Younes）狭窄的道路和背后适合防御方部署军队的缓坡，被他作为第一道正式的防线，隘口处部署了大量反战象的蒺藜等装置，防止强行突破；内比·雅内斯角再往南 5 千米处，靠近波尔费里翁的城镇普拉塔努斯（Platanus）附近，守军在萨克雷角（Ras Sakhre）的狭窄处部署了第二条防线；最后，在沿海名城和要塞西顿附近，尼科劳斯准备了第三条防线。

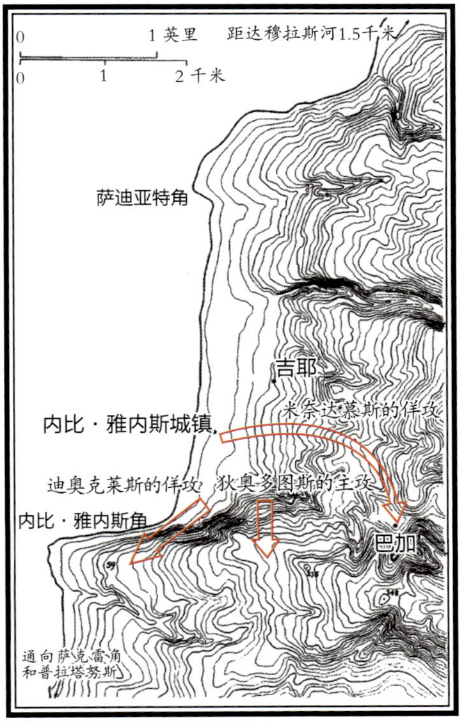

◎ *波尔费里翁的突击行动*

公元前 218 年春季，安条克再度开始其攻势。为了彻底征服腓尼基地区和柯里－叙利亚残余的托勒密领土，他首先要突破的就是这一系列防线。在驱逐了托勒密军队的观察哨后，他带领主力渡过了达幕拉斯河，开始准备对内比·雅内斯角一线的强攻。经过仔细考虑，安条克选择以轻步兵进行所有的战术行动，进攻部队将分为三个梯队：迪奥克莱斯（Diocles）将率部强行攻击隘口的狭窄通路；米奈达穆斯（Menedamus）的部队则会迂回到东方，从内陆寻机攀登到扼守隘口的哨所所在的高地上；这两支分队都只起到牵制作用，由叛将狄奥多图斯带领的主力则会在隘口侧翼——黎巴嫩山脉的缓坡上强行冲击，驱逐缓坡上掩护哨所侧翼的托勒密守军，然后转向，居高临下攻占直接防守隘口的哨所，最终打开通路。

进攻在三个方向同时发起后，托勒密守军的注意力被分散了。起初在两个侧翼的佯攻均告失败，守军守住了隘口正面和东侧的山岭，但狄奥多图斯成功击破了缓坡上的防御，并从侧后突击了忙于正面交战的托勒密军队，一举打开了突破口。获得进展的塞琉西帝国军队顺势南进，迅速突破了尼科劳斯在萨科雷角的第二道防线。尼科劳斯原以为能够凭借地利长时间据守的两条防线被迅速撕碎，极大地打击了他的信心。他只得仓促率领溃兵向南逃去，进入了西顿防守。在紧接着的围城中，守军并没能坚持太久，埃及方面并不太可能再组织一支足够强大的援军解围。于是，腓尼基地区的两座名城要冲——西顿和提尔，先后被安条克三世征服，被困西顿的尼科劳斯则极有可能随之投降了安条克三世，并在后来的军事生涯中为安条克三世服务。

至此，安条克在公元前219年至公元前218年的叙利亚攻略取得了完美的成功，他几乎在毫无损失的情况下就迅速地击破了整个叙利亚地区托勒密守军依仗的大批坚城要塞和天险，而不曾冒险进行任何主力会战。同时，狄奥多图斯和尼科劳斯两名有才能的指挥官对他而言也是一笔可贵的财富。于是，在整个公元前218年剩余的时间里，安条克三世没有选择迎着巨大的补给压力越过西奈沙漠攻击埃及本土，而是一面安抚占领地区，开始未来的内政规划，一面等待着来自亚历山大里亚充满惶恐和急迫的求和。

然而，托勒密四世没有选择妥协。在兵败如山倒的两年中，他选择由他的大臣索西比乌斯（Sosibius）在本土重建托勒密王朝倾颓已久的陆军军备。托勒密王朝的军事定居者开始全力动员，来自丰饶埃及的产出和财富转化为一支支雇佣军。为了弥补军力，尤其是军事定居者组成的方阵数目的不足，索西比乌斯甚至得到授权首次在埃及土著中大量募兵，并且按照马其顿式样方阵训练。通过这样极端的手段，托勒密王朝迅速重整了一支规模庞大的陆军，并且准备在次年离开埃及，在托勒密四世率领下与安条克一决雌雄。

拉菲亚不胜而胜

公元前218年的整个冬季，安条克和他的大军都在位于港口城市阿克（Acre）的冬季营地修整。与此同时，托勒密王朝仓促重组的陆军正在进行高强度的训练，试图紧急提升其素质。终于，到次年夏季，托勒密四世下决心带领完成训练的军队进入巴勒斯坦南部，与塞琉西帝国的陆军进行一次决定性的会战，将他们驱逐出柯里-叙利亚。而安条克三世则颇为低估了托勒密陆军重建后的实力，尤其是大大低估了敌方佣兵和土著部队的征召数量，因此在没有采取征召雇佣军等手段保证实力优势的情况下（也或许是塞琉西帝国的财力不足以支持更多雇佣军的军饷），准备接受一场相对实力均衡的会战。

公元前217年6月，托勒密四世亲率由质量参差不齐的7万5千人组成的大军，以极快的速度穿越西奈沙漠，连续进行了时长达5天、总路程达180千米的急行军，来到了拉菲亚城（Raphia）西南约9千米处扎营。得知托勒密动向的安条克三世匆忙集结军队，沿着从加沙通向拉菲亚的沿海道路急进，这支塞琉西军队的实力大约为6万8千人。接下来的拉菲亚会战成为整个希腊化世界中，自伊普苏斯会战以来，已知规模最大的一场会战，它将会决定柯里-叙利亚未来17年的归属，也间接影响

◎ 公元前二世纪中期的塞琉西士兵形象。与另两个继业者王朝的军队中骑兵的明显衰退不同，塞琉西帝国的骑兵始终在质量和数量上维持了极高的水准

整个地中海世界的历史发展进程。

抵达战场之初，安条克选择在托勒密军队东侧约 1.8 千米处扎营，在这里，战场侧翼存在一块可通行的沙漠，方便他发挥骑兵优势。但当他得知托勒密军队通过佣兵和土著部队大大加强了其方阵和骑兵的数量及质量后，他前移了他的营地，使得会战将在这一区域最狭窄的平地上展开，以弥补他在数量上的劣势。对安条克来说，这是一个意料之外的变化，他之所以急匆匆地离开阿克，赶在托勒密四世抵达加沙城之前阻截后者，就是为了确保加沙这个利于屯军和防守的城市不会回到托勒密之手。这样一来，在会战中败北的托勒密将无基地可寻求庇护，托勒密的败军将被迫重新穿过西奈沙漠，这将摧毁这支军队。结果现在准备不足的反而是塞琉西军队，安条克意识到去想会战胜利之后的举措有些过早了。

托勒密投入战场的总兵力，包括了 5 万 6 千至 6 万 1 千人的马其顿方阵（其中 2 万 5 千人为军事定居者部队、2 万埃及土著方阵士兵，剩余的是来自利比亚等地的其它兵源和雇佣军）、3 千名皇家步兵、3 千名克里特轻步兵、5 千名骑兵（包括军事定居者骑兵和一些雇佣军），以及一些其它种类的中型和重步兵，以及 73 头非洲象。

在塞琉西一方，2 万名军事定居者方阵和 1 万名近卫部队的"银盾军"（Argyraspides）是安条克主要的重步兵，还有 5 千名希腊雇佣军可能也以方阵形式作战；剩余的 2 万 7 千人都是较轻型的步兵。骑兵方面，包括各有 1 千人的"伙伴"和"近卫"（Agema）两支近卫骑兵部队在内，总计有 6 千名骑兵投入会战。此外，总数达到 102 头的印度战象无论从数量还是体型上都压倒了托勒密一方的非洲森林象。

值得一提的是，由于一连串战功，以叛将身份被火速升迁、获得近卫部队“银盾军”指挥官高位的狄奥多图斯，在会战开始前几天，或许是为了证明自己的忠诚，或许是为了炫耀武勇，又或许是想报答安条克的知遇之恩，仅仅带着两名部下成功混入了托勒密大营，进行对托勒密四世的刺杀。最后由于搞错了目标所在的帐篷，他误将托勒密的御医杀死，随后三人全身而退。

终于，在连续几天散兵间的游击作战后，公元前217年6月22日，双方正式决定进行这一次会战。战场位置位于拉菲亚城西南9.25千米处，战场宽度为5.6千米，两翼是无法让部队通过的沙丘。在右翼，安条克三世亲自率领近卫骑兵的两支骑兵队，以“伙伴”在前、“近卫”在后的顺序梯次部署，同时部署在右翼的骑兵可能包括2千人的军事定居者骑兵，骑兵左侧是5千名来自东部省份的轻步兵和5千名希腊雇佣军。塞琉西军左翼则由2千名骑兵和一些轻步兵组成。战线中央的核心是从右至左部署的银盾军和定居者方阵部队，总计达到3万人之众，他们按照正常纵深的16排部署。这条主战线的一部分是由轻型部队组成的，他们需要面对敌军的重步兵，而在主战线前方，大量轻步兵松散部署，进行游击作战。最后，安条克三世的战象大多出现在侧翼尤其是右翼，其余的则均匀

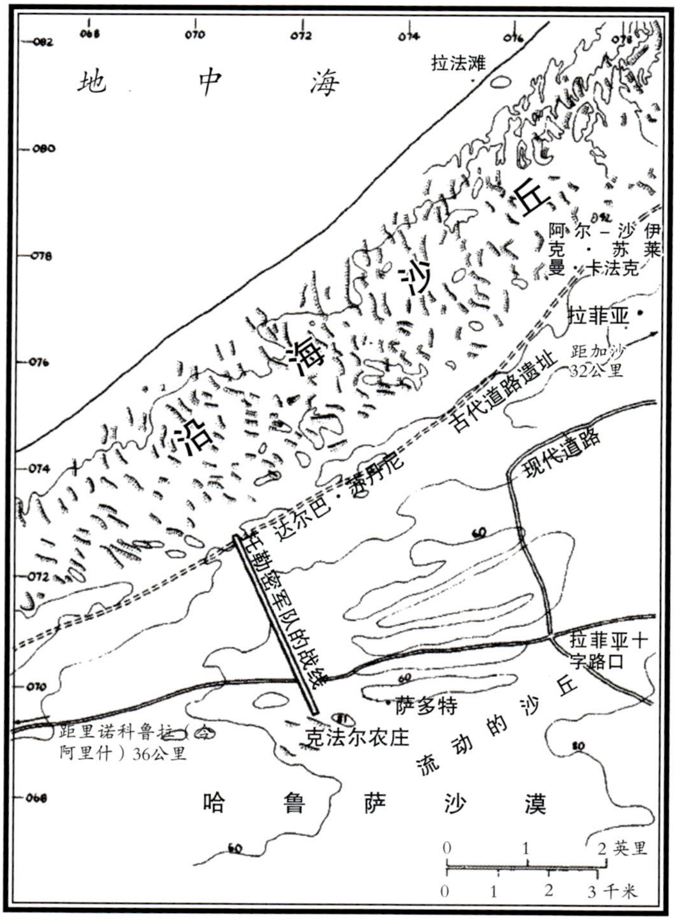

◎ 拉菲亚会战的战场位置

◎ 拉菲亚会战中的战象交战。北非象总是无法与印度象抗衡，托勒密和罗马军队都曾在战场上遇到这种困扰

分散在整条战线上。

在托勒密四世一方，人数占优的方阵出于利用战场宽度的考虑，排成了24排的纵深，由欧洲移民组成的定居者方阵大多面对着银盾军，其余的定居者方阵和埃及土著方阵一起对阵塞琉西一方的军事定居者。这段战线上，托勒密的方阵享有3：2的数量优势。此外还有一部分雇佣军和利比亚人组成的方阵，在中央战线的右端对垒塞琉西军队中的一部分轻步兵。托勒密本人指挥着包括700人的近卫骑兵中队在内的3千名骑兵，以及部署于其前方的非洲象、右侧的3千名轻盾兵一起面对安条克亲率的4千名骑兵、印度象和5千名希腊雇佣军，他的右侧则是3千名近卫步兵对抗对方的希腊雇佣军。在托勒密的右翼，他的骑兵数量和对面的敌军相若，而右翼和中央间还有3千人左右的克里特人。

拉菲亚会战的正式开始，是以安条克右翼的行动为标志的。部署在双方骑兵前方的战象群在安条克和托勒密亲自作战的战场区域开始冲击，战象用自己的长牙架住对方的象牙，随后努力把对方的脑袋顶偏到一边，然后从侧面撞翻对方。在战象互相搏击的同时，在战象身边作战的轻步兵纷纷试图用标枪等武器攻击战象的敏感部位，譬如鼻子和腿，同时又要小心保护己方的战象，若干大胆者甚至冲上前去伺机割断战象的脚筋。身形庞大的战象的身上还被固定了小的塔楼，部署其上的塞琉西士兵在发射标枪和箭矢的同时，也以方阵士兵使用的萨里沙长枪攻击对方的战象骑手。凭借着战象体型和数目的优势，塞琉西的象群在比它“袖珍”许多的非洲森林象面前占据了优势，托勒密的战象在遭受重创后开始溃逃。

慌不择路的北非象群在后退过程中，冲进了正严阵以待的托勒密左翼骑兵中。

顿时，包括托勒密四世亲率的近卫骑兵中队在内，托勒密骑兵的队形被失去理智的非洲象践踏得七零八落。与此同时，至少一部分塞琉西右翼的骑兵，在安条克亲自指挥下迂回到了侧翼，和正面的战象、骑兵一起突击了陷入混乱的托勒密左翼骑兵，后者立即被击败了。安条克率领得胜的右翼骑兵，开始了一路追击。与安条克的骑兵相接的希腊雇佣军，也随之进攻，击败了当面的托勒密轻盾兵。在安条克三世的右翼，塞琉西军队大获全胜，托勒密四世在乱军中侥幸逃过了被杀的命运，他没有退出战场，而是逃到了战线中央的方阵中继续指挥。

然而在战场的另一端，局势的发展却刚好相反。由于重步兵数目不足，安条克三世被迫在步兵战线的左翼用来自阿拉伯和东部各行省的轻步兵填补战线。这些单位在人员素质和装备上都难以胜任，结果在遭到托勒密军队中希腊雇佣军的冲击之后，他们很快就溃不成军了。同样是在安条克的左翼，托勒密的雇佣军骑兵也在与安条克左翼骑兵的交战中获得了优势，他们很可能和安条克三世一样，成功地进行了迂回突击。于是，在双方的主力方阵来得及交战前，双方各自以自己的右翼击溃了对手的左翼。

战况进展到这时，安条克三世指挥的右翼骑兵进行了令人费解的行动。尽管明知己方的中央战线在数量上占绝对劣势，但他的骑兵并没有立即进行转向并对托勒密方阵的背后发动冲击，相反，安条克带领右翼骑兵进行了长时间的追击。这一战术选择，与希腊世界军事史上许多次重大会战中的情况如出一辙，某一翼获胜的一方进行了长时间的追击，而错过了迂回攻击敌军侧后的机会。有些史学家认为这个决定需要归咎于安条克的年轻气盛和缺乏

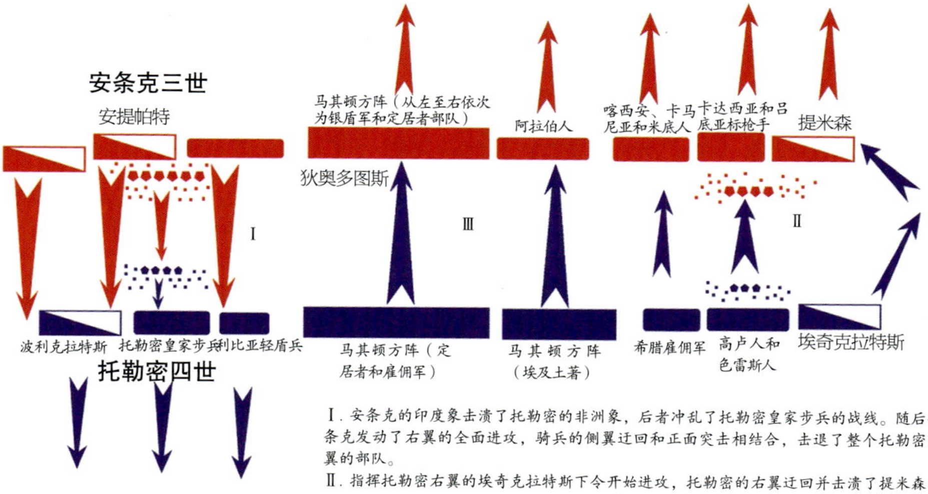

Ⅰ. 安条克的印度象击溃了托勒密的非洲象，后者冲乱了托勒密皇家步兵的战线。随后安条克发动了右翼的全面进攻，骑兵的侧翼迂回和正面突击相结合，击退了整个托勒密左翼的部队。

Ⅱ. 指挥托勒密右翼的埃奇克拉特斯下令开始进攻，托勒密的右翼迂回并击溃了提米森，随后击退塞琉西的整个左翼。

Ⅲ. 托勒密脱身到中央战线接替了方阵的指挥权，他下令发动正面进攻，数量占优势并且侧后暴露的塞琉西方阵被击败，首先是定居者方阵，然后是银盾军，逃离了战场。

◎ 拉菲亚会战示意图

经验，由于对部队失去战术控制，他的右翼进行了追击行动而忘却了“铁锤”的本职。但考虑到他在对抗莫隆时展现出的老练的战术手腕，以及希腊世界的皇室成员在指挥能力上的普遍“早熟”（由于在所受的皇家教育中极为强调国王的领军职责，有许多希腊化政权的国王往往在不到 20 岁时就熟稔于用兵之道），这个猜测似乎又过于牵强。另一个可信度更高的猜测是，塞琉西右翼骑兵的进军路线背后被本方前进的战象群所阻挡，由于排斥战象的气味，这些骑兵最直接的返回路线被阻挡了；另一方面，拉菲亚战场过于狭窄的宽度也让他们不能在短时间内绕路回到中央；最后权衡利弊之下，安条克三世决心索性不立即返回中央，而是确保在追击中杀死托勒密四世，彻底摧毁托勒密军队的指挥中枢。

人算不如天算，安条克的意图随着托勒密侥幸前往战线中央，坚持指挥方阵而落空。与此同时，同样在侧翼获胜的托勒密右翼骑兵却做出了更有利战局的选择。托勒密的右翼骑兵和希腊雇佣兵从安条克方阵的左侧旋转，并开始攻打安条克的方阵侧后。正面战场上处于 2 ：3 的数量劣势，背后又遭夹击，安条克的方阵战线岌岌可危。

也就是在两翼分出胜负时，托勒密的中央战线开始稳步前进。当两支马其顿方阵部队互相交战时，密集的矛墙所带来的心理震撼对双方的士兵都是巨大的考验。在这时，方阵部队很难在战斗里发挥出更多的战术弹性了，士兵的勇气和个人战斗技巧几乎成为了唯一的决定因素。尽管有着多 8 排纵深的巨大优势，但托勒密中央战线右段的士兵是新近接触方阵作战方式的新手，相比塞琉西定居者方阵而言，要稚嫩得多，因此后者存在质量优势，仍可以一战。然而，在双方阵形的第一排老兵开始交战的同时，塞琉西方阵的背后发生了骚动，托勒密的右翼骑兵猛烈地冲击了方阵暴露的背面。几乎是在一瞬间，刚才还愿意一战的塞琉西方阵迅速地崩解了。

在定居者方阵各单位溃散的同时，在战线右端的银盾军则进行了更为坚决的抵抗，一方面这是由于他们更优秀的战斗素质，另一方面也是因为银盾军在战线上的位置使之免于遭受第一时间被迂回的命运。

◎ 银盾军是亚历山大大帝统治末期，他授予“持盾卫队”的老兵们的荣誉称号，这支部队在继业者战争中大放光彩。塞琉西帝国继承并重启了这一番号，组建了自己的银盾军，从全国军事定居者系统中抽调精英，组成这支常备力量

在这里，托勒密王朝的军事定居者方阵发动了进攻，银盾军则寸步不让。面对着重约 6.5 千克的萨里沙长枪的全力刺击，大多不披甲的方阵士兵们显得不堪一击，不时有士兵折断长枪，拔出短剑应战。在一系列混乱的互相戳刺和推挤中，托勒密定居者方阵毫无进展，他们无法打破银盾军坚韧的阵形，于是选择暂停进攻，重组队形。

银盾军击退了当面敌军的第一次进攻，但这种坚持无法持久，他们目睹了自己左翼的全面溃败。当敌军的第二次进攻开始时，他们同样遭遇到了数个方向的夹击，确认事不可为之后，这支塞琉西陆军中的精华同样失去了战意，开始了溃退。

直到此时，总算把右翼骑兵从追击中叫停的安条克三世，才得以率领他的右翼回到了战场。此时他能看到的，只是自己的主力已经溃不成军并且无法再被聚拢重组。无奈之下，他只得驱使残兵向东北方向的拉菲亚城撤退。起初，他试图让败兵在城外扎营，避免溃军被赶进并困死在拉菲亚城中，不过，受创严重的各部队纷纷逃进了拉菲亚城，安条克也只得无奈地进城重组部队。万幸的是托勒密四世似乎并无进一步发展胜利的信心和意愿，安条克得以重整残军，并与托勒密签订了停火协定，收殓尸体、赎回俘虏。

决定性的拉菲亚会战就此结束了，安条克三世在会战中付出了巨大的损失，大约 1 万名步兵、300 名骑兵和 5 头印度象被杀死，被俘数字也达到了 4 千人（大部分都是步兵），此外，他的战象大多落入了托勒密的手中。托勒密四世一方的伤亡，主要集中在战败的左翼：1 千 5 百名步兵、700 名骑兵和 15 头战象被杀，大约 26 头战象被俘。仅就伤亡情况而言，这场会战对安条克三世来说毫无疑问是一次彻底的灾难。

然而整个第四次叙利亚战争的结局，对安条克三世而言却并非不能接受。在拉菲亚会战之后，亚历山大里亚立即发生了大规模的叛乱，受此影响，托勒密四世无法继续进行战争，而仅仅收回了柯里 – 叙利亚，坐视沿海的腓尼基地区被塞琉西帝国征服。于是，托勒密王朝尽管最终获得会战胜利，却在这数年中付出了巨大的财政损失，在舔舐伤口之余，多年内无力再对外干涉。安条克三世从而得以腾出手来应付其它战略方向，进行他梦想已久的东征，恢复塞琉古一世时，甚至是亚历山大时期的帝国东部疆域。

势如破竹的平叛

公元前 217 年，塞琉西帝国在叙利亚南部的战略进攻以差强人意的结果告一段落。安条克三世转而将注意力放到西方，清除东征计划最后的障碍。在过去的数年内，尽管塞琉西军队全力与托勒密王朝交战，但阿基乌斯却始终没有对叙利亚发起入侵。他的军队组成结构与安条克三世的别无二致：忠于帝国的军事定居者是其最为可靠的核心。阿基乌斯动员小亚细亚的军事定居者，就不免需要避免面对安条克本人作战。而莫隆在阿波罗尼亚会战中的失败，很好地说明了塞琉西国王在军事定居者系统中的威望。出于同样的原因，阿基乌斯被迫在公元前220年对叙利亚失败的入侵中，向士兵承诺不再进攻叙利亚。

于是在结束叙利亚战争之后，安条克三世几乎是立即开始实施西部平叛的准备工作。在亚历山大里亚叛乱进行的同时，塞琉西帝国的军队驻扎在冬营中恢复实力。次年，即公元前216年的夏天，安条克正式率领军队越过了陶鲁斯山脉，开始了针对阿基乌斯的战争。为此，他还正式承认了帕加马王国的存在，并与后者的统治者——国王阿塔卢斯一世（Attalus I）签订盟约，一同与阿基乌斯为敌。

由于实力上的绝对劣势，阿基乌斯无力以一场大规模的会战将安条克驱逐，因此只得选择坚壁清野的方针，展开连续的游击战。在公元前216年的冬季，安条克三世克服了重重阻力，来到了阿基乌斯亲自坐镇的叛军首都——坚城萨迪斯之下，并且开始了漫长的围攻战。萨迪斯城早从古吕底亚帝国起就坚固非常，历经波斯人和希腊人的重重加固，此时已是一个第一流的要塞城市。阿基乌斯本人坐镇城市内部的卫城区，指挥外城守军的防御以及一系列的骚扰、游击行动。

安条克深知重城之坚，无意将萨迪斯之围发展成旷日持久的消耗战。因此从围城的第一天起，他就想方设法地以突击而非饥饿攻取城市。在围城过程中，他麾下的克里特军官拉苟拉斯（Lagoras）提供了一条宝贵的信息。在萨迪斯的外城墙上，有一处与内城要塞相接的结合部，由于视野的影响，无论是内城还是外城的守军都无法很好地观察这个地点。在进行了一系列抵近侦察和试探之后，拉苟拉斯发现该处城墙确实设防松懈，利用一块较高的岩石，攻城者可以用云梯偷偷摸上城墙，继而打开城门。此外，这段城墙后总是有大量食腐的鸟类聚集，他由此猜测，守军在城墙背后设立了尸坑，为了防疫，这一区域很可能缺少守军常驻。

在将这一系列发现报告安条克三世后，拉苟拉斯被授权制订一个偷袭计划。他于是要求组建一支精干的突击队，以此打开城门，随后2千人的先锋部队将首先进城，伴随整支庞大的军队，一举攻下占萨迪斯大部分面积的外城区。为此，包括塞琉西军队两员知名悍将——狄奥多图斯和国王卫队长迪奥尼西乌斯（Dionysius）在内，总计30人的突击队被组建起来，在拉苟拉斯指挥下，承担攀登城墙的重任。这一行动的实施最终被放在了一个没有月光的晚上，在此之前，塞琉西军队对突击部队进行了对应的训练，并在选拔过程中对最终计划严格保密。值得一提的是，拉苟拉斯和狄奥多图斯一样，原先是为托勒密四世服务的军官，最终改换门庭在新国王麾下大放光彩。

随着等待已久的无月之夜到来，塞琉西军队开始了准备已久的计划。突击队悄悄在城墙边的岩石上支起了两架云梯，拉苟拉斯和迪奥尼西乌斯各自从一架云梯上带头登上城墙。在这一过程中，他们不可避免地在攀登过程中发出声响，为了吸引敌军的注意力，安条克三世故意在城市的另一头发动了佯攻。在萨迪斯外城另一端

◎ 公元前二世纪中期的塞琉西士兵形象。高质量的军事定居者方阵，是塞琉西军队中的步兵之花和战线支柱

的波斯门，安条克的部队强攻城门。外城守将阿勒巴佐斯（Aribazus）立即以守军出城迎击，双方在城门附近展开了肉搏战，坐镇指挥的阿基乌斯也从卫城调出一部分预备队前往那里。于是，突击队刚好在远离战场的一角，于几乎没遭到抵抗的情况下潜入了城区，并且迅速打开了最近的城门，城外的接应部队以 2 千人前锋为首，迅速冲进外城区。

随着攻击者大规模入城，叛军反应过来，在拉荀拉斯入城的地点附近，来自内城区的增援试图夺回城门，双方发生激战。首先入城的 2 千塞琉西士兵迅速夺取了城门附近的剧院和周围区域，并在确保通路的同时，利用数量优势把少数前来填补防线漏洞的守军逐退。到这时，安条克的攻势已经无法阻挡了，进攻部队紧紧追逐着败退不止的守军，一些士兵转而打开其它的城门。阿勒巴佐斯在外城区进行了一段时间的绝望抵抗，随后被占优势的进攻者所压倒，外城区守军不计一切地试图躲进内城区要塞避难，于是塞琉西军队终于得以攻占整个外城区，士兵纷纷开始在城区内纵火和劫掠。坚固的萨迪斯城，除去一小部分的卫城区外，都已落入了安条克三世的手中。

随着萨迪斯在事实上的陷落，安条克三世得以腾出手来恢复其它的小亚细亚领土，同时维持着对萨迪斯内城要塞的围困。阿基乌斯尽管被死死困住，但得益于内城水泄不通的防御，这样的围攻看上去永无休止。来自腓尼基、叙利亚和美索不达米亚的使者源源不断地来到安条克的军营，报告各地区的日常事务，并由国王进行处理。东征的准备工作在围攻萨迪斯的进程中有条不紊地进行着，但阿基乌斯叛乱的最终平定看起来遥遥无期，直到出现一个难得的机会。

在亚历山大里亚，终于从首都叛乱的焦头烂额中解脱出来的托勒密四世，希望能够给安条克三世制造一些麻烦。得知阿基乌斯被困后，他计划将阿基乌斯营救出来，培植成为反安条克三世的流亡政府首脑。于是，他的高级军官克里特人波利斯（Bolis）自告奋勇成为特使前去设法营救阿基乌斯。

然而，就和所有其他克里特人一样，波利斯的大无畏冒险精神毫无疑问是出于对个人利益的追求，和忠诚毫无关系。几乎在到达小亚细亚的同时，他一方面和亲阿基乌斯的罗德岛、以弗所等城市协商营救事项，另一方面他果断地开始考虑从安条克处得益的可能性。最终在权衡利弊之下，波利斯选择改换他的雇主，经过和安条克的磋商，一个借营救之机活捉阿基乌斯的计划产生了。

接下来发生的事情就不难想象了，历经“千辛万苦”、想方设法进入了萨迪斯内城的波利斯为阿基乌斯带来了他等待已久的好消息：在萨迪斯城外，以弗所、罗德岛、托勒密王朝等多个反安条克的政治势力决心设法将阿基乌斯救出，并已定下了一个周密的计划。一心向往脱逃之后的天高任鸟飞，阿基乌斯不假思索地相信了这个计划，感激地对勇敢而又“忠诚”的波利斯交付了全部的信任。随后在一个夜晚，经历了一系列惊险，阿基乌斯、波利斯和后者提供的数名来自米底的护卫终于脱逃出了重重包围之下的萨迪斯。就在阿基乌斯开始思考如何东山再起，甚至入侵叙利亚复仇之际，他的“救命恩人”用铁链把他拴到一边。到此时，阿基乌斯才在错愕中意识到，波利斯狠狠地骗了他，而那几位所谓“不会说希腊语”的米底人，事实上是安条克三世自己忠心耿耿的贴身近卫。就这样，阿基乌斯这位国王的外甥、本都国王米特拉达梯的女婿、曾经的小亚细亚雄主就以这种方式轻易地被活捉了。

公元前 213 年，在阿基乌斯被审判和处决后，萨迪斯的要塞也投降了，安条克在西部的军事行动终于划上了一个正式的句号。现在，大批来自小亚细亚、叙利亚、美索不达米亚和其他地区的士兵和物资，正源源不断地向奥龙特斯河畔的阿帕米亚进发，把这里变成了一个大军营。未来的东征军将从这里出发，试图恢复亚历山大大帝和塞琉古一世时代的疆土，重新建立统一。

安条克投入东征的军队规模，根据罗马史学家查士丁的记录，仅战斗部队就达到了 10 万名步兵和 2 万名骑兵之众。查士丁的史料，在准确性上向来为人所诟病，这一数字作为孤证，始终难以得到史学界的一致认可。但从客观情况分析，考虑到安条克三世已经确保了其余各战略方向的基本稳定，故可以动员几乎所有的军事力量投入这次东征，这个军力数字仅从可能性而言是成立的。以军事定居者体系的人力资源，加上随处可得的大量地方招募部队（往往是东部地区提供的轻步兵，考虑到东征的敌对诸国军队中都有不少的轻步兵和骑射手，几乎可以断定安条克三世同样会在东征军中加入大量自己的轻装部队），足以让安条克三世获得一支总数超过 10 万、质量则参差不齐的部队。而如何运用这样大规模的军队，无疑对指挥官的能力提出了艰巨的考验。

公元前 212 年，在漫长的准备后，安条克三世策划已久的东征正式开始。由于史料的缺失，我们很难彻底地复原这一次东征中的所有细节，大部分已有的记载来源于波利比乌斯，而且这一来源也断断续续，只留下了若干碎片。安条克三世的第一个目标，是在高加索的山峦中建立起来的奥龙特斯王朝（Orontid），后者统治着地理概念上的大、小亚美尼亚地区。在更靠近美索不达米亚平原、位于高加索南麓的索菲尼（Sophene）和科马根（Commagene）地区，奥龙特斯王朝的薛西斯最先遭遇安条克的兵锋。薛西斯当时定都于阿尔萨马萨塔（Arsamosata），随即遭到了安条克三世的围攻，攻击者迅速包围了城墙。几乎是在见到塞琉西军队规模的同时，薛西斯就失去了抵抗的意志，派遣使者请求和谈。安条克三世的大部分幕僚建议在谈判中杀死前来的薛西斯，直接颠覆这一王国，不过安条克三世无意对此偏远之地进行统治，因而在谈判后放薛西斯离开。

薛西斯随后向安条克三世进贡了 300 泰伦的贡金、1 千匹骏马和 1 千头装满补给物资的驴。在宣誓效忠并使王国成为塞琉西帝国的附庸国之后，薛西斯得以保有原先的权力，并且获准娶安条克三世的姐姐为妻。在与原有的统治者建立良好关系的同时，安条克三世宽松的行事作风也获得了索菲尼地区民众的好评。

同属奥龙特斯王朝的另一位国王、薛

◎ 公元前250时期的亚美尼亚奥龙特斯王朝。作为一个波斯化的王朝，奥龙特斯王朝不断地将其势力南下渗透到美索不达米亚地区

西斯的兄长奥龙特斯四世此时统治着更北方的大亚美尼亚地区，安条克同样无意容忍边陲的这一独立王国存在。经过军事和外交的双重斡旋，亚美尼亚王国发生了叛乱，奥龙特斯四世的两位将军——阿塔西斯（Artxias）和扎雷（Zareh）颠覆了王权，自立为统治者，并向安条克臣服。

于是，几乎是兵不血刃地，安条克三世将扩张中的亚美尼亚王国彻底打压，消除了美索不达米亚北部的潜在威胁。他的目光随之转向东方。在得到了亚美尼亚人的补给支持后，东征部队向东前进，前往米底。早在亚历山大时期起，作为前波斯帝国的核心地区门户，米底地区的建设就是重中之重。为了防范来自边境的野蛮人入侵，米底行省的边境建立了一个个希腊殖民城市，不过这些客居者殖民点的光彩都被一座历史更悠久的城市所掩盖：埃克巴塔纳（Ecbatana）。这座建立在奥朗底山脉（Orontes）上的城市，在古吕底亚帝国时期成为她的首都，在被波斯、马其顿人征服之后也多次迅速从战乱中恢复。这里坚不可摧的城防要塞和富饶的产出，使他成为帝国军队继续东征的重要后勤基地。在这里，安条克三世短暂停下了脚步，制定进一步的计划。

于此同时，帕提亚国王阿萨西斯二世却仍无法判明安条克三世的企图。一方面，塞琉西军队的规模之大，已经足以发动一次彻底收复东方行省的军事行动；但另一方面，东进离开米底之后，沙漠环境对于这支大军而言，构成了极大的补给压力，阿萨西斯从心底不相信安条克三世能够进行长时间的进军。因此，在实力悬殊的情况下，阿萨西斯决心放弃进行正面交战，整个帕提亚行省连同王国首都赫卡通皮洛斯（Hecatompylos）都在弃守之列。帕提亚的骑射手们将施展他们最擅长的作战方式，尽可能地骚扰安条克的后勤，直至他自行放弃征讨为止。

公元前211年，塞琉西军队向东进入了帕提亚行省的领土，自公元前247年该地总督宣布独立以来，帕提亚行省再一次回到了塞琉西帝国的手中。期间塞琉西军队只遭遇了小股帕提亚人的抵抗，后者破坏道路、阻挠后勤，但在塞琉西军队占绝对优势的军力，以及安条克精心部署的骑兵掩护面前，这些骚扰都没有取得可观的战果。阿萨西斯二世连同他的主力部队一起，退到里海沿岸的赫卡尼亚地区（Hyrcania）。

在安条克收复帕提亚行省的过程中，唯一见诸史书的激烈抵抗发生在埃克巴塔纳至赫卡通皮洛斯大路上的要塞城市西里尼克斯（Sirynx）。一支被击败的帕提亚雇佣军逃进了这座坚城，安条克被迫使尽解数，运用各种围攻技巧才得以攻取城市。落城在即，绝望的帕提亚守军抢先屠杀了城中的所有希腊裔居民，随后再试图逃跑。但这样的抵抗从总体上无法阻止塞琉西军队的攻势，赫卡通皮洛斯最终落入安条克手中。

就这样，安条克三世轻松地收复了帕提亚行省，但对他而言，这种暂时性的成果远远不能令他满意。他很清楚，一旦塞琉西军队的主力离开，帕提亚人就会卷土

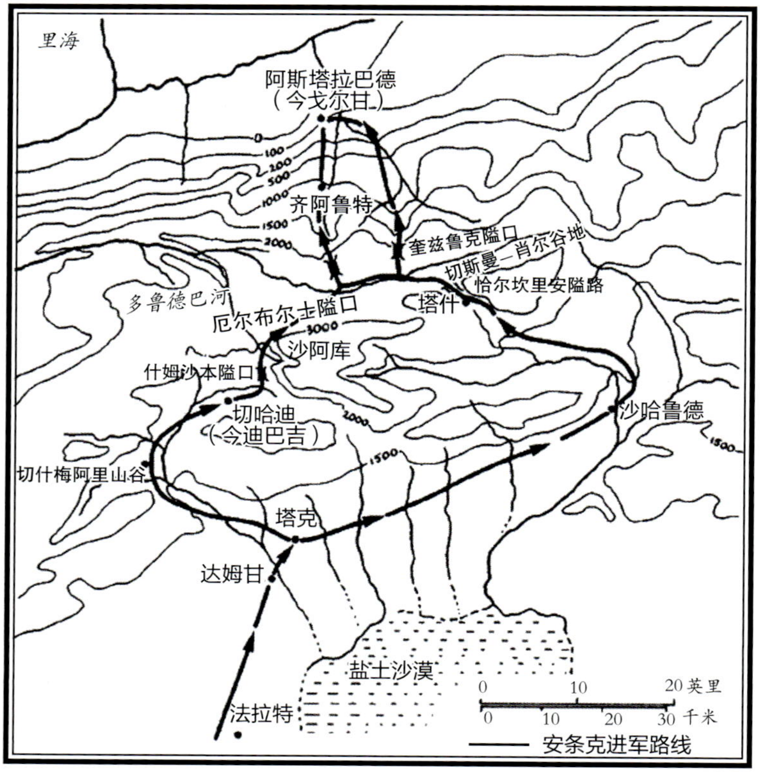

◎ 厄尔布尔士隘口之战

重来，他们重占这一行省的同时，也将使继续东征的帝国军队腹背受敌。阿萨西斯的避而不战更加使安条克确信，帕提亚人试图等待塞琉西军队师老兵疲之际，再刺出最致命的一枪。

因此，在安定了占领区的人心后，塞琉西军队立即于公元前 210 年回师向西，准备穿越厄尔布尔士山脉（Erburz）的中部隘口，进入赫卡尼亚地区，彻底击败帕提亚人。这里的地形复杂，适合伏击，而且除去虎视眈眈的帕提亚军队之外，也有当地的土著部落随时发动袭击。与亚历山大大帝不同，安条克并没有选择稳妥地沿着多条隘道平行前进，而是将全部主力集中在单一的道路上。这条从沙赫鲁德（Shahrud）到契斯曼－肖尔（Chasman-Sawer）谷地的道路，被称为恰尔坎里安（Chalchanlyan）隘路，隘路位于一条狭长的谷地中，伏击者将很容易从两侧的坡地上获得有利的射击位置。

这样的环境对当地的塔普里安人（Tapurian）土著或者是帕提亚人的大军而言，都是良好的作战场所。安条克很清楚自己处在易被伏击的不利位置上，但他设法以此设下了一个反伏击的圈套。在里海沿岸地区，不乏希腊人的定居点，这些定居者由于帕提亚行省的独立和沦陷沦为了帕提亚人的属民。随着塞琉西军队收复

◎ *枪盾兵的复原形象。公元前280年的加拉太人入侵催生了不少希腊军事体系的改革，其中枪盾兵是最重要的之一。这种多用途的中型部队及其变种在所有希腊化军队中流行*

疆土，他们自然十分乐意成为这支军队的向导，通过这些熟悉地形的帮手，安条克想方设法找到了一些小路，得以将一些擅长攀登的山地轻步兵部署到隘路周围的高地上。一旦行军主力遭受两侧的伏击者攻击，后者将反而暴露于埋伏在更高处的塞琉西轻步兵面前，遭受交叉火力的攻击。同时，一部分克里特步兵将在行军纵队前充当诱饵，在他们背后则埋伏着一些枪盾兵（Thureophoroi和Thorakitai，装备长矛、标枪和盾牌的多用途中型部队，其中后者身着锁子甲而前者只有亚麻、皮革胸甲），一旦伏击者轻率地暴露位置并且被火力压制，他们将配合发起进攻，彻底击溃伏击的敌人。

塞琉西军队的进军就如计划的那样进行：行军纵队的先头果真在恰尔坎里安隘路遭遇了伏击，出乎意料的是，攻击仅仅来自抱着恶意的塔普里安土著，而帕提亚军队仍旧高挂免战牌。塔普里安人在向克里特人发动攻击的同时，就被四面八方埋伏着的投石手、弓箭手所压制，克里特人和背后的枪盾兵随之行动，科斯岛人尼克米底斯（Nicomedes）和叙利亚战争中的叛将尼科劳斯指挥他们发动冲击。局势逆转，埋伏者反而成了中伏者，在付出惨重代价后被驱离了战场。安条克的主力遂安全地越过了厄尔布尔士山脉，进入赫卡尼亚。

在这次规模不算大的战斗中，安条克三世展示了他熟练的用兵手腕和惊人的自信，敢于将自己的全军置于危险境地，故意设置诱饵，从而引诱出踪影难觅的敌人。而在这样的敌手和塞琉西军队的堂堂军势之下，阿萨西斯二世最终失去了抵抗下去的意志。公元前 209 年，安条克压倒了帕提亚人在赫卡尼亚的抵抗，帕提亚选择签署和约，成为帝国的附庸王国。

随着帕提亚的屈服，安条克三世的目标就轮到了又一个在帝国衰退时选择了背叛的行省：巴克特里亚。不过事实即将证明，这个在未来孤悬中亚却仍能够成就一番霸业的希腊化王国，是一个难缠得多的对手。

无往不利的“大帝”

在进一步叙述安条克在巴克特里亚的军事行动之前，我们有必要先行介绍一下他的这个对手。早在公元前 255 年前后，当时的巴克特里亚总督狄奥多图斯（Diodotus）就正式宣布了这一边陲行省的独立。随后的公元前 246 年，陷入内外交困的塞琉古二世被迫将他的三个女儿分别嫁给本都王国、卡帕多西亚王国的国王，以及尚未僭取国王头衔的狄奥多图斯。通过这个举措，塞琉西帝国勉强和巴克特里亚王国维持了盟友关系，而实际上保持中立的巴克特里亚王国则在名义上再度成为帝国的行省之一。大概在公元前 228 年至公元前 227 年，狄奥多图斯与塞琉古二世之女嫁给他之前所娶的另一位妻子所生的儿子，已成为新的巴克特里亚之主。也就是在狄奥多图斯去世前后，巴克特里亚总督再度独立，并且由他或是他的儿子首度称王，开始发行象征王权的印有头像的铸币。

狄奥多图斯二世称王不久，就改变了父亲对西方诸势力维持中立的政策，转而与帕提亚人结盟，试图从塞琉西帝国攻取更多领土。作为一个以希腊裔人口为统治根基的政权，巴克特里亚国内的希腊人普遍对这一政策感到不满。狄奥多图斯一世生前器重的将军，也是他的女婿，欧西德莫斯（Euthydemus）从这一情况中获得了机会，利用王国内部对狄奥多图斯二世的不满情绪，煽动了一场叛乱并谋杀了狄奥多图斯二世。随后，他成为了巴克特里亚的新国王，并且励精图治，开始了一系列军政方面的新政策。

截止到公元前 208 年，战争最终在塞琉西帝国和巴克特里亚王国间爆发为止，巴克特里亚人牢牢控制了前巴克特里亚行省的大部分区域，包括以首都巴克特拉城（Bactra）为中心的巴克特里亚地区、北部的索格底亚纳地区（Sogdiana）、费尔甘纳地区（Ferghana），东至兴都库什山脉边缘，西至阿利乌斯河（Arius River，今伊朗哈里河）下游。

正所谓唇亡齿寒，尽管站在亲希腊人的立场上放弃了与帕提亚人的良好关系，但作为一个僭越的国王，欧西德莫斯自然能理解安条克对帝国东部的重新征服意味着什么。随着帝国的兵锋即将进入巴克特里亚王国境内，他立即开始动员军力。对欧西德莫斯来说，西部边境的阿利乌斯河是一条很好的防线：一方面这里构成了限制安条克大军行动的自然障碍；另一方面，考虑到国内各希腊化定居点间对塞琉西帝国仍存在的认同感，尽可能让战火远离本土也是政治上成熟的决策。

公元前 208 年，决心扼守阿利乌斯河畔，阻止安条克一切渡河企图的欧西德莫斯，带领 1 万名骑兵前出到了阿利乌斯河下游的东岸。值得一提的是，一支规模如此可观的纯骑兵军队，在希腊化军队中并不常见，考虑到巴克特里亚王国的希腊化人力无法提供如此多骑兵，这支军队毫无疑问包括大量本地的伊朗贵族。之所以出现这样的情况，一来是由于欧西德莫斯出兵心切，等不及步兵为主的希腊裔部队赶到阿利乌斯河；二来则是忌惮希腊人对塞琉西帝国的忠诚，此前这个因素已经使得莫隆和阿基乌斯先后成为战场上的牺牲者，欧西德莫斯无意步其后尘，这才一反常规，冒着引起政治不稳的风险，大量征召了伊朗贵族提供的骑兵兵员。

刚刚进入巴克特里亚境内不久的安条克，得知了欧西德莫斯正在赶赴阿利乌斯河的消息。正在围攻一座边境要塞的他，权衡了赶在守军到位前突破阿利乌斯河的可能性，便选择抛下了军队主力，精选出大部分骑兵，辅以 1 万名轻盾兵，朝向阿利乌斯河进行了 3 天的急行军。当塞琉西军队的这支精锐机动部队来到阿利乌斯河时，他们却失望地发现巴克特里亚的骑兵已经控制了下游的渡河点。欧西德莫斯将他的主力部署在距渡河点不到 4 千米的城镇，而几个作为前哨的骑兵中队则负责监视东岸附近的浅滩。

然而，巴克特里亚人的防御安排却小有漏洞，前哨各中队每到夜间就返回主力所在的营地，而夜间就成为了安条克进行偷渡的好时机。于是，凭借着夜幕的掩护，塞琉西军队开始了偷渡行动，行军序列以

◎ 塔兰托式骑兵。塞琉西军队中的骑兵不仅包括各式重骑兵，也包括专业化的轻骑兵力量。装备标枪、轻装简行的塔兰托骑兵是重要的游击、侦察和掩护力量，得名于这种作战样式发源地的意大利南部希腊城市塔拉斯，在继业者时代成为风靡地中海的骑兵种类

安条克本人和2千人的近卫骑兵打头。到天色破晓时，国王和他的近卫骑兵们已经在河岸上占据了阵地，而余下的骑兵，在帕奈托鲁斯（Panaetolus）的指挥下仍在鱼贯涌上河岸，步兵则更是落在后面。但巴克特里亚人留给安条克的时间不多了，随着白昼的到来，斥候将塞琉西前锋渡河的消息传达到了巴克特里亚军队中。正在行军前往渡口的巴克特里亚前锋加快了速度，欧西德莫斯则在闻讯后开始组织主力增援。

现在，面对巴克特里亚人的反击威胁，安条克手边能够动用的部队仅有他的近卫骑兵部队，更多的部队不是仍在渡河，就是忙于排布队列。他下令让帕奈托鲁斯不急于投入定居者骑兵，他本人和近卫骑兵将承受巴克特里亚人的冲击，等后者疲惫不堪、阵形散乱后，充当预备队的帕奈托鲁斯将一击制胜。能否守住这个桥头堡，对于阿利乌斯河畔的这场死斗而言，将决定最终的胜负。

巴克特里亚骑兵的先头部队很快来到了战场，稍微整顿队形之后，第一个巴克特里亚骑兵中队发动了冲锋。安条克亲自带领近卫骑兵进行反冲击，双方的队形交错之际，倒下的骑手和马匹顿时布满了战场。在一番激烈的战斗之后，塞琉西近卫骑兵击垮了第一个巴克特里亚骑兵中队，但后者立即由第二、第三个骑兵中队接替下去。

被敌方的生力军所压制，塞琉西骑兵陷入了苦战。这一过程中，安条克始终身居第一线，凭借着个人的武勇投入血腥的肉搏战。混战中，国王的坐骑被杀，落马的安条克拔剑坚持步战，来自一个不知名对手的一击狠狠地打在他的脸上，打飞了他的几颗牙齿。尽管如此，负伤的安条克依旧死战在第一线，国王身先士卒的表现鼓舞了他的近卫们，塞琉西骑兵始终不曾后退一步。

帕奈托鲁斯在第二线静观战局的变化，近卫骑兵陷入苦战的同时，塞琉西的骑兵主力终于完成了渡河，转而发动了冲击。由于此前激烈的战斗，巴克特里亚骑兵已经伤亡惨重，许多被重创的巴克特里亚单位被迫退出第一线，在后方重组阵形准备再度冲击。而这时塞琉西骑兵预备队的猛烈进攻，使得第一线的巴克特里亚人溃不成军，同时也让忙于重组的对方二线部队顿无立足之地。塞琉西骑兵顺势将巴克特里亚人彻底赶出了渡口附近的地区，这一过程中，安条克的近卫骑兵付出了惨重的伤亡，而对手的各先头骑兵中队也折损过半。

直到此时，欧西德莫斯和巴克特里亚骑兵的主力才姗姗来迟，但这已经太晚了。塞琉西的后续——轻盾兵开始接连上岸，而在骑兵交战中获胜的各骑兵中队也挟余威继续冲击欧西德莫斯一世亲率的部队。第二阶段的交战中，士气大挫的巴克特里亚人更快地败下阵来，阵亡和被俘者不计其数。阿利乌斯河会战就这样画上了一个休止符。欧西德莫斯无奈地放弃了战场，带领残部向巴克特里亚境内的扎里阿斯帕（Zariaspa）撤退，他试图在边境地带就遏止安条克步伐的计划就此破产。

至此，安条克对巴克特里亚的入侵实

际上已经一路无阻，面对着军力上的绝对劣势和初战中的大败，欧西德莫斯一世再也没有勇气和实力进行又一次大规模会战。塞琉西军队得以安心地围攻巴克特里亚境内遍布的防御据点。由于身处希腊化世界东缘，巴克特里亚需要直接面对游牧民族入侵的军事压力，使得其巴克特里亚的殖民点普遍重重设防。如果说，此前在帕提亚的作战中，西里尼克斯这样的要塞城市是难得一见的硬骨头，那么在巴克特里亚境内，这样的要塞便是家常便饭了。在希腊本土、西西里和意大利南部，往往只有那些最坚固的城市才会拥有三条护城沟的重重设防（譬如抵抗了罗马 3 年围攻的锡拉库萨）。而同样的设防标准，在西里尼克斯这样的东方希腊殖民点中，则显得并无过人之处。因此，在初期的迅速推进后，安条克被迫放慢了进军的节奏，开始缓慢的围攻进程。当帝国的兵锋到达巴克特里亚首都——巴克特拉城下时，围攻者遇到了前所未有的困难。

对巴克特拉城的漫长围攻过程，几乎没有留下任何记载细节的史料，我们所能知道的只有一点：在长达 2 年以上的围攻过程中，围城者和守军双方都在物质和精神上到达了极限。安条克至少在围攻线上投入了数万大军，连同巩固占领区的部队一起，这支数目巨大的远征军时时刻刻依赖着从埃克巴塔纳开始的漫长补给线提供给养。无论从长时间远离本土的安全因素考虑，还是从漫长围攻的物力消耗来考虑，安条克都无法忍受这样的等待继续下去。同时对困守都城的欧西德莫斯一世而言，坚固的城墙和壕沟纵然能够暂时挡住进攻者，但防御工事却不可能阻挡住饥饿和疾病的渗透。最终，在公元前 206 年，欧西德莫斯向安条克乞和。

在外交斡旋的过程中，欧西德莫斯展现出了极为老练的政治手腕。首先，他历数了自己的统治历程：是他杀死了对塞琉西帝国抱有敌意的狄奥多图斯二世，使得帝国在实际上获得了更为稳定的东部边境，因而他称自己“并非是一位叛徒，倒是为帝国除去了一位叛徒”。在安条克表示妥协和善意的同时，他话中带刺地提醒国王，正是自己的王国隔在塞琉西帝国和诸多游牧民族之间，如果他不能得到和平，那么在他毁灭的同时，也会有数不胜数的萨喀游牧马队被放进王国的边防线之内。

欧西德莫斯绵里藏针的口信戳中了安条克的软肋：一方面，帝国对东方的重新征服原本就必然以扶植亲塞琉西政权为最终目的，与欧西德莫斯存在于此并无矛盾；另一方面，帝国也需要巴克特里亚去扼守边境，抵抗野蛮人入侵的威胁，就如同马其顿之于希腊半岛的意义。眼看苦苦围攻难有收获，安条克顺水推舟地接受了欧西德莫斯的要求。

在承认了塞琉西帝国的宗主权，并且将王国的战象部队上缴给安条克后，巴克特里亚王国的存在得到了安条克的承认。在签订和确认条约内容的最后阶段，欧西德莫斯一世派他的儿子德米特里乌斯（Demetrius）与安条克会面。年轻王子给安条克留下了很好的印象，认为他的谈吐和作风颇具王者之风，于是在承认欧西德莫斯王位的同时，允诺在未来将自己的一个女儿嫁给德米特里乌斯。从历史发展来看，巴克特里亚从事实上而言再未与帝国为敌，并在此后开始了针对帕提亚人的军事行动，牵制了这一塞琉西帝国未来的主要敌人。

安条克在巴克特里亚王国的军事行动，随着这和约的签订而宣告结束。安条克得以自由地在王国境内部署驻军，并以此为为补给基地，开始向印度的远征。与亚历山大攻略印度有所不同，安条克三世进入印度更多是以一种和平的方式进行的。在亚历山大完成远征印度并在中亚边陲建立马其顿人统治后不久，月护王旃陀罗笈多（Chandragupta）推翻了难陀王朝，建立了印度的第一个大一统王朝——孔雀帝国（Maurya）。恰逢亚历山大大帝去世，希腊化世界陷入内战，无力维持印度边缘的统治，因此塞琉西帝国的开国君主塞琉古一世与处在上升期的月护王建立了良好的关系。几个帝国无力管辖的边缘行省被送给了月护王，作为交换，他获得了多达 500 头的战象作为礼物，这些印度象为他赢得了至关重要的伊普苏斯会战，大致确立了之后一个世纪内东地中海的政治格局。

现在，安条克三世选择步亚历山大大帝和塞琉古一世的后尘，他的大军从卡比萨（Kapisa）南下，进入喀布尔河谷。月护王朝在印度西北地区的王公——幸军王（Sophagasenus）与安条克三世重温了两国的友谊，安条克还获得了更多的印度战象，加上此前在巴克特里亚的收获，他的象军规模扩充到了 150 头。幸军王赠送给安条克的大量财富由安德罗斯提尼斯转运回国。而国王和他的主力，在印度驻扎了一段时间之后，从东征的最远点，途经阿罗霍西亚地区（Arachosia）、德兰吉亚纳（Drangiana）、卡马尼亚（Carmania）返回波西斯地区，重新稳固了印度洋沿岸各定居点的统治，此时已经是公元前 205 年的冬季了。

至此，安条克三世完成了为期 8 年的东征行动，回到了帝国西部。从公元前 212 年到公元前 205 年，延续 8 年的东征，意义不仅限于恢复帝国对东部的统治。安条克三世通过对亚历山大大帝和塞琉古一世伟业的重现，向世人昭示了自己的能力和统治的正当性，塞琉西帝国也重新被看成继承亚历山大遗产的庞然大物，安条克也借此功业获得了“大帝”的称号。在回到底格里斯河畔的塞琉西亚城后，安条克还对波斯湾对岸的阿拉伯人聚居点哈吉拉（Gerrha）进行了远征。

而在公元前 205 年到公元前 204 年，托勒密王朝发生了巨变：托勒密四世结束了其 17 年的统治，在他死后登上王位的是他的幼子托勒密五世，独擅朝纲的大臣们迅速杀死了托勒密五世的母亲，接下来在王国内发生了连续的叛乱。托勒密王朝的陷入低谷，迅速燃起了安条克大帝的野心，在近 20 年的统治里，他几乎对所有目标完成了成功的军事征服，唯独对柯里 - 叙利亚的进军功亏一篑。现在，托勒密王朝国力虚弱，成为再理想不过的目标，安条克迅速与马其顿安提柯王朝的统治者——腓力五世，建立了针对托勒密王朝的军事同盟。原则上，托勒密在昔兰尼、色雷斯、小亚细亚沿岸控制的疆土将划归腓力五世，而埃及本土和塞浦路斯将归塞琉西帝国。

不过，腓力五世正忙于争夺希腊本土和爱琴海上的利益，显然无法立即进行对托勒密埃及本土的军事行动，塞琉西帝国于是开始策划独立攻击柯里－叙利亚。公元前 202 年，塞琉西军队暴风般地席卷了南巴勒斯坦的大部分地区，而没有遭到太多阻力；在接下来的一年里，仅存的托勒密据点——加沙城坚持住了漫长的围攻。最终在公元前 201 年冬季，安条克放弃了攻下加沙城的企图，在确保了占领区的守备后，他带领主力暂时回到了叙利亚过冬。

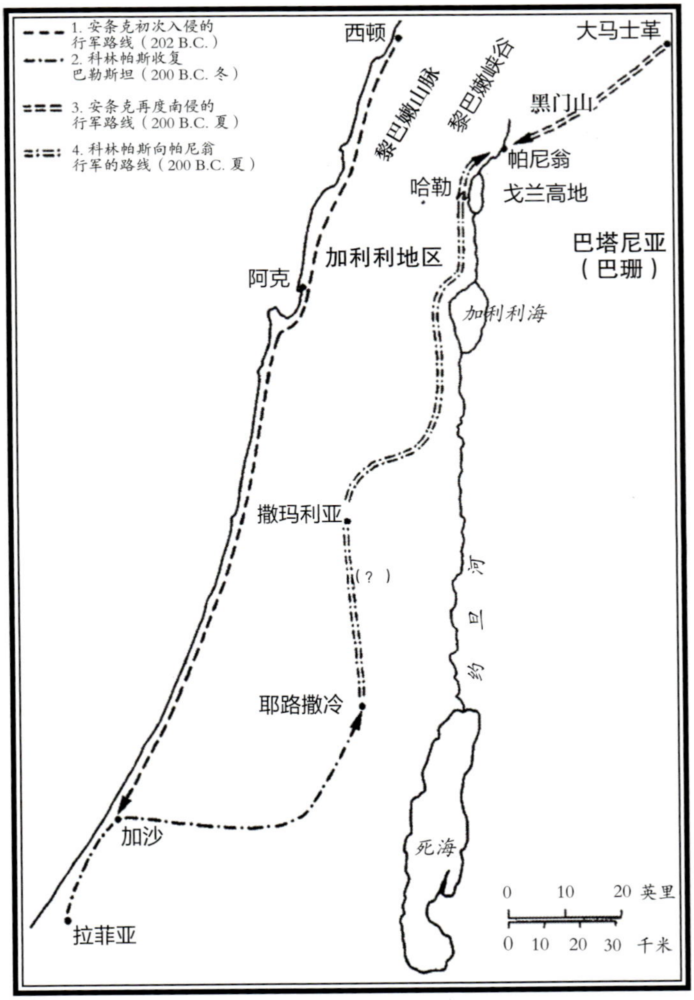

◎ 第五次叙利亚战争。安条克大帝在公元前202年发起的第五次叙利亚战争是塞琉西帝国对托勒密王朝最彻底的军事成功之一

然而托勒密王朝并未放弃。与上一次叙利亚战争中的危机时期一样，托勒密王朝尽可能在失去柯里－叙利亚的同时，以空间换时间，从希腊获得了雇佣军的补充，紧急动员了一支军队。在安条克回到叙利亚的同时，托勒密军队在埃托利亚人斯科帕斯（Scopas）的指挥下北进，在公元前 200 年初的冬季开始收复柯里－叙利亚的领土。这一年夏天安条克被迫开始又一次南侵，这一次托勒密军队试图进行直接的抵抗，从而引发了公元前 200 年的帕尼翁会战（Battle of Panion）。

帕尼翁城，位于从大马士革出发，连

◎ 帕尼翁会战的双方部署。由于地形限制，会战实际在两个分战场进行。只有在战场极东端的班亚斯河源头，也就是塞琉西军队后方，两个战场间才互相通行

接叙利亚和巴勒斯坦北部的三条重要道路的交汇点以东，这里是阻止安条克向南进入巴勒斯坦的要冲所在。从安条克的战略选择而言，在第四次叙利亚战争中为他采用的西部道路，即在西顿附近形成突破，从腓尼基地区的道路进入黎巴嫩谷地，被托勒密军队严密设防。他只得从大马士革取最短线路，直取约旦河西岸，尽可能快地进入平原地区。而斯科帕斯则在战术上更忌惮于让塞琉西军队进入平原，安条克手中更多的骑兵、方阵和战象都更适合在平原而非山地交战，因而斯科帕斯希望在戈兰高地的山地环境中进行一场会战。但斯科帕斯的动作显得太慢，安条克的主力迅速地冲下了戈兰高地并占据了帕尼翁以西的位置，斯科帕斯被迫在相对平缓的地形上决战。

会战的最终地点位于现在的班亚斯高原（Banyas Plateau）上，黑门山（Mount Hermon）从北面、戈兰高地的边缘从南边包围了这块高原上的谷地，而班亚斯河则从东至西将这块平地切割成南北两半，北部稍为平缓，南部更为崎岖不平。塞琉西军队离开帕尼翁城，在平地的东北占据了阵地，斯科帕斯则在西南对应布阵。战场被河流分为两块，帕尼翁会战实际上成为在南北两面分别展开的独立会战，两军的南北两部都组成了独立的战线。

安条克本人亲自指挥北部的塞琉西军队进入战场，他的三子“小安条克”，即未来的安条克四世被指派去带领北部部队的右翼。“小安条克”带领一部分定居者骑兵抢占了战场北部边缘的高地，另外一些骑兵则部署在“小安条克”和步兵战线之间。值得一提的是，“小安条克”的骑兵首度以著名的铁甲骑兵形象出现在战场上，这种具装冲击骑兵在希腊化军队中的运用还属首次，很可能源于安条克在东征中与

◎ 早期的塞琉西具装骑兵。外形上有许多波斯具装骑兵的遗风，最引人注目的是其腿部防护，这种“侧甲”（parameridia），或称“飞翼形马甲”同时起到护腿甲和马甲的作用，可能源自于安那托利亚高原，此前就出现在波斯帝国的精锐具装骑兵身上

◎ 早期具装骑兵的“飞翼形”马甲形制及披挂细节

帕提亚和巴克特里亚军队接触产生的启发。在北翼的中央，安条克依次部署了战象和方阵，投石手、弓箭手和一些塔兰托式的轻骑兵被安排在方阵缝隙中，他本人则带领“伙伴”近卫骑兵队以及一些战象充当预备队。在左侧，一些轻型化的塞琉西骑兵充当牵制部队。

斯科帕斯的托勒密军队同样分为南北两部。他本人亲率北翼部队对抗安条克大帝本人，埃托利亚人规模有限但战力可观的骑兵在两翼对垒塞琉西骑兵，来自埃及的方阵和战象则以相同的编组迎战他们的同行。一河之隔的南部，则主要由埃托利亚人组成战线，这些轻捷善斗的希腊山民对南部战场的崎岖山地地形非常适应。他们面对的塞琉西军队，则由安条克大帝的长子“大安条克”率领，在南部，塞琉西的一些方阵和骑兵部署在崎岖不平的山地上，他们背后则有一些战象作为后备。整个战场上，双方的战线宽度达到了 3 千米，这证明这场会战的参战兵力规模达到了接近拉菲亚会战的水平。

会战从北部战线的交锋开始，托勒密军队的左翼骑兵首先发起了冲锋，与之对垒的塞琉西骑兵佯装不敌而后退。追击的埃托利亚骑兵们将侧翼暴露给了等待在一旁高地上的铁甲骑兵，年仅 15 岁初涉战场的“小安条克”一马当先，带领铁甲骑兵发动了势不可挡的冲锋。这些超重型枪骑兵居高临下的冲击瞬间从侧后粉碎了埃托利亚骑兵，连同回过头来交战的其它塞琉西骑兵一起，塞琉西右翼骑兵大获全胜，一路追击败逃的埃托利亚人。

在右翼分出胜负的同时，两军的中央才刚刚开始前进，托勒密的战象很快被塞琉西的印度象群驱逐，暴露在战象下的托勒密方阵同时又发现自己的背面被塞琉西骑兵所包围。北线部队遭遇前后夹击的战况，对斯科帕斯而言几乎是毫无挽回的余地了，被铁甲骑兵和战象的强大冲击力冲乱了队形后，托勒密的方阵主力陷入了被屠杀的一边倒境地。斯科帕斯直接离开了北线部队，快马加鞭前去组织南线的战斗，指望从那里扳回局面。

南线的战局发展，确实对托勒密军队更加有利，埃托利亚人山地作战的优势很快在步兵战斗开始后显露出来。破碎地形上的塞琉西方阵逐渐无法保持队形，而被渗透近身的埃托利亚步兵所击败，南线的托勒密骑兵同样也击退了当面的塞琉西骑兵。但是，就当斯科帕斯催促着得胜的部队立即进攻，寄希望于迅速绕过班亚斯河，转向北进攻击安条克的背后时，塞琉西在南线的战象群挽回了局势。不习惯与战象作战的埃托利亚人被这些庞然大物阻挡住了步伐，这里的战况再度陷入了僵局。

意识到无法获得进展，斯科帕斯大概预料到了北部部队的下场，被迫选择退出战场。埃托利亚人发挥机动性的优势，迅速完成了重组，并得以从南面的山地地形躲开塞琉西军队的追击，大约有1万多名残兵跟随斯科帕斯撤出了战场。而部署在北部的托勒密军队则没有这样的好运，特

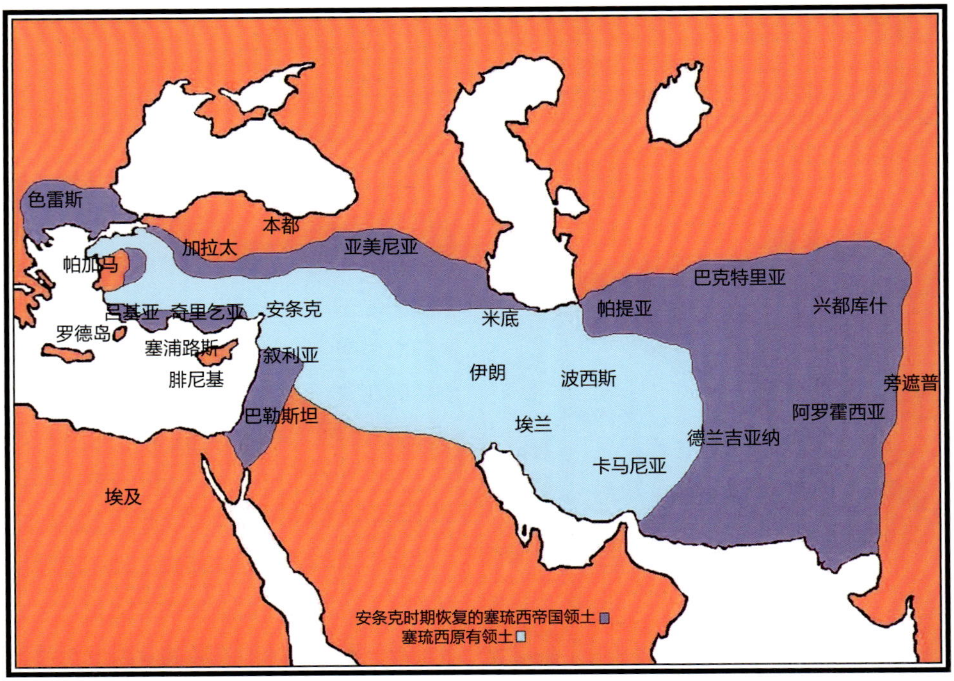

◎ *公元前194年的塞琉西帝国疆域，几乎已经回到了塞琉古一世在位期间的大小*

殊的战场地形使得他们无处可退，遭遇了毁灭的命运。

帕尼翁会战一边倒的结局基本奠定了第五次叙利亚战争的结局。与 18 年前的另一个埃托利亚雇佣兵将军尼科劳斯一样，斯科帕斯和他的万余残军一路奔逃，躲进了沿海城市西顿的高墙之后，指望着来自埃及的海上救援。但他最后还是无力抵抗下去，向安条克投降，在回到亚历山大里亚后他被处死。而托勒密对柯里 – 叙利亚、腓尼基和犹太地的统治就此告终。在此时，由于担忧埃及的粮食出口受战乱影响，来自罗马的使节向安条克和马其顿的腓力五世提出不将战火烧至埃及本土。原本就无意攻击埃及的两位君主顺水推舟地答应了，在随后的数年内，托勒密王朝在小亚细亚、色雷斯沿岸等地区的领土被瓜分殆尽，海外领土仅剩下塞浦路斯岛一处。直到公元前 195 年，安条克才与托勒密五世签订了合约，后者在娶安条克的女儿克利奥帕特拉一世（Cleopatra I）的同时，承认了塞琉西帝国的既得利益。

此时，距离安条克三世继位已经过去了 28 年，截止到重创托勒密王朝为止，安条克一一击败了登基之初所有内部和外部的敌人，重新将塞琉西帝国的版图扩张至接近初创时鼎盛时期的程度。所有人，连同安条克自己，都确信他是一位当之无愧的“大帝”，他对帝国的统治和扩张将不可阻挡地继续下去。然而月盈则亏，塞琉西帝国在东地中海重新建立的霸权和威势，连同安条克大帝本人的不可一世一起，将以一种任何人都无法想象的方式迅速地消失得无影无踪。

屡败于罗马军团

在安条克三世的这近 30 年的统治期间，地中海世界的另一个部分同样充斥着战争和政治博弈。罗马共和国在获得第一次布匿战争的胜利后，不可避免地与西地中海的另一强权——迦太基，展开了又一次殊死角逐。最终，在历经近 20 年的死斗后，迦太基再次败下阵来，尽管汉尼拔这样的军事奇才使尽浑身解数，但罗马共和国惊人的战争潜力依旧帮助他们成为西地中海唯一的主人。在决定性地击败迦太基人后，他们开始了进一步的扩张。

安条克的政治盟友，马其顿的腓力五世就成为了罗马扩张的牺牲品之一。腓力五世的人生与安条克三世有许多相似点，他们的出生、继位时间甚至个人性格和行事作风都如出一辙，在他们意外获取王位的同时，各自的王国都面临着艰难的发展环境。不同之处在于，同样是充满活力和野心的统治者，具有非凡军事天赋的腓力五世所能利用的资源要远少于安条克三世。尽管赢得了绝大多数战场上的胜利，但他治下的马其顿安提柯王朝在与埃托利亚联盟、斯巴达、艾利斯等希腊城邦的交战中，还是逐渐因穷兵黩武的国策而损耗国力。随着罗马的影响力逐渐渗透过亚得里亚海，马其顿不可避免地与罗马共和国正式交战，结果在公元前 197 年的狗头山会战败北后，腓力五世被迫退出战争，也中断了对希腊的干涉政策。

◎ 罗马-叙利亚战争前的爱琴海。希腊世界从未停止内战，而对于势力扩展到东地中海的罗马共和国而言，这样的内战帮助她削弱了不止一个强大的希腊和马其顿人对手

然而，埃托利亚联盟、伊庇鲁斯、艾利斯等希腊政治势力，并不满意于罗马共和国对希腊的政治渗透，以对抗强敌马其顿为目的建立的反马其顿同盟，反倒成为罗马进入希腊遂行统治的一条捷径。埃托利亚联盟对罗马共和国的不满与日俱增，碍于无力独自对抗罗马共和国，他们将眼光朝向了东方。

与此同时，安条克三世在击败托勒密王朝并吞并小亚细亚的各处托勒密飞地的同时，也逐渐与罗马共和国产生了嫌隙。随着安条克在小亚细亚继续扩张势力，吞并独立的希腊殖民城市，来自罗马的敌意与日俱增，最终，地中海两大强权之间的和平终于在公元前 192 年彻底被打破。当安条克大帝将征服的步伐迈到色雷斯沿岸的希腊城市时，罗马共和国终于无法容忍，来自罗马的外交官明确告知：要么确保小亚细亚诸希腊城市的独立，要么从色雷斯罢手，退出欧洲；如果想要二者皆选，那就要做好准备迎接军团飘扬的鹰旗。安条克对这种毋如说是威胁的外交斡旋毫无兴趣，在他看来，无论是小亚细亚还是色雷斯的希腊城市，都已是他的囊中之物。在对这个提议明确拒绝的同时，他立即开始准备对罗马共和国的战争，流亡之中的罗马死敌汉尼拔也被他以盛大的礼仪迎接到以弗所。

按照安条克的判断，进入希腊挑战罗马的优势地位将是易如反掌的事情。作为传统盟友的腓力五世和普遍存在反罗马情绪的希腊各城邦联盟，足以提供一支规模极为可观的大军，只需他的先锋踏上希腊的土地，希腊人就会箪食壶浆。于是，在公元前 192 年末的冬季，安条克正式开始了对希腊的军事行动，100 艘战舰和 200 艘运输船组成的舰队运送着一支总数达到 1 万 8 千人的先遣部队在希腊登陆，然而这里的局势却与他想象中的大相径庭。

指望得到全希腊支持的安条克受到了意料之外的冷遇，除了怂恿者埃托利亚联盟外，对他的入侵响应者寥寥，亚该亚联盟等许多主要的希腊势力纷纷选择站在罗马一边。不仅如此，就连他的老盟友腓力五世，也从马其顿的战略利益出发选择暂时和罗马人站到一起。大失所望的安条克被迫在整个冬季忙于进行外交活动，劝说希腊人改旗易帜的同时，分出原本就有限的军力设法确保尽可能多的希腊城市站在他一边。这时，他一定无比后悔，没有动员更大规模的军队来到希腊，此时跟随他征服了整个东方的百战精兵大多分散在各军事定居点尚未动员。

更糟糕的消息在次年的春季到来，与防务荒废的托勒密王朝相比，罗马人显然是一个更具活力的对手。公元前 192 年的早春，罗马人以令人惊讶的速度动员了 2 万名步兵、2 千名骑兵和 15 头非洲象的远征军，由执政官马库斯·阿基利乌斯·加里博（Marcus Acilius Glabrio）指挥，从意大利南部港口布林迪西翁（Brundisium）启航，来到了希腊。此时的安条克，不仅在军力上处于劣势，而且还将相当部分的部队分散在希腊各地，毫无疑问他处于全面的被动中。为了防备亲罗马的色萨利地区，三四千人的塞琉西部队此前被派驻色萨利的阿塔马尼亚（Athamania），这支分队首先遭到罗马人的突袭而全军覆没，1千余名投降者被收编进了罗马军队。

身边仅有1万名步兵、500名骑兵和6头战象的安条克大帝，处于进退两难的境地中。尽管他的海军司令官波利塞奈得斯（Polyxenides）能够暂时掌控爱琴海的制海权，但11月中旬至3月中旬的海况却不利于任何大规模的舰队行动，因而迅速的增援行动被自然条件而非敌对的海军行动阻止了。既无法获得增援，也不能和不愿从海上撤出希腊，被困在希腊中南部的安条克把目光投向了一个名战场：温泉关（Thermopylae）。

作为沟通希腊南北的交通要道，温泉关无数次成为防御者的据点，安条克也把他的军队撤退到了这里，他寄希望于温泉关的特殊地形能弥补兵力的不足。温泉关附近大多是无法通行的山区，仅有的沿海通路极为狭窄，最窄处仅90米。塞琉西军

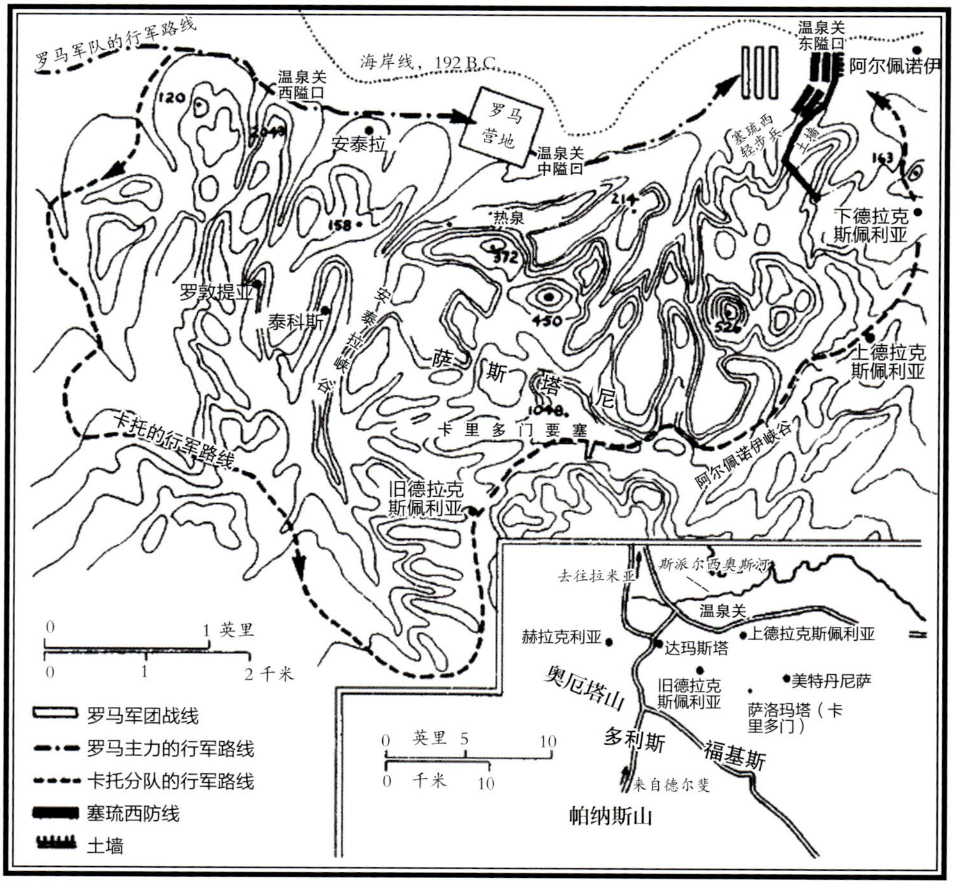

◎ 温泉关之战

队利用一道土墙和壕沟封堵了道路正面，安条克将长枪方阵布置在土墙的正面，辅以弩炮等投射机具为火力掩护，一些轻步兵和银盾军的步兵被前出部署到土墙前方的高地上，充当第一层屏障。而在温泉关的两侧，东侧海上的迂回登陆路线被安条克的舰队和几个外围据点锁死，西面的内陆山区则被他的埃托利亚同盟军把守：卡里多门（Kallidromon）、泰科斯（Teichous）和罗敦提亚（Rhoduntia）三座独立的山峰被2千名埃托利亚步兵防守，更靠近内陆的赫拉克利亚（Heraclea）和希帕塔（Hypata）两座城市被另2千名埃托利亚卫戍部队占据。

一心认定罗马人将被迫从正面进攻温泉关，安条克打好了如意算盘，一旦罗马人在坚固的防守下陷入僵持，他就可以放心地等待援军从亚洲到来。到那时，兵力占优的塞琉西军队将从温泉关的防御位置转入进攻，在开阔地上寻求一次进攻会战的机会，摧毁罗马军队。

公元前191年4月，加里博带领罗马军队来到了温泉关附近，在安排正面进攻的同时，他让马库斯·波基乌斯·卡托（Marcus Porcius Cato）和卢西乌斯·瓦勒里乌斯·弗拉古斯（Lucius Valerius Flaccus）各自带领2千人的分队，绕路攻击塞琉西战线的后方，这使得他们需要首先攻取卡里多门、泰科斯和罗敦提亚的高地要塞。而加里博则亲率主力直取温泉关东部隘口的正面防线。

罗马人在正面发动的进攻迅速驱逐了防线前方部署的散兵，安条克让他们撤退到战线后方，以方阵迎接罗马军团的正面强攻。尽管罗马军团数量占优，但狭窄的地形以及塞琉西军队修筑工事，让他们步履维艰，方阵中伸出的密集长矛，连同周围高地上射出的箭矢和标枪一起让罗马人难以取得任何正面进展。安条克对局势有了较为乐观的估计，他甚至希望在罗马人受挫之后，能设法击退对手，并以有限的部队进行追击。

然而局势峰回路转，正面交战僵持的同时，安条克认为万无一失的侧翼却出现了问题。弗拉古斯的部队向位于罗马大营侧后方的泰科斯和罗敦提亚进攻，埃托利亚人利用高地优势很轻松地击败了前者，甚至反而发动攻击，伺机偷袭了罗马的营地。但在卡里多门要塞，守军被突然到来的罗马人袭击所击败，这一关键锁钥的丢失使得通向温泉关背后的小路门户大开。卡托的迂回部队通过了卡里多门的通道，沿着阿尔佩诺伊峡谷（Alpenoi）一路急进，来到了塞琉西防线的后方。

敌军在背后的突然出现，完全出乎安条克的意料。实际上，安条克手中有从前沿退下的轻盾兵和骑兵预备队，足以击退卡托的突袭，但突如其来的遇敌完全打乱了他的计划。在来得及采取措施之前，腹背受敌的方阵军心大乱，士兵开始放弃阵地溃逃，指望守住军营中宝贵的行囊。这一变动决定了温泉关之战的结局，加里博得以带领主力突破正面，安条克眼见部队完全失控，只得带领骑兵撤退，并让6头战象在峡谷中拖延时间，尽可能掩护主力撤离。会战最终的结果完全一边倒，安条克的步兵和战象几乎全军覆没，骑兵则完整地脱离，塞琉西在希腊的军力几乎为之一扫而空。

随着在温泉关的惨败，从希腊到小亚细亚，所有反塞琉西的势力随之加入战争，安条克入侵希腊的野心灰飞烟灭。但战争远未就此告终，第二次布匿战争的英雄“大西庇阿”（Publius Cornelius Scipio Africanvs）和他的兄长——卢西乌斯·西庇阿成为罗马远征军的指挥官，带领罗马军团进入小亚细亚，准备一劳永逸地摧毁塞琉西帝国在地中海刚刚重建的霸权。

回到小亚细亚后的安条克，面对着战争扩大的威胁，但他仍旧对防守帝国的小亚细亚领土保有信心。此时，亚该亚联盟、马其顿、罗德岛、比提尼亚和帕加马都已加入罗马军队的行列，面临着四面楚歌的局势，安条克决心将罗马军队拒于亚洲之外。

尽管安条克来不及动员所有军队防守面积广大的亚洲领土，但波利塞奈得斯的舰队能够控制爱琴海上罗马人可能的渡海行动，因此国王将陆地防御的重点定在了加里波利半岛的利西马基亚（Lysimacheia）。这座以继业者利西马库斯命名的重镇，扼守住了达达尼尔海峡。安条克再一次过度自信地认定，腓力五世会保持中立，而罗马人仅靠自己的地理知识和向导无法穿越复杂的色雷斯地区到达赫勒斯滂海峡，达达尼尔海峡成为实际上唯一可行的通路。

但是，政治局势的变化再度超出他的预期，腓力五世在第二次马其顿战争中败

◎ *罗马五列桨座战舰。公元前三世纪起，地中海的各个角落开展了规模骇人的海军军备竞赛。两个世纪前成为海军宠儿的三列桨座战舰此时显得过时而弱小，即使是五列桨座战舰也只能算是批量生产的货色，七列桨座、十三列桨座、十四列桨座甚至更大的巨舰纷纷入役，成为强大的舰队战术核心和编队旗舰。这些多列桨战舰的命名原则，并非单纯按照船桨的数量来区分，比如三列桨座战舰由三排单人桨驱动，但四列桨座战舰却仅有两排双人桨，五列桨座战舰则有两排双人桨和一排单人桨。一些更大的战舰，比如十八、二十列桨座战舰，其命名甚至与桨手数目无关，只代表舰船体型之巨大*

北后，彻底改变了自己的战略原则。在国内民生惨遭战争荼毒、百业凋零之际，腓力五世将反罗马的立场和野心暂时隐藏，在表面上亲近他暂时无力对抗的罗马。另一方面，安条克三世此前出于笼络盟友的目的，一度承诺站在他一边的阿塔马尼亚王国在未来为他们征服马其顿的土地，这样的反复成性也激怒了腓力五世。结果，腓力五世选择站到罗马一边，他为西庇阿兄弟提供了宝贵的给养和向导，帮助他们完成了几乎不可能的行军——穿越色雷斯的部分领土，并借此得以免付尚未偿清的罗马战争赔款。

在亲自坐镇利西马基亚的同时，安条克派遣次子塞琉古攻略帕加马国土。来自亚该亚联盟的1千名步兵和100名骑兵作为精挑细选的志愿者来到帕加马提供援助。塞琉古的兵力不足以对帕加马进行彻底的围攻，结果利用高效的游击和骚扰作战，亚该亚骑兵使塞琉古的部队无法在帕加马的领土上获得充分的补给，而最终将他们驱逐。

同时，罗马的其它希腊盟友在海上联合起来给安条克以重击。为了争夺爱琴海的制海权，罗马人以李维（Livy）为指挥官，带领保护意大利半岛沿海的舰队东进，这支舰队由多达81艘“带有甲板”的战舰（这一时期“带有甲板”的修辞，一般是指在原有的船只露天甲板上，填补空缺建成完整的全通甲板，或是侧向扩展出额外的甲板空间，用以搭载更多的陆战人员）组成，这些战舰很有可能都是威力巨大的五排桨座战舰（Quinquereme）。帕加马人也派出了50艘战舰（其中半数“带有甲板”），以航海能力和造船技术著称的罗德岛人则派出了27艘战舰。而塞琉西舰队尽管数目不少，但在船只尺寸上普遍落于下风，而这种劣势将很快让安条克尝到苦果。

一去不返的霸业

公元前190年内，双方的海军舰队在爱琴海为了争夺制海权发生了连续的交战。起初，实力落于下风的塞琉西舰队被困在以弗所港内，为了解救主力，安条克派遣汉尼拔去腓尼基和叙利亚组建另一支舰队。结果试图解围的汉尼拔在攸利梅顿（Eurymedon）被罗德岛舰队和部分罗马舰船拦截，罗德岛人利用水手的素质优势获胜，重挫了这位名将，而将他的残部赶入潘菲利亚围困。此后由于李维带领大部分舰船到赫勒斯滂为陆军进行护航，塞琉西海军才得以解困。滞留在伊奥利亚（Aeolia）的罗德岛舰队遭到突袭，波利塞奈得斯俘虏了20艘罗德岛战舰，从而扳回一城。

在完成护航任务后，罗马–希腊联合舰队得以重新集结，全力投入对制海权的争夺，最终海上的决战在迈昂尼撒斯（Myoneessus）进行。罗马人和罗德岛人的83艘战舰倚仗更优秀的水手和陆战队员取得了一场决定性的大胜，波利塞奈得斯的90艘战舰中13艘被俘、16艘战沉，而罗马人仅损失2艘战舰，另有1艘罗德岛战舰被俘。海战中，波利塞奈得斯试图拉长战线迂回敌方的侧翼，但自己的中央

◎ 后期的塞琉西具装骑兵。新式的马甲形制使他们和后来波斯帕提亚军队中的铁甲骑兵更为形似

却随之薄弱，先被罗马人顺势突破，最终被孤立的塞琉西各部分舰队只得逃离战场。

迈昂尼撒斯海战结束后，罗马人完全掌握了爱琴海的制海权。连同西庇阿兄弟出人意料地渡过赫勒斯滂一起，这两方面的行动置安条克于尴尬的战略位置：他自以为安全的侧翼完全洞开，而自己却据守在一个毫无意义却暴露前出的位置上，这几乎是温泉关之战在战略上的再现。

进退失据的安条克至此终于失去了信心，一个泛东地中海的反塞琉西同盟显得太过强大了。在得知海战惨败和西庇阿兄弟渡过赫勒斯滂之后，他立即放弃了利西马基亚，销毁了无法携带的物资并迅速撤往小亚细亚。同时，他试图通过拜占庭人的撮合，以放弃小亚细亚的几个希腊城市——这也是他的势力向希腊扩展的起点和战争的最初起因——和他在伊奥尼亚、埃托利亚的盟友，补偿罗马人的一半军费为代价，换取和平。然而西庇阿兄弟的意见简单明了：如果这项提议在罗马人渡过赫勒斯滂之前提出，那他们会高兴地接受，但现在罗马人不会错过获得更大利益的机会。

从战争开始前的信心满满，到紧随而来的一连串败北，毫无疑问让安条克的心理形成了巨大的落差。阿庇安这样的罗马历史学家甚至将得知败报后的安条克描述成惊慌失措、痛哭流涕，抛弃家人不顾而以过激的情绪四处奔逃。然而这显然不符合常识：安条克作为一个从毁灭边缘起家，历经多次军事失败而最终以实绩取得“大帝”尊号的君主，心理素质岂会如此脆弱？这当然更应该理解成历史学家主观的偏向性描写。不过，在经历战争的一连串不利事件后，安条克逐渐认识到这场罗马－叙利亚战争将决定东地中海的霸权，他抛却和平的想法，动员那支随他东征西讨的大军进行最后的决战。

最终，随着罗马军队与帕加马、亚该亚军队汇合并南下，安条克带领他的大军离开了萨迪斯。沿着赫尔墨斯山谷，这支军队走向了马格尼西亚，这个注定将决定霸权诞生或陨落的地点。在近一百年前，安条克大帝的先祖、塞琉西帝国基业的奠定者、“胜利者”塞琉古一世带领大军西进，与在色雷斯、马其顿建立统治并寻机东进的另一位继业者利西马库斯进行了库鲁佩狄安会战（Battle of Curupedion，公元前281 年）。在这次同样发生在马格尼西亚的

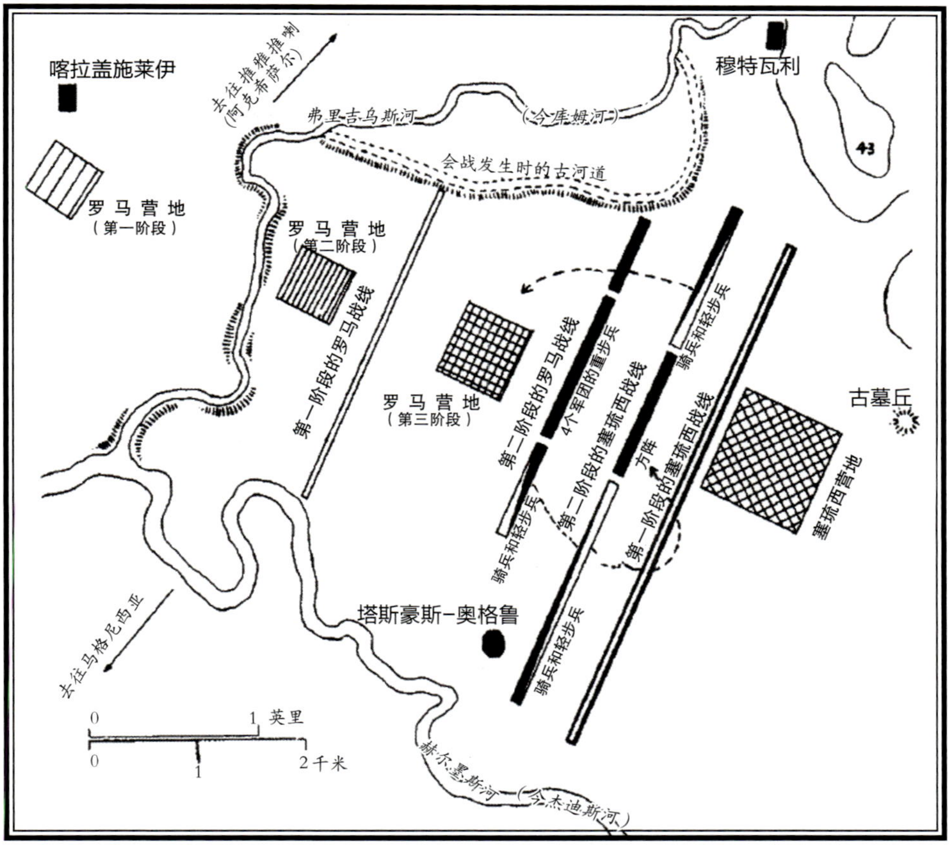

◎ *马格尼西亚会战的战场位置和部署*

会战中，两位耄耋之年的君主为了他们多年未竟的目标——重新统一亚历山大帝国而亲临战场，最终塞琉古一世获胜而利西马库斯战死，塞琉西这个亚洲帝国朝向欧洲扩张的通路就此打开。对安条克而言，这场会战的性质别无二致：若胜，则此前的所有失败都显得微不足道，整个希腊将会重新对他开放；若败，则塞琉西帝国过去20年内苦心重建的实力将不复存在。

会战战场的精确位置位于两条东西走向的河流——北面的弗里吉乌斯河（Phrygios，今土耳其库姆河）和南面的赫尔墨斯河（Hermos，今土耳其杰迪斯河）之间，罗马–希腊联军占据了西侧，而安条克在东侧扎营。安条克投入了包括军事定居者主力在内的7万兵力，这是安条克统治期间出现在野战中的最大一支塞琉西军队。而卢西乌斯·西庇阿的兵力则包括2个罗马军团、2个同盟军团和帕加马、亚该亚盟军提供的兵力，总数仅有3万人，但都是经验丰富、素质出众的精锐。

起初，卢西乌斯·西庇阿在两条河流

最窄处布阵寻求会战的机会，但这里的战场宽度对兵力占优势的安条克大大不利，因而安条克不为所动。随着时间即将进入公元前 190 年的冬季，在敌人境内难以获得补给的罗马－希腊联军越来越急切地寻求会战，他们将战线向前推进，以稍宽的战场宽度诱惑安条克接受会战。经过两次罗马战线的前推和战场宽度的增加后，安条克决定接受会战。

由于在骑兵实力上居于绝对劣势，卢西乌斯・西庇阿将步兵战线的左端紧贴弗里吉乌斯河部署，步兵与河流之间仅象征性地保留了容纳 120 名骑兵的空间，塞琉西的右翼将很难有足够的战场宽度进行侧翼迂回。总计 4 个罗马军团和同盟军团从北至南展开，其中罗马军团居于中央，而在这 4 个军团的右翼，是来自帕加马的大约 3 千名轻盾兵，以上所有单位展开了大约 2.1 千米长的步兵战线。在他们的南面，帕加马国王攸美尼斯二世（Eumenes II）带领联军的几乎所有骑兵，其中 800 人是他的近卫骑兵，而其余骑兵则大多由罗马提供。加上骑兵，整条罗马－希腊联军的战线长度达到了 3 千米。

与之对垒的安条克限于战场宽度，进行了一些有违常规的部署。总共 1 万 6 千

◎ 塞琉西四马刀轮战车。在逐渐被骑兵取代后，战车依旧不时出现在战场上，但它的脆弱性和冲击力一样突出，需要指挥官小心运用。塞琉西军队在公元前二世纪依然保留了一些双马、四马和六马的刀轮战车

人的定居者方阵，没有按照习惯的16排，而是以32排纵深部署，每个方阵团排布成50×32的队形，连同10个方阵团的间隙一起，占据了大约1千米宽的正面，与罗马人两个居于右侧的军团对应，每个方阵团之间都部署了轻步兵和2头战象作为掩护。紧邻着方阵的右翼，首先是一部分加拉太重步兵，以及安条克大帝亲自率领的“近卫”骑兵队和3千名定居者铁甲骑兵，在他们的北侧是1万名银盾军，这些单位将对罗马战线左翼的两个军团发动主攻，1千2百名大益游牧骑射手在外围游弋掩护侧翼。值得一提的是，运用冲击骑兵正面强行突破结阵重步兵，这样的冒险做法在此前的希腊化军队中并不多见，安条克此次的右翼部署一方面是由于战场空间有限，另一方面也是铁甲骑兵改革给予了他正面突破的信心。而在方阵的左面，塞琉西军队的部署更为复杂，紧接着方阵的是1千5百名加拉太重步兵和2千名以相同方式作战的卡帕多西亚人，他们的左侧是安条克次子塞琉古带领的“伙伴”骑兵队和另3千名铁甲骑兵。另有来自梅西亚、弗里吉亚、潘菲利亚、吕基亚、皮西迪亚、克里特、特拉利斯和西里西亚的多达1万5千名种类繁杂的轻步兵，包括投石手、标枪手、弓箭手和轻盾兵在内，部署在左翼。在塞琉古的骑兵主力前面，则是一些阿拉伯的骆驼弓骑兵。少量刀轮战车被部署在左翼前列，安条克希望运用他们的冲击力去扰乱对方的骑兵队形，为接下来左翼决定性的骑兵冲击减少障碍。

◎ *马格尼西亚会战中身先士卒的安条克大帝。随着骑兵装备的发展，马其顿式样的持矛重骑兵逐渐强化其防护，这些近卫骑兵的环式臂甲在一个多世纪前的伙伴骑兵身上不曾出现*

两支军队都选择在黎明就离开营地布阵，当天的大雾和尚未升至半空的太阳使得光照条件颇为差劲。为了更好地发挥远程部队的效力，两军的战线比往常更为接近，这为战局发展埋下了伏笔。马格尼西亚会战以双方轻步兵的交战为标志拉开了序幕，塞琉西中央和右翼的轻步兵由门第斯（Mendes）、左翼轻步兵由齐欧西斯指挥，与罗马各军团前方的轻装步兵进行了一系列前哨交战。但军团重步兵和方阵都不急于前进，双方都认为决定性的行动将从侧翼开始。

安条克在右翼首先前进，他亲率“近卫”骑兵队居中，带领4千名重骑兵发动了正面的进攻，连同配属的银盾军和加拉太重步兵一起，直接强攻罗马左侧 2 个军团的正面。区区 120 名骑兵无力守住罗马阵形的左翼，而 2 个军团也没能挡住铁甲骑兵的正面冲锋，罗马战线的左半段在安条克亲自领导的攻击下顿时分崩离析，结阵的重步兵被骑兵正面击垮，也成为一个少见和颇令罗马人感到尴尬的战例。大批罗马和意大利同盟军团的溃兵随之向军营溃逃，在那里还配属着 2 千名马其顿和色雷斯的志愿兵，使得罗马的溃兵设法在营地中进行了重整。安条克获胜的右翼一路席卷，他又一次面临着与拉菲亚会战相同的抉择：是重整部队转向左侧，还是继续直攻对手大营？国王又一次选择了后者。

而塞琉西军队占绝对优势的左翼，却遭遇了完全意外的状况。居于前列的刀轮战车由于战线相接，没能获得足够的加速空间，结果攸美尼斯二世准确地判断出战车对骑兵的威胁，集中手中的轻盾兵和轻骑兵分散围攻战车。没能完成加速的战车，在投射武器的攻击下显得笨重脆弱，二马、四马甚至六马的刀轮战车，只要有一匹马匹受伤就变得难以驾驭。这样的攻击使得战车大多在失控中掉头向后，反而冲击了塞琉西军队的左翼。另一方面，由于铁甲骑兵笨重的铠甲和密集的队形，他们没有足够的速度和空间来躲避来自本方战车的误伤，于是塞琉古麾下的左翼骑兵主力，

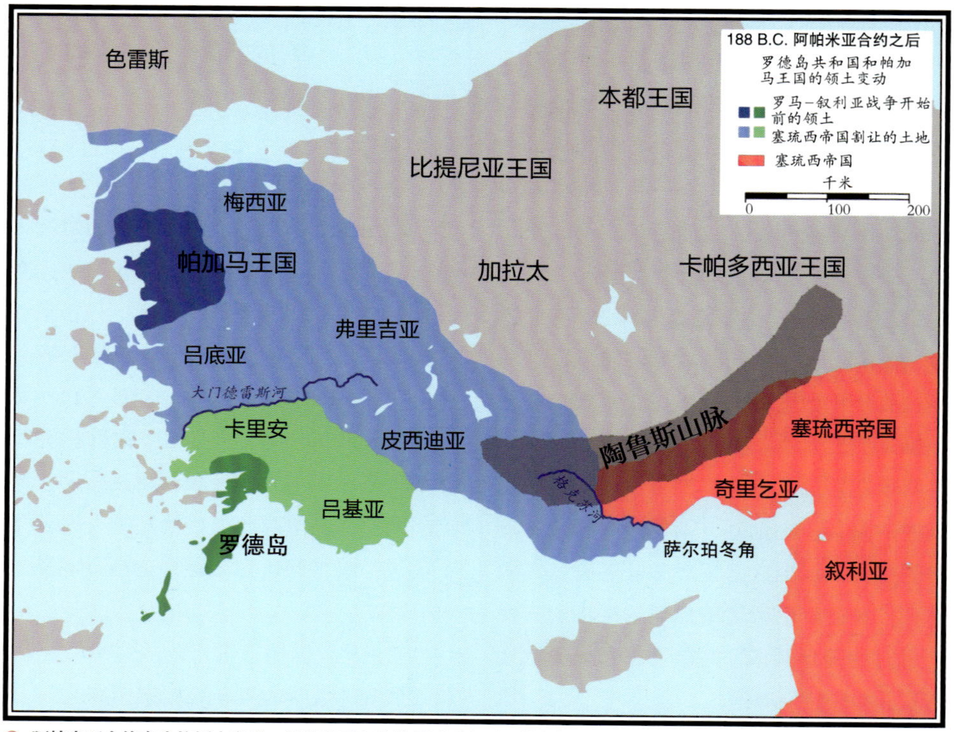

◎ *阿帕米亚合约产生的领土变动。阿帕米亚合约使得罗马主导下的东地中海秩序诞生了*

在本方战车的冲击下溃不成军。攸美尼斯二世顺势展开攻击，仅仅3千名骑兵和3千名轻盾兵就将塞琉西的整个左翼战线打得一败涂地，追赶着数量5倍于自己不止的敌军，追亡逐北如入无人之境。

安条克此时对左翼发生的变化毫不知晓，在他看来，就连善战的罗马步兵都被自己的骑兵冲击一鼓而下，那显得更不堪一击的罗马骑兵必然也被自己强大的左翼轻松碾碎。他带领右翼的得胜部队猛攻罗马军营，却被留守的罗马军官马库斯·阿米里乌斯（Marcus Aemilius）带领溃兵和营地守卫们暂时挡住。安条克眼见短时间内无法攻下营地，便回过头来冲向罗马的另一半战线。

在攸美尼斯二世击溃塞琉古之后，将自己的右翼迂回到了塞琉西的方阵之后，尽管背后受敌，但这些经验丰富、值得信赖的老兵迅速结阵，组成四面对敌的阵形，而将战象和脆弱的轻步兵包裹在阵形内部。正面的2个军团不敢强攻结阵的马其顿方阵，便投入轻装步兵以连续的投射打击软化塞琉西方阵的防御。由于对方骑兵的威胁，塞琉西方阵不敢放出轻步兵进行反击，只得直接承受长时间的投射攻击，尽管伤亡惨重，老兵们依旧坚韧地维持着阵形，并缓缓向营地后退。但就在这时，塞琉西各方阵内部的战象忍受不住投射打击，纷纷因痛苦而发疯失控，这些动物从内部冲垮了严密的方阵，军团抓住机会发动了冲锋，失去队形的方阵无力抵抗，塞琉西的战线就此崩解。

直到此时，安条克才回到战场，攸美尼斯二世的弟弟阿塔卢斯（Attalos）带领200名帕加马骑兵试图阻止他，他弃之不顾地冲向中央战线。但随后的景象出人意料，满地的方阵士兵和战象尸体，以及已经被攻下的军营摧毁了他的意志，他带领得胜的右翼部队仓皇撤离战场，在当天半夜逃回了萨迪斯。根据阿庇安的记载，被俘虏或杀死的塞琉西士兵到5万人，而罗马人的损失微不足道。一些后世的历史学家去除了其中的一些水分，但马格尼西亚会战仍是一场伤亡一边倒的决战，安条克苦心经营多年的军队遭到了毁灭性的打击。

就这样，马格尼西亚会战以这样出人意料的结局结束：一支经验丰富、装备精良的军队，在人数不足自己一半的敌人面前被压倒性地击垮。安条克几乎要为这场会战负全部的责任，是他在不合适的战场环境下使用战车，而招致了左翼的覆灭；是他实验性地在方阵间部署战象，而将一场仍能获得平局的会战转为惨败；安条克曾经的噩梦——拉菲亚会战的指挥失误，以完全相同的方式在马格尼西亚重演。毁灭性的结局使得他的朋友和部下们向他抱怨，有人指责他发动这场战争是因为错误地判断战略态势；他的步兵指挥官们则质问他，为何跟随他征服了整个帝国的方阵老兵们会在最关键的会战里被置于次要的战术地位。胜利者则兴高采烈，一句话在罗马士兵之间流行：“安条克大帝，他‘曾’是一位国王。”为安条克霸业的功亏一篑画上了一个句号。

作为马格尼西亚会战和整场罗马－叙利亚战争的结果，安条克三世在公元前

188 年签订了耻辱性的阿帕米亚合约：缴纳 3 千银泰伦现金作为军费，在未来 10 年内分期支付 1 万 2 千银泰伦作为赔款；同时仅保留限制性的军备，为此，无数艨艟巨舰被拆卸摧毁，而大量印度战象更是在悲鸣中被屠杀；包括国王的第三个儿子“小安条克”在内的 20 名人质被送到罗马城；更重要的，帝国在陶鲁斯山脉以西的全部领土，被割让给了帕加马与罗德岛。此后，尽管塞琉西帝国起起落落，但其势力再未能涉足陶鲁斯山脉以西。

几乎就在得知罗马 – 叙利亚战争结局的同时，那些在东征中臣服于安条克的势力纷纷蠢蠢欲动：帕提亚重新独立，并在未来成为塞琉西帝国的掘墓人；巴克特里亚王国走上了自己的扩张之路，并再未承认过帝国的宗主权；帝国的东部行省开始连续的叛乱。安条克在这一连串麻烦和支付赔款的经济压力面前焦头烂额，公元前 187 年，他再度进行了一次东征，然而这征服的结果却是出师未捷身先死。

公元前 187 年，在重新征服波西斯的过程中，为了获得军费，安条克带领军队在苏萨的一座巴尔（Bel）神庙纵兵劫掠，结果在混乱中被杀身亡。

作为一位君主、将军和战士，安条克三世堪称优秀，但他性格和能力上存在的客观缺陷却限制了他的成就。无论是在战略政策的制定，还是战场指挥的把控上，安条克并不缺乏足够的魄力、勇气和智谋，但在对局势判断的准确性上他却一再犯错。这样一位头脑聪敏、“筋骨”强壮，却不幸“近视”的征服者，距离功业的顶峰难免总是一步之遥。于是，当罗马崛起的车轮不可阻挡地来到面前时，一代枭雄安条克注定无法逆天而行，而只能让自己的失败成为罗马共和国征服史的一部分。

安条克大帝死后，塞琉西帝国的诸代君主大多受困于连续的内战和权力斗争，少数几位军事强人的奋斗虽然一度让局势改观，但塞琉西帝国以及整个希腊世界的衰弱不可避免。终于，塞琉西帝国的历史，连同安条克三世的事迹一起，仅在罗马崛起时期的历史长河里勉强占据了一个角落中的位置。安条克三世在柯里 – 叙利亚、巴克特里亚和印度边陲留下的一系列足迹大多被遗忘，他的名字让人首先联想起的总是罗马军团的以寡击众，或是汉尼拔在他麾下时发生的若干逸事，而非他在阿利乌斯河畔的骁勇和八年东征中纵横万里的激昂。他为山九仞、功亏一篑的人生经历，连同他悲剧性的结局一起，不得不让人感叹世事无常，命运女神总是随手将人推至浪尖，随后又将最得意的他们狠狠推落下顶峰。

米特拉达梯六世

Mithridates VI of Pontus

众叛亲离的本都国王

作者／章毅

所有毒药中最致命的那种，就是儿女们对父亲的背叛。

——米特拉达梯六世

公元前62年，也就是罗马纪元中迪基姆斯·尤尼乌斯·西拉努斯与卢基乌斯·李锡尼·姆雷纳担任执政官的那年，一次显赫豪华程度空前的凯旋式增添了罗马将军格涅乌斯·庞培的荣耀。凯旋式持续了两天时间，无论是陈列的战利品还是规模都超过了以往的任何一次。游行队伍抬着的巨大标语牌上用铭文宣告着庞培的伟绩：夺取装有冲角的战船800条，建立了39座城市或者军事殖民地，攻陷了900多座城市，占领了1千多座堡垒。罗马的军团征服了帕夫拉戈尼亚、本都、亚美尼亚、卡帕多西亚、米底亚、科尔喀斯、伊比利亚、阿尔巴尼亚、叙利亚、西里西亚、腓尼基、巴基斯坦和约旦等许多国度，这些地名对于当时的罗马人来说只是神话传说或者就干脆未曾耳闻过。为了运送黄金和宝石，使用了成百上千的马车和挑夫。而且在此之前，庞培向自己的士兵和军官发放了丰厚的奖金——总数高达1万6千塔兰特（塔兰特是古代西方最大的货币单位，1优卑塔塔兰特大概等于27千克的白银），这个庞大的数字简直让人不敢相信是真的。

作为凯旋式的焦点人物，庞培身披据说曾属于亚历山大大帝的战袍进入罗马。在他所乘坐的战车前面，是340多名俘虏和人质，他们都身着自己民族的服装，在行列的末尾是一群据说是亚马孙人（希腊神话中战神女儿的后裔，族中所有女性为战士，为了方便骑射，割掉了右边的乳房）的斯基泰女人。但美中不足的是，这场凯旋式最重要的战利品缺席了，他就是本都国王米特拉达梯六世——罗马共和国晚期最危险的敌人。米特拉达梯六世的空缺被一座纯金打造，高达12英尺的塑像代替。与生前一样，米特拉达梯六世（的塑像）被他的众多儿女所包围着。这位狡猾而又坚忍的国王在长达42年的时间里与一个又一个罗马将军交战，其中不乏苏拉、卢克尤斯·李启尼乌斯·卢库鲁斯、庞培这样赫赫有名、同时代最出色的人物。国王赢得了许多辉煌的胜利，但最终命运的不济

◎ 罗马凯旋式

◎ 凯旋式中的俘虏和妇女

◎ 提图斯凯旋门的细部显示了来自耶路撒冷的战利品

◎ 一座亚马孙女人的雕像

将他逼上了绝路。国王并没有给庞培拿自己做凯旋式上的装饰品的机会，当他确认已经逃走无望时，就借助一个高卢随从的长剑结束了自己的生命。

根据史书上的记载，米特拉达梯六世是一个富有传奇性色彩的人物。他出生于宫廷，却成长于旷野，从青年直到老年都在为建立一个囊括黑海沿岸和小亚细亚半岛的庞大帝国而战斗，他计划的宏大与面对困难和失败时的惊人意志力让他的敌人们不得不表示钦佩。据说这位国王懂得 24 种语言，可以和黑海沿岸的每一个野蛮部落直接交流，是个第一流的外交家；他受过非常优良的希腊文化教育，对音乐有很高深的修养；他还是一个很不错的药物学家，研究出了一种万能解毒剂和通过长期服用微量毒药来提高身体抗毒性的办法；他身形魁梧过人，体格强壮，精通马术和使用武器的技巧，是个出色的战士；除了好色以外并无其他嗜好，饮食有节，习惯忍耐劳累和饥饿。即使在他生命的最后几年（那时他已经年近七旬了），这位国王依然能够骑在马上一天走185千米，连续数日不息，对艰苦的行军与作战生活甘之若饴。如果硬要说米特拉达梯六世的身上有什么缺点的话，那就是他性格多疑而又残忍。他的许多将军、朋友、所有兄弟、母亲、三个儿子和三个女儿都命丧他手。不过具有讽刺意味的是，米特拉达梯六世灭亡的直接原因却是因为一次宽恕，这对于他来说可是不多见的：

一次阴谋被发现了，主持者是他的继承人法那西斯，因为某种迷信的原因国王宽恕了他，惊魂未定的王子并没有把逃得一死归结为父亲对自己的慈爱，而是认为这不过是狸猫在吞食老鼠前的戏耍。于是他决定再来一次。由于国王的士兵们被米特拉达梯六世宏伟的计划给吓倒了，他们倒向了年轻的王子。年迈的国王不得不在自杀和成为敌人凯旋式上炫耀的战利品中做出选择，临死前他留下遗言："虽然我已经防范了一切可能从食物中吃到的毒药，但还是没有防备到所有毒药中最致命的那种，这就是儿女们对父亲的背叛。"

◎ 米特拉达梯六世雕像

富庶的本都王国

早在公元前十世纪的上半叶，古代迈锡尼人就已经进入了黑海地区。这些冒险家们来到这里的最初目的是为了寻找铜或者锡矿，这些他们制造武器和工具的必需原料。但随着时间的延续，他们的活动范围也越来越大，由黑海南岸的小亚细亚半岛到北岸的南俄大草原，甚至沿着第聂伯河、多瑙河、顿河等汇入黑海的河流逆流而上，前往荒芜的高加索山脉。远航的目的也变为河流入海口处丰富的渔获和充足的造船木材，在古希腊的文献中我们不难找到不少赞美黑海特有的鲣鱼、竹荚鱼的美味的诗句。直至今日，那里依旧是著名的渔业区，在渔汛到来时，渔民们甚至可以站在浅滩上用手抓到足够的渔获。古代的希腊人给这片富饶的海域起了一个名字——本都（pontos euxeinos，意思是宜人的海）。

可以毫不夸张的说，这些古代冒险家在进入这片海域时，他们认为自己正在驶向世界的尽头。古希腊人眼中的世界从赫拉克勒斯石柱延伸到法西斯河（里奥尼河，格鲁吉亚境内一条流入黑海的河流），即地中海的西端到黑海的东端。所有的大陆与岛屿位于一个被海洋包围的平台之上，而黑海与地中海则是唯二可以通航的海洋。在这片接近世界尽头的海域之中，遍布着神话传说。比如在多瑙河入海口的一个小岛上有阿克琉斯的坟墓；冥界的入口则位于黑海南岸的某处，赫拉克勒斯正是在那儿驯服了冥界的看门犬刻耳柏洛斯，并将其带到国王的面前；传说中战神的女儿亚马孙人居住在今天土耳其北部提尔姆河口；伟大的普罗米修斯则是在黑海东岸的高加索山顶峰，忍受着老鹰每日的啄食，直到为赫拉克勒斯所解救；而伟大的阿耳戈英雄们寻求金羊毛的远征的目的地——科尔喀斯位于今天的格鲁吉亚。直到十九世纪，当地的山民还将羊皮放入河水中获取里面的金沙，也许这就是金羊毛传说的真相。在这里，财富与危险，海洋与陆地、神话传说与现实交织在了一起，对于古代的希腊人来说，无疑具有巨大的吸引力。

现代人应该感谢古代的作家们，他们用十分形象的语言描述了这片海域。他们将黑海形象地比喻成游牧民族使用的筋角复合弓：西面的尽头是博斯普鲁斯海峡，在那里黑海与地中海连在一起；东面则是从高加索山脉流下来的里奥尼河；在黑海的北面则是两条圆弧形的弓臂，一条通过保加利亚、罗马尼亚、乌克兰海岸；而另一条则通过俄罗斯与格鲁吉亚；两条圆弧向彼此弯曲，形成了两个浅弯。西部的浅弯是第聂伯河与多瑙河的入海口，而东面的浅弯则通向刻赤海峡，将亚速海与黑海连接起来；这两条圆弧在射手的手——钻石形状的克里米亚半岛连接交汇；而弓弦，虽然并不像古代作家想象的那么笔直，在今天的土耳其的北部海岸伸展开来。由于地中海与黑海海流的缘故，黑海最主要的海流沿着海岸，按照逆时针流动，另外还有一条直线的海流在黑海的中央南北向地流动。这对于古代航海非常有利，因为古代的水手缺乏足够的航海知识，他们往往只能在距离大陆不远的海域航行以确定自己的位置。海流的存在使得古希腊人在风向不利的时候，也可以借助海流的力量驶向自己的目的地。也正是因为这个原因，黑海的南部海岸的古希腊殖民地比北部繁荣，数量也多得多。

到公元前五世纪，黑海的沿岸已经遍布大量的希腊殖民点了。这些城市有些只是单纯的贸易点，还有些已经是独立的城邦了。不过希腊人并不是黑海北岸的主要居民，这里可谓是人种的熔炉，有高加索的山民、红发的色雷斯人、善于骑射的斯基泰人以及许多其他民族混合在这里。在那里，城市往往修建在大的河流的入海口，附近有着大片肥沃的土地，希腊商人们可以乘坐船只沿河而上，进行贸易。而在黑海的南面，即博斯普鲁斯海峡的亚洲一面，通往平原的山丘向南穿过整个安纳托利亚直至托罗斯山脉，在向北的海岸上升，形成了陡峭的丘陵与山脉，直至本都山脉，将南岸区域与小亚细亚半岛内陆分隔开来。而当地的殖民城市往往修建在险峻的山脉或者悬崖上，面朝大海，城内的希腊移民用险峻的地形将自己与充满敌意的内地居民分隔开来。相比起内陆地区，这些殖民城市的经济与黑海沿岸以及爱琴海沿岸的其他希腊城市的联系更加紧密。因此，当时波斯帝国虽然征服了这里，但给予这些城市相当的自治权，而内陆地区则由波斯王室派出总督统治，其中的一个就称为本都。

公元前 323 年，亚历山大大帝在巴比伦离开了人世，他的部将们立即为帝国的控制权争吵了起来，很快口头上的争吵就变成了可怕的战争。到了公元前 301 年，庞大的马其顿帝国分裂成了好几块，继业者之一的安提柯控制了叙利亚和小亚细亚，成为了诸将中最强大的一个。而当时有一个叫米特拉达梯的波斯贵族在安提柯的手下效力（很可能还是人质），他与安提柯之子德米特里成为了好友。安提柯有一天梦见自己将黄金播在田地里，而收获者却是米特拉达梯，安提柯一世认为这是神在梦中对自己的提醒，他立即下令手下去逮捕米特拉达梯，准备将其处死。得知此事的德米特里立即通知了自己的好友，惊慌失措的米特拉达梯只来得及带着 6 个骑兵逃到了黑海沿岸的帕夫拉戈尼亚的一个城堡中，在那里竖起了旗帜。米特拉达梯的运气很好，就在他逃走后不久，伊普苏斯战役爆发了，在这场战役中，安提柯父子被马其顿的卡桑德、色雷斯的利西马库斯、塞琉古所击败，年逾八旬的安提柯一世战死，小亚细亚陷入了一片混乱之中。

◎ 古希腊陶器

为了牵制自己的敌人，已经获得埃及的托勒密选择米特拉达梯作为支持对象，借助托勒密的支持，米特拉达梯逐渐控制了帕夫拉戈尼亚与东边的本都王国，并于公元前 281 年称王，这个人就是本都王国的开国国王——米特拉达梯一世。

现存的史料中对这位米特拉达梯一世的记载内容并不多，他自称是波斯阿契美尼德王室的后裔，大流士的子孙。这应该属实，即使是假，他至少也是一个地位非常高的波斯贵族。因为米特拉达梯在波斯语中就是“密特拉的赠礼”的意思，这个名字只会出现在波斯王室或者地位极高的贵族中。而且他举起旗帜后，帕夫拉戈尼亚乃至本都的许多当地驻军很快都投到了他的麾下，显然这位米特拉达梯一世本人的家族在那儿有很高的威望，很可能他本人或者父辈曾经在这个行省担任过重要职位，这种职位一般只会给予很高级的波斯贵族或者王室成员。

米特拉达梯一世称王之后与西边的邻

◎ *杀死公牛的密特拉女神，传说正是她杀死公牛四溅的血让宇宙有了生命*

国比提尼亚结为盟友，抵抗塞琉古王朝的进攻。在他继位的第二年，就发生了一件十分重要的事件——加拉太人的入侵。加拉太人本是高卢人的一支，他们从色雷斯迁徙到今天土耳其中部高地的一个地区，这些高卢人按照他们的风俗四处劫掠，成为了当时小亚细亚诸国尤其是塞琉古帝国的重大威胁。米特拉达梯一世此时表现出了惊人的灵活手腕，他巧妙地借助高卢人的势力，消灭了自己领土上原本借助以对抗塞琉古的托勒密驻军，然后与高卢人结盟，抵抗塞琉古帝国，从而解决了内部隐患。在公元前 266 年他离开人世的时候，他统治下的本都王国已经是黑海南岸强大的国家之一。

在接下来的一百多年时间里，本都的历代国王都在竭力控制博斯普鲁斯海峡和黑海沿岸的大片土地。本都的主要敌人是马其顿的安提柯王朝以及地中海东岸达达尼尔海峡附近的帕加马王国。因为小亚细亚半岛的地形是中央为荒芜崎岖的安纳托利亚山地与高原，这将塞琉古帝国与本都王国分隔开来，因此两者其实在相当长的时间里保持着一种联盟关系。本都的主要扩张方向是黑海沿岸，而位于小亚细亚西北部的帕加马王国以商贸立国，与黑海沿岸的许多希腊殖民城市有密切的联系；而马其顿王国后期控制了色雷斯，如果要向亚洲进攻就必须控制达达尼尔海峡。本都的扩张与前两者有着不可调和的矛盾，为了牵制这两个敌人，本都王国往往采取了远交近攻的外交政策，力求与希腊半岛、罗德岛等马其顿王国的传统敌人搞好关系。在第三次布匿战争期间，当时的本都国王米特拉达梯五世甚至派出了一支小舰队去帮助当时的罗马围攻迦太基，并赢得了“罗马人民的朋友”的称号，成为了罗马的盟友，其目的可谓是不言自明。

公元前 120 年，米特拉达梯五世在首都锡诺普的一次宴会中中毒身亡。根据遗嘱他将王位留给了年幼的长子米特拉达梯六世和次子米特拉达梯·刻瑞斯督斯，由于两人的年龄都还很小，实际上控制国家的是他的遗孀劳迪斯。

与绝大部分母亲一样，劳迪斯比较偏爱较为年幼的次子，希望让次子成为唯一的国王。当然还有一种说法是，年纪较大、性格刚毅、权力欲极强的米特拉达梯六世成为了母亲永远掌握权力的障碍，在王室成员间的权力斗争中即使是母子的亲情也显得格外单薄。为了逃避母亲的暗害，米

◎ 希腊方阵兵的对抗

特拉达梯六世逃离了王都，据说他在旷野之中长大，身边只有父亲留下的一小撮忠实的奴隶。这段游荡不定和充满危险的生活锻炼了他的身心。当时人根据米特拉达梯六世献给神庙的他自己的盔甲来判断，这位国王有着极其魁梧的身材，而且在骑马和射箭上无人能比。他还是个第一流的希腊艺术的鉴赏家，在他的身边有着一大批艺术家、历史学家、诗人和哲学家。但是优良的教育并没妨碍他成为一个极其狡猾和残酷的暴君，幼年时的颠沛流离、丧父，以及与母亲的尖锐矛盾让他懂得了用佯装和伪善来保护自己，无论是血脉亲情还是巨大的功勋都不能阻止他的怀疑。在此后漫长的统治生涯中，米特拉达梯六世的双手沾满了他几乎所有亲人与部下的血，因此在最后的时刻，这位国王是极为孤独的。

公元前 115 年，羽翼丰满的米特拉达梯六世推翻了母亲的统治，并将自己在旷野中学到的东西付诸实践。他处死母亲与所有的兄弟姐妹们，只有一个人除外，被他霸占为妻子的妹妹拉奥迪凯（这种兄妹结婚的情况在古代波斯王室中很常见）。现在拥有王室血脉的只有自己一人了，消除了内部隐患的米特拉达梯六世将目光转向国外。相比起视野里的其他势力，米特拉达梯六世此时的形势可以说是完美。

罗马－塞琉古战争（公元前 188 年）中，高达 1 万 5 千优卑亚塔兰特的战争赔款摧毁了塞琉古帝国的财政基础。更糟糕的是，塞琉古在战争中失去的小亚细亚大部分都落入了罗马的传统盟友帕加马王国与罗德岛手中，他们无疑起到了监视塞琉古帝国的作用，而不久后帕加马又变成了罗马的亚细亚行省。而马其顿的安提柯王朝在第三次马其顿战争（公元前 168 年）后被分为四个自治共和国，并在第四次马其顿战争（公元前 146 年），也就是最后一次马其顿战争后沦为罗马共和国的行省。公元前 147 年，希腊爆发了以阿凯亚同盟为首的反罗马大起义。罗马在镇压了起义之后，解散了阿凯亚同盟，摧毁了起义者的中心科林斯，居民被拍卖为奴隶。中希腊与南希腊变成罗马的行省，只剩下雅典、斯巴达与德尔斐还保留着形式上的独立。而埃及的托勒密王国变得如此腐败，以至于离开了罗马的军事支持，托勒密的法老们甚至无法维持自己对埃及的统治。

不难看出，在公元前倒数第二个一百年里，罗马人的征服大潮摧毁了希腊化世界里最强大的几个势力，并将其中最为肥美的部分变成了直接统治的行省。剩下的几个幸运儿则不得不压榨完公民的最后一个铜板，以便讨好贪得无厌的罗马包税人和元老们，免得哪天成为罗马大军下一个征讨的对象。在这种情况下，自然没有人再有精力来阻止黑海边上的某个国王东征西讨了。

而从另外一个角度，黑海沿岸的那些相互孤立的希腊殖民城市，无论是从经济上还是军事上都是很难独立存在的。尤其是黑海北岸的那些，他们直接面对着南俄大草原，那里自古以来就是游牧民族的地盘，如果没有外部的支持，他们很难长时间抵御数量上远远超过他们的斯基泰人的进攻。而马其顿、塞琉古及希腊本土的几个重要联盟的毁灭使得原有的军事和政治庇护不复存在。同时在经济上，原本这些黑海沿岸的殖民点向希腊本土以及小亚细亚沿岸输出粮食、鱼和木材等原材料，输入葡萄酒、橄榄油、陶器等制成品，但罗马的政府摧毁了原有的贸易据点（比如科林斯，就是当时东地中海最重要的贸易中心之一），这无疑伤害了这些黑海沿岸的希腊城邦的利益。因此，这些希腊殖民城市急需一个新的庇护者出现，而米特拉达梯六世无疑是个很不错的人选。

罗马人的挑战者

作为一个感觉十分敏锐的政治家，米特拉达梯六世无疑感觉到了这点。他第一步的征服对象是小亚美尼亚与黑海东岸的希腊殖民城市科尔基斯。如前文所说，在黑海的沿岸存在一个逆时针流动的海流，而古代海军一般都是沿着海岸前进的，显然米特拉达梯六世这是为了进一步控制黑海北岸而准备前进基地。在控制了小亚美尼亚和科尔基斯之后，本都军队开始向黑海北岸的草原部落发起进攻。米特拉达梯六世的行动无疑得到了黑海北岸的那些希腊殖民城市与小王国的支持，他们自愿成为本都国王的属民，换取庇护。公元前 110 年，本都军队在克里米亚半岛击败了斯基泰人与萨尔马特人（都是古代游牧民族的名称）的联军，迫使他们向米特拉达梯六世臣服。两年后，本都军队又收复了不久前被斯基泰人征服的博斯普鲁斯王国。这个王国位于今天的黑海东岸与塔曼半岛（俄罗斯克拉斯诺达尔边疆区西北部的一个半岛，北为亚速海，南为黑海，西隔刻赤海峡与乌克兰刻赤半岛相望）一带，控制着刻赤海峡，地势十分重要。米特拉达梯六世任命自己的长子曼卡雷斯为国王，实际上控制了这个小王国。在此后不久，他又控制了黑海西北岸的奥尔维亚，与居住在

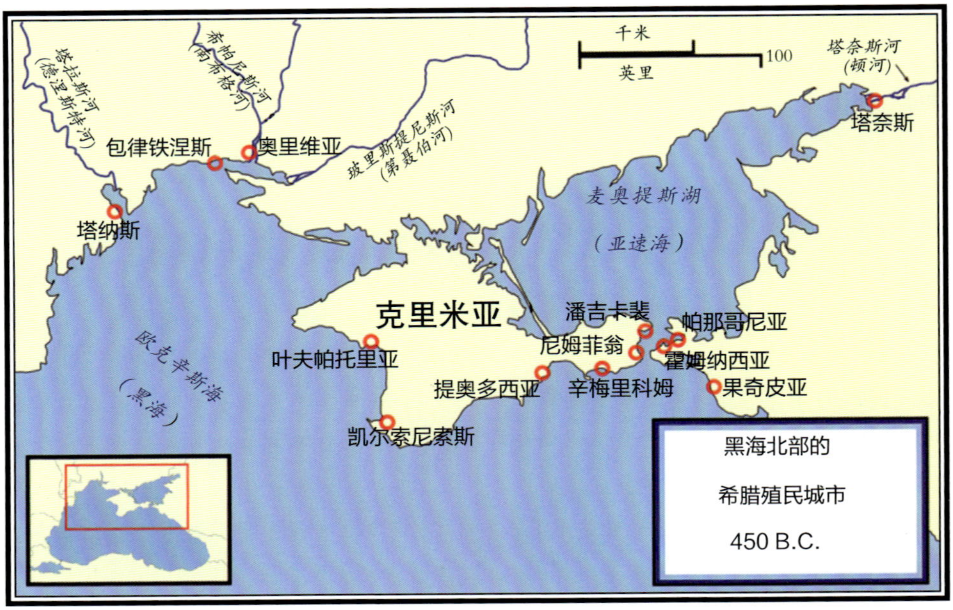

◎ 博斯普鲁斯王国

◎ 南俄草原上的斯基泰骑弓手

◎ 斯基泰弓手复原图

当地的色雷斯人与斯基泰人结盟，实际上此时米特拉达梯六世已经成为了黑海地区的霸主。

对黑海沿岸地区的成功征服使得米特拉达梯六世的野心变得膨胀起来，对于新征服的领土，他往往将自己的亲属或者朋友扶上王位，这样比直接并入本都王国容易得多，而且这些小王国在陆地上并不相连，直接统治的成本太高。他的国土扩展到了今天土耳其北部、乌克兰南部、高加索西部的大片地区。这些区域盛产的粮食、金银、鱼、木材等物产带来的财富源源不绝地流向锡诺普，让国王的财库变得充盈起来。有了足够的金钱，米特拉达梯六世可以从南俄大草原和高加索山地中招募到无数的骑兵和弓箭手，加上本都王国原有的重装骑兵、战车和步兵方阵，本都军队已经是地中海东部最强大的军事力量之一了。

在外交上，米特拉达梯六世的成就也可圈可点，他对小亚美尼亚的征服并没有影响他与大亚美尼亚国王提格拉涅斯二世的关系。本都国王将自己的女儿嫁给了这位野心勃勃的国王，并与他结成同盟，两个国王约定共同征服亚细亚：米特拉达梯六世向西，而提格拉涅斯二世则向南。

黑海地区崛起本都王国这样一个强权，无疑是对罗马共和国东部行省的直接威胁。早在公元前 133 年，罗马已经在小亚细亚半岛建立了第一个亚洲行省，即亚细亚行省。这个行省大致与以前的盟国帕加马王国等同，位于今天小亚细亚半岛的西北角，控制着达达尼尔海峡，地理位置十分重要，是罗马军队进入亚洲的桥头堡。以这个桥头堡为依托，罗马共和国在小亚细亚控制了几个附庸国作为缓冲，比如比提尼亚、卡帕多西亚。这几个小国的统治者对米特拉达梯六世实力的急遽膨胀十分惊恐，他们十分希望借助罗马人的力量摧毁这个强大的国王，以解除对自己的威胁。而米特拉达梯六世用老办法（即用自己的儿子或者亲朋担任国王，间接控制这些国家）将自己的一个儿子扶上了卡帕多西亚的王位。不过这次本都国王踢到了铁板，苏拉于公元前 94 年开始担任西里西亚行省的总督。这个未来的独裁者以一贯的果断带领少量罗马军队和一些临时征集来的同盟军将米特拉达梯六世的儿子赶走了，扶植了一个亲罗马的人担任国王。对于罗马人的介入，米特拉达梯六世保持了克制的态度，可能他觉得还不是和罗马人撕破脸的时候。

想要确定是谁才是引发第一次米特拉达梯战争的真正元凶是很困难的。相比起比提尼亚、卡帕多西亚等国，米特拉达梯六世的实力更强，他也不缺乏入侵这几个小国的动机，但是本都国王的宫廷里有大批来自希腊、马其顿和罗马的流亡者，他很清楚罗马人在军事上的强大。如果可能的话，他很希望在不与罗马人发生冲突的情况下扩张自己的帝国，如果这个冲突一定会发生的话（以米特拉达梯六世的眼光，他应该能够看出罗马是不会允许小亚细亚和黑海沿岸的那些小国强大起来的），那就尽可能地延迟这个冲突发生的时间，好让自己的力量更加壮大。有一点毫无疑问，米特拉达梯六世一直在准备反罗马的战争，在政治上本都国王是绝对的功利主义者，为了打击和牵制罗马人，他曾经与意大利同盟、罗马逃亡者、奴隶起义军甚至地中海的海盗结为同盟。

而比提尼亚、卡帕多西亚等这几个小国的国王虽然力量远比本都国王小，但他们心里清楚在他们的背后还有罗马的支持。而与几乎所有的行省总督一样，亚细亚行省总督也是希望战争爆发的，因为这意味着无数的战利品和凯旋式，这对于贪得无厌的罗马政客与商人来说是有着无法抵御的诱惑力的。

双方的小冲突十分频繁，战争的原因很容易找，在本都国王的宫廷中不乏周边小国的王室流亡者，他们都在寻求支持以夺回王位，而边境地区以劫掠为目的的军事行动更是司空见惯。这些冲突没有激化为罗马与本都直接战争的原因是双方面的：米特拉达梯六世方面是他还没有准备好，而罗马方面则是因为当时罗马正和自己的意大利同盟者进行着残酷的内战（即同盟战争）。共和国不得不和自己征服世界的工具进行战斗（在罗马军团中，有一半的军队是来自意大利的盟邦的，换句话说，罗马是在和跟自己一样武装和训练的敌人交战），无疑这对于米特拉达梯六世而言是一个天赐良机，但因为某种不可知的因素（在同盟战争前，有确凿的资料证明米特拉达梯六世与意大利的同盟者有密切的联系，甚至在一定程度上建立了反罗马的默契），直到公元前 88 年春天，战争才全面爆发，而此时意大利的战火已经接近尾声了。

◎ 色雷斯轻装步兵，他们手中使用的就是著名的色雷斯逆刃刀

战争的导火索是比提尼亚国王尼科美德四世点燃的，这个人与米特拉达梯六世的一生都有着密切的联系。早在公元前 90 年，米特拉达梯六世就派出军队入侵了比提尼亚，扶植尼科美德的弟弟苏格拉底登上王位，迫使尼科美德流亡意大利，不过在罗马“维持现状”的要求下，米特拉达梯六世不得不撤兵，尼科美德重登王位。这位国王回到比提尼亚后，在罗马元老院的怂恿下，不断和卡帕多西亚王国（其国王也是罗马的傀儡）骚扰袭击本都，甚至攻击运送谷物去往地中海沿岸的本都商船，封锁博斯普鲁斯海峡。这就给了米特拉达梯六世发动战争的口实。附带说一句，后来恺撒受元老院的命令到比提尼亚建立一支舰队，在这儿待了很久，与这位尼科美德四世有了非常密切的关系。传说这两人是同性情侣，以至于后来恺撒的政敌时常嘲笑他为“比提尼亚的王后”。

尼科美德四世心里很清楚米特拉达梯六世的强大，他很担心为罗马人抛弃，为了确保罗马人的支持，在进攻前他首先向亚细亚行省总督和将军们许下了一大笔赠款，然后又向他们的随员以很高的利息借了很多钱。如此一来，为了确保尼科美德四世有钱还债和履行诺言，这些罗马人都会支持他。

进攻一开始很顺利，比提尼亚的军队获得了很多战利品，但是本都军队小心地与敌人保持着距离，没有与其发生战斗。米特拉达梯六世派出了使者到罗马的亚细亚行省总督那儿，要求他们在自己与比提尼亚之间做出公正的评判。米特拉达梯六世这么做的原因很简单，当时表面上他和尼科美德四世一样都是“罗马人民的朋友”，即都是罗马的盟国，显然他还是在竭力避免和罗马的直接冲突，如果一定要开战，他也希望获得某种道义上的优势。而尼科美德也派出了使者，双方在罗马总督和将军们面前开始辩论。

本都的使者在拿出大量实据证明比提尼亚军队入侵造成的损失后，指出本都国王并不是没有力量保卫自己，但是国王是罗马人民的朋友，根据条约，共和国有义务制止侵略者或者出兵保卫本都。而比提尼亚的使者在回顾了公元前 90 年米特拉达梯六世扶植苏格拉底为比提尼亚国王之事后，指出米特拉达梯六世建立了一支 300 条多列桨战舰的海军，从色雷斯、斯基泰等许多部落招募了大量的士兵，和亚美尼亚建立了同盟，这一切并不是对付比提尼亚（用不着这么多军队）。而尼科美德是在罗马人的帮助下才重登王位的，没有罗马人的保护不可能保持王位，罗马人应该

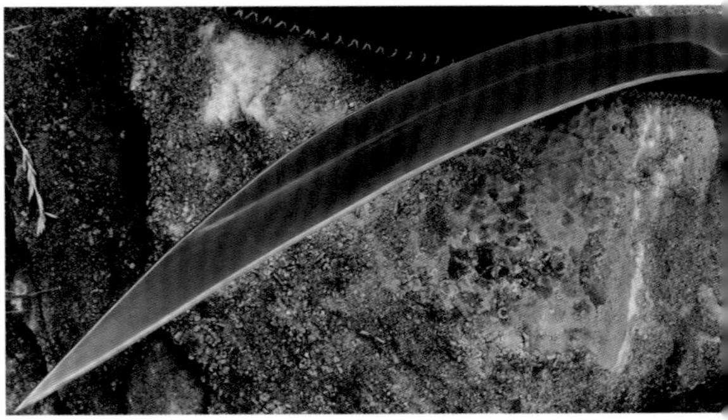

◎ *逆刃刀，刀锋的正面和背面都可以杀敌，尤其是反面，甚至可以砍开盔甲和盾牌*

根据别人怎么做而不是怎么说来确定谁才是他们真正的朋友，而谁又是包藏祸心的敌人。

双方陈词之后，罗马的将军们一直保持沉默，他们的态度已经说明一切了（一方空口白话，另一方有真凭实据），本都的使者只得做出让步，声称：“如果你们不肯制止比提尼亚的暴行的话，那至少也要保持中立，让本都国王自卫！”

罗马的将军们内心深处是支持比提尼亚的，但是他们不能够当面撕毁与本都的同盟条约，于是他们在商议之后，给了一个非常模棱两可的回答：“我们不愿意米特拉达梯受到尼科美德的伤害，我们也不同意对尼科美德进行战争，因为这是对罗马不利的！”说完后，他们也不顾本都使者的抗议，就强迫对方离开会场。

米特拉达梯六世得到使者的回复后，立即派出他的儿子阿里阿累西斯率军进攻卡帕多西亚，很快就占领这个国家，然后本都使者又前往罗马将军处，要求罗马人制止尼科美德封锁海峡的行动，否则国王

就要派人前往罗马，向元老院控告他们的行为。

米特拉达梯六世这么做可能有两个原因：第一，可以再争取一些准备战争的时间，他认为这样对自己更有利；第二、可以迫使罗马亚细亚行省的将军们在准备不充分的情况下主动进攻自己，因为按照罗马的法律，没有元老院的允许，行省的将军们是不能主动挑起战争的，当然在共和国的晚期这条法律已经成为了一纸空文，但他们无法阻止米特拉达梯六世派使者去罗马，当时同盟战争还没有结束，很有可能元老院会派另一个人来替代现有的总督，这对现在的总督是很不利的。

罗马的将军们被贪欲冲昏了头脑，他们立即下令本都的使者离开军营，除非米特拉达梯六世把军队撤出卡帕多西亚，否则就无需再派使者来罗马的军营了（意即宣战）。为防止走漏消息，将军们还派出人押送本都的使者回去。

战争是在公元前 88 年春天开始的，罗马人招募了大批雇佣兵，用舰队封锁了博斯普鲁斯海峡，然后分兵两路进攻本都。据说罗马人的总兵力有 8 万人，另外还有尼科美德的 5 万名步兵和 6 千名骑兵。米特拉达梯六世的军队包括步兵 25 万，骑兵 4 万，三列桨以上的战船 300 条，两列桨的 100 条；另外还有小亚美尼亚的 1 万名骑兵，镰刀战车 130 辆。双方军队的数量大得有些让人不敢相信，不过可以确定的是，罗马军队中大部分是临时招募而来的雇佣兵，受过良好训练的罗马军队不会超过 2 个军团。

初战是在尼科美德的比提尼亚军队与

◎ 现代制作的古希腊方阵兵兵人

本都国王手下的两个将军指挥的轻装步兵、骑兵、少量战车组成的前哨部队之间展开的。无论是比提尼亚还是本都军队，都是希腊化军队与波斯传统军队的混合，即除了使用超长枪与小盾牌的马其顿式重装步兵方阵、投矛皮盾的色雷斯轻装步兵、弓箭手、投石手、轻装骑兵以外，本都军队中应该还有一定数量的重装骑兵和战车部队。这两位本都将军是兄弟，分别叫阿基拉斯与尼奥托勒马斯，指挥骑兵和战车部队的阿基拉斯可能是本都军队中最出色的将领。

战场是阿姆尼阿斯河旁的一个大平原，由于本都的前哨部队比比提尼亚人的数量少得多，而且主力的重装步兵还没有赶到，所以尼奥托勒马斯派出一小队轻装步兵去夺取平原上的一个小山包，以避免敌人采取包围战术。比提尼亚人也采取了同样的行动，双方为争夺山头展开激战，比提尼亚人赢得了胜利，迫使尼奥托勒马斯投入更多的兵力，尼科美德也投入了增援军队。为避免被数量上占巨大优势的敌人包围，尼奥托勒马斯不得不向后退却，同时向自己的兄弟阿基拉斯发出求援的请求。

阿基拉斯冷静地观察了形势，他并没有贸然地将手中的军队投入战斗，而是让军队越过平原，迂回到比提尼亚人的右侧，让轻装骑兵用标枪和弓箭突击敌人的侧翼，同时下令镰刀战车部队准备好。遭到突袭的尼科美德犯了一个错误，他下令全体军队转向进攻新的敌人，而没有派出分遣队继续追击尼奥托勒马斯。看到敌人的注意力被吸引到自己这边来了，阿基拉斯下令

◎ ***本都军队中的亚美尼亚重骑兵，请注意他们还没有马镫***

自己的骑兵向后退却争取时间，当他估计自己兄弟的军队重新准备好了以后，就下令骑兵回头进攻，同时发出信号让镰刀战车部队冲击比提尼亚人的侧翼。

看到正面的敌人骑兵掉头进攻，比提尼亚人本能地按照通常步兵对付骑兵的战术收缩队形，将长矛指向正面，这就成为侧面而来的镰刀战车部队的好靶子。（本都军队使用的镰刀战车部队是古代世界战车部队的终极版，在战车的两个轮轴上各装有约 1 米长的镰刀，当战车高速奔驰时，锋利的镰刀会将遇到的一切物体切碎。）战车冲进了比提尼亚人的密集队形，将一些人拦腰斩断，而另一些人被碾碎。当尼科美德的士兵们看到许多同伴被切成两半，还没有停止呼吸，还有镰刀上挂着的血淋

淋的肢体，不由得大为惊恐，军队也陷入了混乱之中。这时阿基拉斯的骑兵从前面发起进攻，尼奥托勒马斯再从后面发起猛攻。经过一段不长时间的战斗，比提尼亚军队被彻底击败了，只有很少的人保护着尼科美德本人逃走了，绝大多数还活着的士兵、金钱与辎重都落入了米特拉达梯六世的手中，而本都军队的主力根本还没有投入战斗。

希腊人的解放者

得胜之后的米特拉达梯六世的措施，显示出他比腓力五世与安条克三世（上面两人分别为马其顿王国与塞琉古帝国的统治者，都企图统一希腊化世界，却因为内部矛盾被罗马人分别击败了）在政治上要高明得多。他优待了所有的俘虏，并给予旅费将他们全部释放回家了。米特拉达梯六世心里很清楚：罗马，而非尼科美德，才是他真正的敌人。只有摧毁罗马在地中海东部的存在，他理想的大帝国才可能存在下去，而要做到这一点，他就必须向所有希腊人表明自己是帮助他们推翻罗马人压迫的解放者。

对于米特拉达梯六世来说幸运的是，要争取到希腊人的心并不难，因为贪婪的罗马商人、包税人和将军们已经替他把绝大多数工作都做完了。早在公元前二世纪初，希腊化世界的绝大多数城邦和小王国都已经陷入了深远的社会危机与经济危机之中，土地和财富集中到了极少数有产阶层手中，而原有的绝大多数公民都沦为无产者或者陷入沉重的债务之中。所以绝大部分城邦内部矛盾极为尖锐，有产阶层掌权则采取寡头制，无产阶级上台则宣布废除债务，放逐有产阶层，瓜分其财产的法令。而罗马人的传统政治态度一般是站在有产阶层一边，支持寡头制。而在其后的大征服、行省化的过程中，绝大多数当地居民都沦落到赤贫的境地。因为共和国对行省一般是采取包税人的税收制度，即将每个行政区域的税收拍卖给某个包税人，包税人拿出一笔税金预支给共和国的国库，然后包税人就有权力去该行政区域征税，征收来的税金与预支给国库的钱的差额便是包税人的利润。考虑到在格拉古兄弟的改革后，罗马的审判权掌握在骑士阶层手中，而这些包税人往往就是罗马的骑士本人或者是骑士的代理人，他们的行为可以说是无所忌惮。不难想象，在这种制度下，实际征收的税额很可能是共和国得到的税额的几倍甚至几十倍，许多行省居民很快就沦落为包税人的债务奴隶，他们对罗马的仇恨可想而知。

罗马的亚细亚行省，即过去的帕加马王国又有自己的特点。在罗马征服马其顿王国与塞琉古帝国的过程中，帕加马王国一直是罗马的忠实盟友，并从中获得了很大的好处，变得强大起来。但是当马其顿王国与塞琉古帝国被彻底打败之后，罗马对帕加马的态度就变了，这个变得越来越强大的王国不再是罗马扩张的助力而是障碍了，罗马开始采用各种办法削弱它。比如宣布狄罗斯为完全免税的自由港，绝大部分原本在帕加马进行的商业立刻就转移到狄罗斯了，直到公元前 133 年又将其变为自己的一个行省。

因此不难想象米特拉达梯六世对俘虏的宽容政策，对亚细亚行省的本地居民有什么样的效果。在接下来的战斗中，本都军队轻而易举地击败了在亚细亚行省的罗马军队。罗马人自己也承认，从当地募集来的士兵是根本不能用来和米特拉达梯六世作战的，而控制博斯普鲁斯海峡的舰队和守兵干脆向本都国王投降。当一个罗马将军逃入一个希腊城市抵抗时，米特拉达梯六世许诺只要他们交出这个罗马将军，他将不会伤害这个城市里的任何一个人，城里的居民得知后，立即解散了雇佣兵，将那个罗马将军交给了米特拉达梯六世。这场战争的主要策划者——罗马亚细亚行省的总督曼尼阿斯此时也终于落入米特拉达梯六世的手中，这个总督被绑住双手坐在一头没有鞍的驴子上四处游行，并被强迫对每一个看到他的人说出自己的名字和遭到这种遭遇的原因。在这样羞辱了他之后，米特拉达梯六世用一种具有讽刺意味的办法处死了曼尼阿斯：将融化的黄金倒入这个贪婪的罗马人的喉咙。

从色雷斯到伊奥尼亚，整个爱琴海东岸的许多希腊城市都派出使者邀请米特拉达梯六世派军队来保护他们，就这样地中海东岸的所有罗马领地与属国都落入了米特拉达梯六世的手中，唯一还保持着对罗马人的忠诚的只有罗德岛和伊奥尼亚南部的部分希腊城市。于是，将米特拉达梯六世与罗马的阿凯亚与马其顿行省隔开的只有爱琴海了。

可能米特拉达梯六世在罗马的主要敌人里是最幸运的一个，他对小亚细亚的征服几乎是摧枯拉朽式的，罗马人对当地居民的压迫已经将绝大部分民众都推到了本都一边。在失去了亚细亚行省之后，色雷斯、马其顿与希腊本土就好像成熟的葡萄一样任人采摘，而罗马本身此时却还陷在残酷

◎ 进入罗马亚细亚行省（帕加马王国）的米特拉达梯六世

的内战之中。

米特拉达梯六世决定充分地利用罗马人不得不交给自己的时间，他首先将自己的首都迁到了帕加马。这里位于小亚细亚半岛西北端，靠近博斯普鲁斯海峡，控制着东地中海与黑海的交通，还是从欧洲进入亚洲的桥头堡，本都国王定都于此显然已经将马其顿与希腊纳入了自己伟大帝国的未来版图之内了。为了筹措军费和赢得小亚细亚当地人的心，同时也为了消灭新增国土内的隐患，他发出了一个颇有“普罗主义”色彩的法令：解放奴隶，免除还没有付清的债务或将债务免除一半，豁免他占领区域多年的税收。他还向小亚细亚、色雷斯许多地区和城邦发出信件，让他们在同一天内屠杀意大利人（包括罗马人）以及意大利的释放奴隶。

毫无疑问，米特拉达梯六世下令屠杀的法令是极其残酷和血腥的，一共有8万罗马与意大利人倒在了血泊之中。在以弗所，甚至连逃入狄安娜（月与狩猎女神）神庙之中寻求保护的人也被从神像和祭坛之旁拖走杀死了；在帕加马，当地人用弓箭射杀那些紧紧抱着埃斯克雷波（医药女神）神像的意大利人；在特拉利斯，当地人将躲在市政厅的司灶女神旁的意大利人拖出来，先将小孩当着母亲的面杀死，然后杀死母亲，最后才杀死丈夫。不过，还是要将屠杀的法令与前面废除债务与解放奴隶的法令联系起来看，这些被屠杀的意大利人与罗马人绝大多数都是跟随罗马军队而来的包税人、随军商人。当罗马征服当地的时候，这些商人向罗马军队购买战俘当做奴隶、战利品。罗马的将军们向战败者勒索赔款时，又会迫使那些拿不出足够现金的城邦与国王向意大利与罗马商人借款，支付的利息甚至高达年息200%以上，国王们不得不以矿产、港口税收等公共资源作为债务的抵押，甚至不得不将自己的公民卖为奴隶还债。加上共和国的包税制度，小亚细亚乃至希腊除了极少数寡头以外，绝大多数人都非常痛恨这些远道而来的“吸血鬼”。米特拉达梯六世的解放奴隶与废除债务的法令主要针对的就是上面所提到的那些人。即使是今天，没有极其强大的暴力作为后盾，要剥夺一个群体的大量财富也是不可想象的，而在古代社会，无论是废除债务还是解放奴隶，伴随着对债主与奴隶主肉体的消灭几乎是必然的。

米特拉达梯六世的行动不但赢得了新占国土的人心，还消除了内部的隐患。除此之外，他对罗马人与站在罗马人一边的寡头阶层的打击还激起了在爱琴海彼岸的希腊人的希望，他们将他称为新狄奥尼索斯，即酒神或者说“解放者”。在雅典发生了民主派革命，一个名叫阿里斯提奥的奴隶、前伊壁鸠鲁派哲学家发动了起义，少数当权的富豪寡头逃出了雅典。

从米特拉达梯六世的屠刀下逃出生天的意大利与罗马商人都逃往罗德岛，其中还包括琉西阿斯·喀西约，他是亚细亚行省的代执政官。罗德岛，这个位于小亚细亚西南部的岛屿是东地中海最大的商业中心，拥有一支强大的海军，岛上的居民开始尽可能地募集雇佣兵，修理军舰，准备抵御本都国王即将发起的进攻。

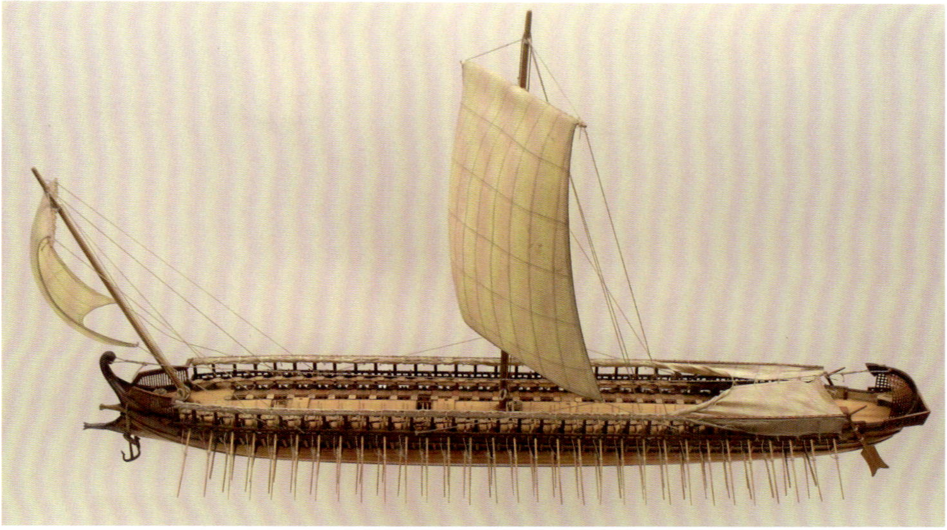

◎ 三列桨座战舰模型。这种船为了达到最高的航速，所以吃水线浅，很容易腐烂，所以不用时必须拖上岸晾干

米特拉达梯六世对罗德岛的行动就不像先前那么顺利了，可能是先前轻而易举的胜利让这位国王有些太大意了。他娶了一个新的妻子，然后前往寇斯岛，在那里收容了当时埃及国王托勒密十世的儿子，与之一起的还有巨额的金钱。米特拉达梯六世将这些财富运往本都。这些不必要的炫耀无疑给了罗德岛人相当多的备战时间，岛上的居民清楚国王的军队远远多过他们，所以他们尽可能地加强对海港的防御，将岛上城墙之外的所有资源加以破坏，使得本都人无法利用这些东西来进攻城市。

最先抵达的是国王的海军，虽然米特拉达梯六世有一支很强大的舰队，但他在东地中海的舰队主要是由盟友海盗与伊奥尼亚沿岸的属民提供的，他自己的舰队必须留在黑海以确保后方无恙。国王舰队成分的混杂让他在与罗德岛的海战中吃了不少亏，甚至他本人的舰队都遭到了误撞，但是数量的优势最终起到了作用。本都的陆军登陆后，罗德岛的舰队不得不退回港口。因为补给的匮乏使得围攻战无法长期化，米特拉达梯六世决定发起一次海陆两面的夜袭，好尽可能快地拿下城市。

为了确保胜利，他建造了一座巨大的机械，名叫萨谟布卡，安装在两条平行的船只上，士兵们可以通过吊桥直接从船上来到城墙上。为了建造这个巨大的机械，他甚至砍伐了奉献给阿波罗的圣林，因为罗德岛人已经焚毁了其他所有可以利用的材料。

为了确保围攻军队的协调一致，米特拉达梯六世让自己的士兵先占领一座叫做阿塔拜里阿斯的小山，从海上和陆地上都可以看到山顶的火光，约定以火光作为海陆两个方面同时进攻的信号。可是一个意

◎ 萨谟布卡的复原图

◎ 雅典卫城复原图

外发生了，负责陆路进攻的本都军队被城墙上的守兵发现了，罗德岛人点着了火光通知守兵，而看到火光的海上舰队误以为这是进攻的信号，便在没有得到陆路协同的情况下单独发起了进攻。

本都军队的进攻十分猛烈，尤其是萨谟布卡这个巨大的机械可以将一个装满士兵的封闭笼箱放上城墙，而守兵的绝大部分投掷武器就无效了。对于守兵来说，幸运的是陆地一面的敌人没有同时进攻，他们可以将主力集中到面海的一面来。根据史书的记载，神灵的干涉决定了战局的胜负，被触怒的阿波罗摧毁了这个巨大的机械，并用火烧毁了它，不过更加可信的解释是这个机械本身的重量太大了，超出了船舶或者材料本身的强度，自己散架了。

萨谟布卡的解体严重地打击了本都军队的士气，尤其是很多士兵知道这是用献给阿波罗的圣林的木材建造的之后。米特拉达梯六世不得不做出选择，是通过长时间的围困拿下这里，还是撤兵选择另外一个目标？正在这个关头，一个惊人的消息传来了：雅典发生了起义，首领阿里斯提奥的使者赶到，他请求本都国王派出军队帮助他。

在综合考虑了东地中海的形势后，米特拉达梯六世决定调整自己的战略：让自己最能干的将领阿基拉斯率领大部分舰队和一部分陆军从海上支援雅典；一个儿子阿卡提阿斯率领包括骑兵和战车的主力军队沿陆路入侵色雷斯和马其顿；而自己则返回帕加马，组织军队，制造武器，统筹全局，让自己的将军们去负责具体的作战。阿基拉斯的行动十分顺利，他首先征服了提洛岛与雅典周围依旧忠于寡头政权的雇佣兵控制的要塞，然后将要塞和提洛岛上的金库交给阿里斯提奥，并交给他 2 千名士兵，好让这个起义军领袖能够牢固地控制雅典，他本人则加强了庇里优斯（雅典的港口城市，有十分坚固的城墙环绕）的防御，将它作为他征服希腊的作战基地。本都军队的强大势力和对雅典人的善举赢得了希腊南部与中部绝大部分城邦的支持，他们都倒向了本都军队，驻守在当地的少量罗马军队和罗马的支持者不得不撤离。到公元前 87 年，伊庇鲁斯是整个希腊半岛上唯一还在罗马控制之下的地区了。

来自苏拉的攻击

当米特拉达梯六世征服希腊与小亚细亚的时候，罗马还深陷残酷的内战中，这场战争表面上的导火线是公元前 91 年的罗马保民官马尔库斯·李维优斯·杜鲁苏斯被刺杀，而真正的原因却是意大利的罗马同盟者们渴望得到罗马公民权以分享共和国的利益，但罗马却不愿意。意大利的城邦与公社认为罗马正是依靠他们的帮助才征服了这么多土地和人民，自然他们有权分享所得到的利益。显然，假如罗马想要继续维持对地中海沿岸的统治，与意大利人分享权力就是必要的，毕竟不可能仅仅依靠罗马一国的人力来控制这么多人民和土地。马尔库斯·李维优斯·杜鲁苏斯——这位以正义感而闻名的罗马官员企图通过一条法令来满足意大利同盟者的要求，但是他的努力最终失败了，政敌们大声宣扬杜鲁苏斯出卖共和国来讨好意大利人，于是他的法案被搁置，他本人也在不久之后在家门口被人刺杀。

杜鲁苏斯的死不啻于告诉所有的意大利人，通过合法手段获得罗马公民权的道路已经被堵死，于是意大利的城邦、公社纷纷相互交换人质与誓言，保证除非元老院给予所有参与者罗马公民权，他们绝不单独与罗马妥协。而这种同盟是罗马所禁止的，根据法律，所有的意大利同盟者只能单独地和罗马缔结同盟，而相互之间不能缔结同盟。而整个意大利，除了埃特鲁里亚和翁布里亚以及意大利南部坎佩尼亚与几个希腊城市外，几乎所有的意大利同盟者都加入了反罗马的同盟中。当同盟结成后，在公元前 91 年年底他们就派出一个代表团前往罗马，提出最后通牒——要么给予公民权，要么战争。

元老院立即拒绝了要求，并且当权者还认为不久前被杀的杜鲁苏斯是引发这次反罗马同盟的元凶，当权派以此为理由审判杜鲁苏斯的支持者，流放了许多人，于是在罗马的内部也形成了两个相互仇恨的派别。

同盟战争可能是罗马共和国所面对的战争中最为艰难的一个，因为这场战争中的敌人曾是罗马人征服世界的臂膀。意大利同盟的军队是完全按照罗马人的方式训练和武装起来的，他们的统帅也完全可以与最优秀的罗马将军抗衡，战争爆发的地点又位于意大利的心脏地带，罗马人不得不同时与南面和北面的敌人作战。因此，在战争的第一年，罗马人付出了很惨重的代价，许多起义区域的罗马殖民地与要塞陷落了，越来越多的意大利人倒向同盟一边，不过在罗马一方有一个年轻的将领脱颖而出，那就是苏拉，他当时在罗马的南方面军担任副将。

军事上的挫折让元老院不得不在政治上做出让步，公元前 89 年初，当年的保民官提出法案，所有意大利同盟成员都可以以个人身份提出申请，获得罗马公民权，不过只能登记在 8 个特里布斯里中（这样一来新加入的公民就无法影响罗马的政局，因为罗马一共有 35 个特里布斯里，投票时是按照特里布斯里而非个人为单位计票的）。这条法令不适用于那些参与同盟的成员，这个狡猾的伎俩让许多即将加入同盟的意大利城市站在了罗马人一边。法令起到了作用，在公元前 89 年剩下的时间里，罗马人攻陷了北方联盟的首府阿斯库路姆，紧接着马尔西人、维斯提尼人、佩利格尼人都被征服了，最后被征服的是萨姆尼乌姆人，整个北方联盟被消灭了。

在南方，已经成为主将的苏拉采用了非常残酷的战术，他蹂躏了同盟的土地以消灭敌人的战争潜力，对于士兵他十分放纵，以讨取士兵们的欢心。到公元前 88 年初的时候，除了少部分山地还剩下一些起

◎ 慕尼黑古代雕塑展览馆的苏拉头部雕像

义者在活动，其余都已经被镇压下去了。作为战功的报酬，苏拉被选举为公元前 88 年度的执政官，他必须前往地中海东部去抵御米特拉达梯六世的进攻。

在外部的威胁消失后，罗马内部的矛盾终于又爆发了出来。一个属于杜鲁苏斯派别的名叫普布里乌斯·苏尔皮克优斯·卢福斯的保民官在元老院提出了一个议案：所有的元老所放出的贷款总额不能超过 2000 德拉克马（罗马的货币单位，1 德拉克马大约等于一个陶工一天的收入，罗马的元老被禁止直接从事商业，高利贷是他们的重要收入来源）；将意大利人加入的新公民分配到所有 35 个特里布斯里中去；取消先前对杜鲁苏斯派别的放逐法令；剥夺苏拉对米特拉达梯六世战争的统帅权，而交给自己的政治盟友马略。显然，卢福斯的提议是罗马在战胜意大利同盟后内部矛盾的总爆发。元老院的当权派为了避免在对自己不利的局面下表决，便采用了古代常用的一种拖延办法——让执政官宣布特别的宗教节日来让元老院停止办公。而卢福斯召集了 3 千名携带武器的支持者杀死了执政官庞培乌斯的儿子，强迫庞培乌斯宣布节日结束，通过了自己的法案。

苏拉得知消息后立即逃出罗马，在卢福斯派来接收军队的保民官抵达之前赶到了准备出征东方的军队那里。他召开士兵大会向他们宣布了元老院的法令，接着他指出假如马略成为新的统帅，就一定会从自己的老兵中招募军队而非让他们去远征东方。士兵们立即愤怒了起来，因为这会让他们失去发财的机会，他们用石头投掷

◎ *罗马人使用的扭力弩炮*

元老院派来接收军队的军事保民官，将其驱逐，军队里的绝大部分将领都逃走了，除了苏拉以外，只剩下一个财务官。

得到了士兵的支持的苏拉立即向罗马进军，他手下一共有 6 个军团约 3 万 5 千人。遭到自己的公民组成的军队入侵，这在罗马历史上还是第一次，但绝不是最后一次。马略和卢福斯企图组织抵抗，但很快就被击败了，已经 70 多岁的马略在经历了许多危险后才和他的儿子逃到了非洲，在那里他募集了一支不大的军队；而卢福斯在逃

跑的路上被人杀掉，按照苏拉的命令，这个保民官的头被陈列在广场上，而根据罗马的法律，保民官的人身安全是神圣不可侵犯的。

苏拉不可能长时间待在罗马，因为东方的形势一天比一天糟糕，但他也不能将一个动荡的罗马留在自己的背后。他在很短的时间内废除了卢福斯不久前通过的所有的法案，从支持自己的人里选出了 300 人填补了元老院的空缺，以确保自己派别对元老院的掌握。随后他通过了新的法案，废除了人民大会和保民官的权力，将权力集中到了元老院手中。但苏拉的行为是如此地让罗马的平民们痛恨，以至于在军管的状态下，公元前 87 年选出的执政官中还是有一个狂热的民主派——卢克优斯·科尔涅里乌斯·泰纳，苏拉不得不强装笑容地做出声明："对于人民因为自己而拥有自由感到非常高兴。"

当苏拉率领 5 个军团和几个大队骑兵在伊庇鲁斯登陆后，他发现自己的处境很不妙：刚刚结束的同盟战争极大地消耗了罗马的国库，米特拉达梯六世又占领了共和国最富饶的几个行省。为了给苏拉军费，元老院甚至不得不出卖努玛国王（传说中罗马的第二位国王）祭祀神灵的珠宝，才获得了一共约 9 千磅黄金，这就是进行这场战争的全部资金。而当时米特拉达梯六世的海盗舰队控制着海洋，以及整个小亚细亚、大部分希腊和马其顿的海岸线。苏拉唯一能够指望的就是手中的 3 万人，因此登陆之后他就以最快的速度向雅典进军了。

苏拉的冒险得到了回报，阿基拉斯的兵力分散在整个南希腊，他不得不用部分的兵力和苏拉的全军交战。双方的初次交锋是在彼奥提亚爆发的，在希腊山地间狭窄的小平原上，苏拉的老兵打败了仓促集结的本都与雅典联军，他们不得不退回雅典，绝大部分希腊城市就像先前倒向米特拉达梯六世那样迅速地又重新倒向了罗马。

但对雅典的围攻战却进行得很困难，起义者的领袖阿里斯提奥守卫雅典城，而阿基拉斯则守卫庇里优斯。雅典城与庇里优斯都有高达 20 米的城墙保护着，这些城墙都是在伯克利里时代建设的，用大块的岩石砌成，阿基拉斯攻占后又加以修补，十分坚固。由于有港口，阿基拉斯可以不断得到援兵和给养，战争不得不进入长时间的围攻。

围攻战持续了公元前 87 年的整个冬天，苏拉采用了一切可行的进攻办法。雅典所在的阿提卡半岛资源十分匮乏，所有的粮食、木材都必须从其他地方运来，据说每天运送各种资材的骡子就要有2万头。为了制造攻城所需的各种器械，苏拉砍伐了雅典学园附近的树林，还抢掠了德尔斐、奥林匹亚等地的神殿来给士兵发饷，但依然没有成功的希望。苏拉不得不派人去埃及借来一支小舰队以实施对庇里优斯的封锁，准备用饥饿来征服敌人。

当战争持续到公元前 86 年的 3 月时，苏拉的围困终于有了效果，雅典城陷入了恐怖的饥荒中（雅典与庇里优斯之间的联系被切断了，雅典本身没有港口），守兵甚至不得不以人肉为食。精疲力竭的守兵再也抵御不住罗马人的进攻，进入雅典城的苏拉进行了大屠杀，只有极少数人保住了性命。在攻陷了雅典后，苏拉用全部的兵力围攻庇里优斯，再也坚持不下去的阿基拉斯不得不从海上将剩余的部队撤走了。

◎ 雅典4德拉克马银币，猫头鹰是雅典娜的标志

可对于苏拉来说，形势并没有变得更好，毋宁说是更糟糕了。征服了马其顿与色雷斯的阿卡提阿斯开始向希腊前进，他的手下有超过10万人，其中还包括1万骑兵和镰刀战车，他与阿基拉斯汇合了，而且米特拉达梯六世本人率领着另外一支大军从帕加马出发了。更加糟糕的是，在罗马又发生了政变：马略带着军队从非洲回到了意大利，他和泰纳联合了起来，建立了民主派的新政府。苏拉被免去了司令官的职务，被公元前86年的执政官卢克优斯·瓦列里乌斯·弗拉库斯所取代了，罗马还让弗拉库斯率领2个军团前往希腊取代苏拉。于是，苏拉在焚毁了庇里优斯这一港口后（显然这是为了避免为米特拉达梯六世所利用）就带领所有的军队追击阿基拉斯去了。

阿基拉斯决定用饥饿来打败敌人，他让自己的舰队停泊在庇里优斯外的港湾中，以封锁海上的补给线。而他自己占据了一处十分坚固的营地，显然他想让战争长期化。在进行了长达6个月的围攻战后，阿提卡半岛已经无力提供苏拉足够的粮食了。这时苏拉面临一个非常痛苦的选择，如果他继续留在阿提卡，就会面临粮食不足的困境；如果他离开阿提卡，就不得不离开对自己有利的地形（本都军队在骑兵方面占绝对优势，崎岖不平的阿提卡半岛对罗马有利），而且时间对他来说也很宝贵，米特拉达梯六世的援军正在向希腊进发，而代替自己的指挥官随时都可能到来。

最后苏拉选择了离开阿提卡，因为地形的不利可以克服，而饥饿却不可战胜。他率领军队向彼奥提亚机动，巧妙地避开了本都军队的追击，与自己的副将在佩特罗尼斯会师，这个副将原先守卫在著名的温泉关，防止马其顿的本都军队南下。

双方在福西斯的喀罗尼亚相遇，面对本都军队巨大的数量优势和强大的骑兵，罗马的士兵感觉到胆怯，苏拉不得不将自己的军队布置在设防的营地里，拒绝会战。由于本都军队庞大的数量，很快就将当地的资源消耗殆尽，阿基拉斯不得不派出骑兵去更远的地方收集粮食和草料。

为了激励士兵们的士气，苏拉采用了一个非常古怪的办法，他强迫士兵们每天挖掘壕沟修建工事，将士兵们折磨得疲惫不堪。这样两天以后，士兵们向苏拉抱怨，他就回答如果你们不想和本都人打仗那就得修筑工事，疲惫不堪的士兵们立即回答他们宁愿流血也不愿意继续这么干下去了。

激励了士兵的士气后，苏拉立即开始

行动。在第三天早上他派出一个分队去占领战场附近的一个高地，高地四周地形崎岖不平，不利于骑兵行动，而且控制着阿苏斯河，阿苏斯河是战场附近最重要的水源。当时本都军队也派出一个叫做“铜盾军”的轻装支队前往，在激烈的战斗后，罗马人控制了那个高地，阿基拉斯不得不带领自己的大军撤退，否则就会面临干渴的危险（罗马人可能会用土木工程让河流改道）。

看到敌人的大军撤退，罗马士兵士气大振，苏拉带领他的军队追击敌人。在奇罗尼亚他追上了敌人，本都军队位于一块多岩石的地区，苏拉抓住机会发起了猛攻，因为这会限制敌人骑兵和战车发挥作用。苏拉的预见实现了，绝大部分战车被限制在狭小的空间里，被投枪所摧毁；而本都军队的成分过于复杂，在狭小的空间内拥挤成一团，加上奇罗尼亚人从本都人所不知道的一条小路成功地迂回，本都军队被包围在一个狭小的区域。苏拉赢得了巨大的胜利，他不但消灭了这样一支大军，还攻占了军营，获得了全部辎重，阿基拉斯只带着很少的一部分人逃走了。

本都的政治胜利

胜利之后的苏拉用丰厚的战利品奖赏了自己的士兵和盟友，但一个坏消息传来了：代替他的罗马执政官弗拉库斯已经来到了希腊。他公开宣称要进攻米特拉达梯六世，但苏拉心里清楚这不过是迷惑自己的谎言，内敌比外敌更可怕。他决定先打败弗拉库斯，但是当他行军到梅莱提的时候，得知另一个本都将军多里劳斯率领着8万援兵与阿基拉斯的残兵汇合了，苏拉不得不掉过头来，对付新的敌人。

新的本都将军一开始对败将阿基拉斯十分鄙视，因为他觉得一支那样庞大的大军是不应该遭到这么惨重的失败的。他直接入侵彼奥提亚，迫使苏拉与自己进行会战。但在几次失败的前哨战后，他认识到罗马人是可怕的敌人，转而赞同阿基拉斯的建议，即用消耗时间和金钱而非速战速决来打败罗马人，于是他选择了奥考麦努斯附近的一块平原。那里广阔平坦，没有树木来阻碍本都的骑兵，在平原的尽头是一块沼泽与湖泊。

尽管弗拉库斯率领的民主派军队随时都可能出现，但苏拉还是没有贸然应战，他下令手下挖开沼泽旁边的堤坝，让水流淌到平原上来防止敌人骑兵的冲击。成分过于复杂的本都军队立即发起了进攻，正在施工的罗马人掉头逃跑，冲散了负责警卫的单位。看到形势危急的苏拉赶忙抢过鹰帜，穿过溃逃的人群向敌人冲去，高声叫喊：“罗马人，如果有人问你们是在哪儿抛弃你们的鹰帜和司令官，你们要回答是在奥考麦努斯。”

苏拉的冒险起到了作用，溃逃的罗马军队回头应战，加上2个支队赶来支援，本都军队的突袭被击退了。苏拉下令继续施工，在施工的过程中双方也在进行持续的战斗，但最后罗马人完成了工事，大量的水被引入平原，将大片的土地变成了湿软的泥地，本都军队被限制在很小的一块区域。

最后的决战十分残酷，许多本都士兵被逼进了沼泽之中，直到两百年后，当地人还在湖泊和沼泽中找到破碎的刀剑、头盔、胸甲和箭头。阿基拉斯和多里劳斯费了很大力气才逃离了战场。

阿基拉斯在奇罗尼亚战败的消息，让米特拉达梯六世极为震惊。希腊人在罗马军队到达后的墙头草行为让国王对新的属民的忠诚很怀疑，于是米特拉达梯六世首先从自己的属民中征集了8万士兵由多里劳斯带领去支援阿基拉斯，随后他开始动手消灭那些潜在的不稳定因素。在很短的时间内，他占领了开俄斯等几座城邦，将贵族的孩子收为人质，将城邦的公民发配到了荒凉的黑海北岸去了。米特拉达梯六世的行为激起了一些希腊城邦的反抗，于是他一面派兵镇压，一面给予所有希腊城邦的侨民、奴隶、债务人以公民权，国王认为这些受惠于他的人将会坚定地站在自己一边。

米特拉达梯六世的行为激怒了小亚细亚、色雷斯、马其顿等希腊化世界的上层，其中很多人都是他亲密的朋友，本都国王正是通过他们来控制他庞大的领地的。假如说屠杀和发配还只是威胁到遭到国王怀疑的那些人，但给予所有城邦的侨民、奴隶、债务人以公民权则是触犯了古代地中海奴隶制城邦的存在底线。如果用一句更容易理解的话解释就是“礼崩乐坏”。这些贵族策划了一个阴谋，企图用谋杀国王本人来解决问题，但是其中的一个人向国王告了密，为了证实他并非诬告，他让国王待在他家的床下，亲耳听到密谋的内容。

米特拉达梯六世立即逮捕了密谋者，所有人在经过拷打后被处死。国王决定一劳永逸地避免遭到阴谋的伤害，他到处派遣密探，以寻找可能存在的阴谋，越来越多的人被牵连处死，许多人其实不过是密探们的私敌。与此同时，而被派来接替苏拉的罗马新司令官弗拉库斯在渡过亚得里亚海的时候遭遇到了风暴，军队受到很大的损失，后来又被本都军队击败，更重要的是他无法拿出足够的金钱来收买士兵(经过苏拉和本都军队的战争，希腊已经民穷财尽了)，士兵们认为他是个无能的指挥官，军队处于崩溃的边缘。不久后，弗拉库斯被自己的副将费姆布里亚杀死，而费姆布里亚不认为自己能够从苏拉手中争取到军队的指挥权，于是他就率领剩下的军队渡海入侵米特拉达梯六世的首府——帕加马王国去了。在那里费姆布里亚赢得了几次胜利，用劫掠满足了士兵的欲望。

而苏拉的处境也好不到哪儿去，虽然他赢得了两次辉煌的胜利，此时的意大利却控制在苏拉的死敌——民主派手中。民主派控制了政权之后，不但剥夺了苏拉的司令官头衔，而且宣布其为公敌，他所通过的法令也被废除，他的同党也遭到屠杀。苏拉的党徒们不得不从意大利逃亡到希腊他的营地里，要求苏拉率领他们重新打回罗马去。

然而士兵们却并不这么想，无论是从爱国主义还是自身利益的角度考虑，将对米特拉达梯六世的战争继续进行下去都要有利得多。士兵们跟随苏拉进攻自己的城市绝非是因为他们的政治观点与苏拉相同，公元前一世纪的罗马军队已经变为了一个完全独立的社会集团，士兵们唯一的政治观点就是将自己的短剑卖一个高价！即使是苏拉，也不能公然违逆士兵们的愿望，硬把他们带回罗马去。更何况，苏拉很清楚虽然他消灭了两支庞大的敌军，但米特拉达梯六世依然控制着从色雷斯到黑海东岸的广阔领土，随时都可能卷土而来，算得上是汉尼拔以后罗马最可怕的敌人。

最终是米特拉达梯六世的求和使者解决了苏拉的难题，米特拉达梯六世授给阿基拉斯全权向苏拉求和。毫无疑问，本都国王与两个敌人都有接触，但经过接触，他感觉到苏拉与费姆布里亚不同，前者很迫切地想要回到罗马去对付民主派，也有希望在短时间内结束战争的意愿。其次，米特拉达梯六世早在苏拉担任西里西亚总督的时候就与他打过交道，加上先前的战争，没有人比他更清楚这是一个多么可怕的敌人，国王很希望通过这次和谈与苏拉建立比较好的私人关系。而费姆布里亚无论是从拥有的兵力还是从控制的地域来看，都远比苏拉小得多，即使不用苏拉，只凭国王本人的力量也不难将他消灭。阿基拉斯一开始派出的使者是一个和他同名的提洛商人，但苏拉则表示他很高兴能够和阿基拉斯本人会晤。

最终，会谈是在靠近迪里姆（色雷斯沿岸的一座希腊城市）的一处阿波罗神庙中进行的。阿基拉斯提出己方的条款：米特拉达梯六世保留亚细亚的领土，而从马其顿和色雷斯以及爱琴海上靠希腊一侧的岛屿撤兵；苏拉还可以在回国对民主派的战争中得到本都海军和金钱的援助。苏拉拒绝了阿基拉斯的条件，提出了自己的条件：只要阿基拉斯交出手中的舰队，他就可以自己称王（他是卡帕多西亚人，有王室血统），罗马愿意将与他结盟，帮助他

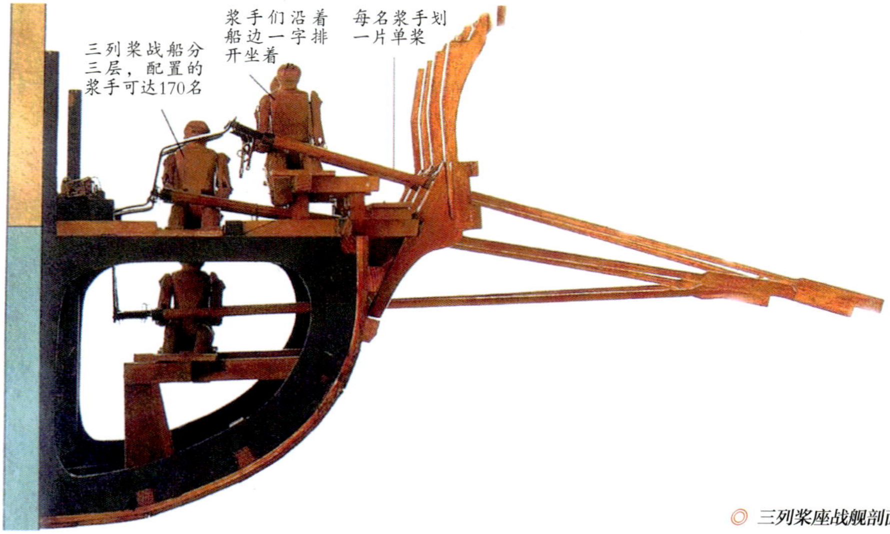

◎ 三列桨座战舰剖面图

与米特拉达梯六世交战。阿基拉斯严词拒绝了苏拉的提议，声称自己是国王的朋友，绝不会背叛国王。在经过艰苦的谈判后，双方达成协议，恢复到战前的状态。米特拉达梯六世放弃比提尼亚、卡帕多西亚、帕夫拉戈尼亚、罗马的亚细亚行省，将它们归还原主，保留开战前的领土，另外支付罗马人2千塔兰特的赔款和70条战船，并给予500名弓箭手。双方都释放手中的战俘，本都国王将成为罗马人民的朋友，与罗马结为同盟。现在就等着米特拉达梯六世批准了。

在前往米特拉达梯六世驻地的路上，苏拉很小心地给予阿基拉斯非常好的待遇。在阿基拉斯得病的时候，苏拉下令停止行军好让对方康复，并一反常态地将对方当做自己的同僚而非手下败将优待。苏拉释放了战俘中所有米特拉达梯六世的朋友，只留下了阿基拉斯的死敌，不久之后这个人还被毒死了。最后苏拉还赠给阿基拉斯一万亩位于优卑亚的地产，并给予他“罗马人民的朋友”的头衔。苏拉还散布谣言：阿基拉斯在奇罗尼亚战役中的不当表现，才是他赢得胜利的真正原因。显然，苏拉是想要破坏米特拉达梯六世对他最优秀将领的信任。

米特拉达梯六世派出的使者带来了回复：除了帕夫拉戈尼亚和船只以外，国王愿意接受条款。这就将阿基拉斯置于一个非常尴尬的局面，他不得不立即赶回国王那里，在他看来，这已经是能够争取到的最好的条件了。

阿基拉斯的谏言起到了效果，当然更大的可能是费姆布里亚在帕加马赢得的几次胜利迫使米特拉达梯六世做出让步。在公元前85年，苏拉与米特拉达梯六世本人会面，达成了和约。表面上看，这个条约对米特拉达梯六世颇为不利，因为他必须放弃现在还占领的许多土地，还必须支付赔款。但从另外一个方面考虑，费姆布里亚在帕加马王国的胜利正在威胁着本都国王对博斯普鲁斯海峡的控制权，一旦失去这个海峡，米特拉达梯六世的大军就会和黑海沿岸的本土分隔开来，此时位于黑海东北岸的博斯普鲁斯王国已经出现了不稳的迹象，尽快达成和约是必要的让步。而且国王很清楚，在达成和约后，苏拉就会立即替他解决费姆布里亚的问题，随后返回罗马对付民主派。如果罗马的内战长期化的话（这是完全有可能的），国王完全可以再挑起新的战争。至于赔偿的军费和船只，相对于在征服中掠夺到的财富来说不过是九牛一毛罢了。

苏拉的士兵们对统帅签订的和约非常不满，在他们看来这个国王是杀害了8万多罗马人的凶手，居然让他只需交出区区2千塔兰特，就可以带着四年来抢掠的无数财物回国，还能得到“罗马人民的朋友”的称号，这实在是太荒谬了。苏拉则回答假如自己拒绝和约，那米特拉达梯六世很有可能和费姆布里亚联合起来，自己有限的兵力很难同时打败两个敌人，随后他许诺将给予士兵们丰厚的补偿，于是士兵们就让步了。

与米特拉达梯六世达成和约后，苏拉就开始准备进行对罗马民主派的战争了。

不过在此之前要弄到一大笔钱塞住士兵们的嘴。他率领舰队前往伊利昂，那里是费姆布里亚的据点，在包围了这个城市后，苏拉要求对方交出军队，因为费姆布里亚是非法获得军事指挥权的（他杀死了弗拉库斯），而费姆布里亚则反唇相讥说苏拉的军权也是非法得到的。苏拉没有发起围攻，但是费姆布里亚的士兵很快就成群地翻过城墙跑到苏拉麾下了，因为在苏拉一边有着更光明的未来。众叛亲离的费姆布里亚最后只得让奴隶结束了自己生命。

解决了所有问题的苏拉开始处理战后的事务，他奖励那些在米特拉达梯六世入侵时依然忠于罗马的人。对于其余的人，他处以总数高达2万塔兰特的罚款，对于无力支付的，则没收土地、拍卖公民为奴以填补不足，而且他还下令所有米特拉达梯六世废除的债务和释放的奴隶都恢复原状，违令者处死。所有苏拉的士兵都有权作为贵客受到所在地市民的接待，每个主人必须用最好的食物款待士兵晚餐，并每天给一个士兵4德拉克马，一个百夫长50德拉克马再加上一件外衣。

在勒索到足够的金钱后，公元前84年，苏拉留下副将穆列那带领着费姆布里亚的那2个军团留在亚细亚，作为自己的代理人处理未完的事宜。自己和自己的军队从小亚细亚返回了希腊，在那里过了冬天。第二年春天，他率领军队入侵了意大利，在击败了民主派的敌人后，他成为了无限期的独裁者。苏拉不但恢复了他出征前的法案，还将大批自己的政敌列入了“公敌”名单，被列入公敌名单的人财产被没收，人身不再受法律的保护，任何将其杀死的人不但无罪反而可以获得2塔兰特的赏金。被列入公敌名单的前后有5千人，其中绝大部分都是属于元老和骑士阶层及富有的意大利人，这些人的巨额财富让苏拉和他的追随者成为了巨富，苏拉还将自己的士兵安置在没收的土地上，使其成为自己的坚定的支持者。

此时，苏拉留下的副将穆列那希望能够用一个凯旋作为自己竞选下一任执政官的砝码，并用劫掠物充实自己的钱袋；而在米特拉达梯六世一方，他也希望找到一个收回卡帕多西亚的机会。总之，无论是苏拉还是米特拉达梯六世，都没有把他们签署的和约当成长期性的，而只是当成一个短期的停战协定。这样一来战争的爆发就是迟早的事情了。

米特拉达梯六世返回本都之后，就招募新的军队，制造武器，他的理由是黑海东北沿岸的博斯普鲁斯王国和科尔基斯人背叛了他。但是米特拉达梯六世的行动规模之大，让人无法相信他的目的只是为了征服刻赤海周围的那些部落，而且本都国王还占据着卡帕多西亚王国的一部分土地，这块土地根据条约是应该交出来的。这个时候，苏拉的离间计起到了作用，米特拉达梯六世怀疑自己的将领阿基拉斯在与苏拉谈判时为了自己的私利出卖了国王，得知消息的阿基拉斯惶恐地逃往罗马人那里。作为本都的高级将领，阿基拉斯清楚很多军队的情报，他劝告穆列那应该先发制人，因为米特拉达梯六世正在策划反罗马的新战争。

穆列那终于等到了需要的借口，他于公元前 83 年春天率领军队入侵卡帕多西亚（米特拉达梯六世控制的那部分），在敌人的领土上大肆劫掠。而米特拉达梯六世并没有立即应战，他一面集结兵力，一面派出使者前往罗马控告穆列那的行为。元老院使者只是当着众人的面要求穆列那不要侵扰国王，但是穆列那并没有停止他的进攻。于是米特拉达梯六世派出军队进行报复。公元前 82 年，双方展开了激战，国王赢得了胜利，他的骑兵在平原上起到了很大的作用，穆列那只能沿着一条小路逃往福里基亚，沿途他遭到山民的不断袭击。

米特拉达梯六世的胜利让整个卡帕多西亚都投到他这一边来了。而当时苏拉已经彻底打败了民主派，建立了独裁统治，过着极其奢侈淫荡的生活。他并不愿意与米特拉达梯六世重新开战，打破现有的权力格局。（苏拉本人的身体状况十分糟糕，据说他有很重的暗疾，不可能亲自出征；而派另外的将领，则担心他可能会凭借战功夺取自己的权力。）因此苏拉派出使者前往亚细亚调停了战争，同时禁止罗马将领发动进攻，米特拉达梯六世接受了调停，他将一个四岁的女儿嫁给了卡帕多西亚的国王，通过这个借口他占据了卡帕多西亚最好的一块土地。于是第二次罗马与米特拉达梯六世的战争就这样结束了。

国王的最后尝试

苏拉的调停带来了很长时间的和平。这个可怕的独裁者在离开人世之前，凭借

◎ 罗马时代的海盗

着他的 12 万老兵一直掌握着共和国的最高权力。但苏拉很清楚，他摧毁所有社会政治制度所建立起来的独裁体制，依靠的社会基础是多么脆弱。意大利人、罗马平民、马略的老兵、骑士阶层、元老中的民主派，甚至他自己派别中的一些人都对现状不满。原因很简单，他触犯了罗马共和国的政治铁则——“轮流坐庄”。聪明的苏拉很清楚这一点，所以在公元前 79 年他的执政官任期到期的时候，就召集人民大会宣布自己交卸了本来是无限期的独裁权，现在已经是一个普通公民了。全场的民众默不作声，看着这个可怕的独裁者在朋友的簇拥下离开了会场。

在这样一种情况下，再一次挑起与米特拉达梯六世的战争是很愚蠢的了。而本都国王也在上一次战争中看到了罗马式军团面对他多民族混合军队的巨大优势，苏拉在两次决定性的战役中都战胜了数量上占巨大优势的本都军队。同时，国王本人在黑海沿岸的地位还不稳固，因此这个聪明的国王决定先稳固自己的后方，利用一

切资源加强自己的军队。通过军事征服和外交行动，他与多瑙河沿岸、南俄大草原上、高加索山脉的各民族酋长建立了很好的关系。而且他还用金钱支持和收买了地中海上的海盗，甚至支持远在西班牙行省的罗马民主派领袖塞多留，与他签订协议，从东西两面夹击罗马。

公元前78年，苏拉因病去世。他的死几乎立刻在罗马引起了一场内战。当年的执政官马尔库斯·埃米里乌斯·列庇都斯甚至在元老院里坚决反对为苏拉举行盛大的葬礼，如果不是庞培以自己极大的威望压制住了双方，恐怕内战就已经在罗马城内爆发了。在埃特鲁利亚的某些地区，被没收土地的市民们和苏拉的老兵发生了冲突，列庇都斯被元老院派去镇压，而他在征集了一支军队后就要求元老院恢复保民官的权力，赦免流亡者并要求成为第二年的执政官。庞培击败了列庇都斯，迫使他流亡到了撒丁岛。

而对罗马最大的威胁却是在西班牙的昆图斯·塞多留（Quintus Sertorius），他是泰纳和马略死后罗马民主派的领袖。苏拉建立独裁统治后，他不得不流亡到非洲作为一个小酋长的军事顾问，在那里他在和海盗的战斗中取得了好几次胜利，赢得了优秀指挥官的名声。公元前80年，他受一个名叫路吉塔里亚的起义部落邀请，来到西班牙成为反抗军的首领。在接下来的几年时间里，他不断赢得对共和国讨伐军的胜利，其中包括梅特鲁斯和庞培这样的名将。如果考虑到塞多留拥有的极其有限的资源，他可能是当时最优秀的统帅。

米特拉达梯六世静静地观察着这一切，他就好像一只勤勉的蜘蛛，无声地织着自己的网。国王与塞多留签订了秘密的盟约，给予对方金钱和战舰的支援，以牵制和消耗共和国的力量，同时换取军事顾问来帮助自己建立罗马式的军队。他还与地中海的海盗保持着良好的关系，这些海盗在第一次米特拉达梯战争后变得如此的强大，甚至有自己的港口、自己的城市、自己的舰队，可以围攻城邦和王国，已然成为东部地中海最强大的海上力量。国王还将大量的谷物分配给黑海沿岸的野蛮部落，以争取他们的好感，换取雇佣兵。

公元前75年，米特拉达梯六世的老对头——比提尼亚王国的国王尼科美德四世去世了。这位“恺撒的丈夫”在遗嘱中将自己的王国赠给了罗马，这种行为在共和国晚期的亲罗马的附庸国中很常见。因为从公元前二世纪开始，地中海东部的这些希腊化小王国普遍出现了经济和社会危机，普通公民普遍破产，有产者和无产者的矛盾极为激化。而元老院一贯是支持有产者阶层的，因此当王国的统治者感觉到无法继续统治下去时，就往往会将国家“赠送”给罗马，来维持旧有的秩序。

元老院接受了尼科美德四世的赠予，在那儿建立了一个新的行省，这无疑对米特拉达梯六世是一个严重的威胁，同时他也觉得这是个不错的借口。于是本都国王就在次年发动了战争，率领军队入侵了比提尼亚。同时，米特拉达梯六世的盟友亚美尼亚国王提格兰二世也入侵了叙利亚，将塞琉古王国的残余部分纳入了自己的帝国，这可能是事先约定好的行动。提格兰二世所建立的帝国是如此庞大，以至于他给自己加上了古代中东地区最高统治者的传统尊号——“众王之王”。

相对于指挥战争的能力，米特拉达梯六世选择战争时机的能力要强得多。如果我们将目光投向当时整个地中海地区，将会发现他选择了一个非常好的时机。从公元前 80 年开始，塞多留在西班牙行省建立了民主派的基地。这个有着非常杰出的组织和指挥能力的统帅把罗马的流亡者和西班牙当地的部族士兵联合起来，以非常温和的态度对待西班牙人，为统治区内的西班牙当地显贵的子女建立罗马化的学校，学习希腊语和拉丁语。塞多留对行省居民的做法在当时是绝无仅有的，赢得了西班牙人的爱戴。在战场上，先是梅特鲁斯，后来是庞培，元老院把手中最优秀的将领都派往西班牙，但在战场上却无法占得便宜。在公元前 74 年，罗马人最担心的并非东方的伟大国王，而是“新汉尼拔”入侵意大利。在公元前 73 年，罗马爆发了斯巴达克斯起义，在接下来的三年时间里，奴隶大军迫使元老院拿出全部力量来对付他们。而海盗舰队也是罗马共和国的巨大威胁，到公元前 60 年代，以克里特岛和西里西亚为基地的海盗舰队已经将自己的活动范围扩大到了整个地中海地区。他们甚至敢在意大利南部的坎佩尼亚登陆，洗劫了奥斯提亚（位于罗马西南 25 公里的海港，主要是为罗马承运来自北非和埃及的粮食）的港口与里面的船只，让依靠北非和埃及的面包过活的罗马人尝到了饥饿的滋味。

被派来对付海盗的是公元前 74 年的执政官——卢克优斯·李启里乌斯·卢库鲁斯和科塔。卢库鲁斯不但是苏拉的挚友，还是当时罗马最富有的人之一。在军事上，卢库鲁斯可能是元老院手中仅次于庞培的将领，而庞培当时正在西班牙对付塞多留。与苏拉不同的是，卢库鲁斯是一个品行端正的人，虽然他个人生活十分奢侈，但在公务生活中却公正严明。当卢库鲁斯抵达亚细亚行省的时候，发现当地的情况非常糟糕，罗马的高利贷者和包税人跟着苏拉的大军又重新回到了这片土地上，他们就好像蝗虫一样把一切都啃得干干净净，苏拉在战胜米特拉达梯六世之后对小亚细亚诸邦一共课以 2 万塔兰特的罚款，而包税人的同盟用两倍的价钱也就是 4 万塔兰特中标，而最后这些人用高利贷的方式一共获得了 12 万塔兰特的巨款。在这种情况下，几乎所有的小亚细亚人都将米特拉达梯六世的军队视为解放者，假如本都国王再次发出废除债务、解放奴隶的宣言，仅凭卢库鲁斯手中的几个军团是不可能控制得住局面的。

另外，卢库鲁斯的军队一共有 5 个军团，其中 1 个军团是他在罗马新招募的，其余 4 个军团（包括 2 个原先属于费姆布里亚的军团）都是驻扎在亚细亚行省的。这些军团已经军纪废弛，习惯在当地过着十分奢靡的生活。

卢库鲁斯不得不在当地停留了一段时间。首先，他下令限制高利贷的利息不能高于每月 1%，如果违反则债务取消，而且债权人拿走的金额不能超过债务人收入的

◎ 攻城中的楼车

四分之一。其次，他下令从严约束士兵。卢库鲁斯的行为虽然对共和国有利，但也激起了骑士集团和士兵们的痛恨，这也为他后来的遭遇埋下了伏笔。

在完成了准备工作后，已经是公元前71年了。卢库鲁斯得知，自己的同僚科塔鲁莽地向米特拉达梯六世发起了进攻，被他击败，还被包围在比提尼亚的首府——黑海的重要港口卡尔西顿之中。本都国王的舰队还突入港口，消灭了罗马亚细亚行省的海军舰队，形势非常危急。

卢库鲁斯立即率领5个军团和一部分骑兵出发，总兵力大约有3万名步兵，2千5百名骑兵。从败兵的口中，他得知围攻卡尔西顿的本都军队总数高达12万人，而且这些军队受过罗马式的训练，并非第一次米特拉达梯战争中那种多民族的乌合之众。考虑到当地已经进行了两年多的战争，粮食十分匮乏，卢库鲁斯决定用切断补给线的办法打败敌军。

在米特拉达梯六世军队的后方有一座小山，在那里可以威胁国王的补给线，因此有本都军队重兵把守。为了占领这座小山，卢库鲁斯决定采用欺骗的手段。在米特拉达梯六世的军队中有一位名叫琉西阿斯·马基阿斯的罗马流亡者，是西班牙的塞多留派给本都国王的军事顾问，深得国王的信任。而当时塞多留已经被叛徒杀害，卢库鲁斯就派出信使与其联络，以取消流放的条件收买了对方。琉西阿斯·马基阿斯谎称罗马军队中原先属于费姆布里亚的2个军团，因为不满卢库鲁斯的严苛军纪

◎ 带有顶盖和围壁的攻城锥

（这是实情），决定投靠到国王这一边来。米特拉达梯六世相信了这个说法，于是卢库鲁斯用这个办法占据了这个重要的据点。如此一来，国王的军队就被许多山脉和河流所截断，很难从陆路获得足够的粮食，只能依赖海运，而当地冬季风会很大，海路也会断绝。

面对困境，米特拉达梯六世有两个选择：利用自己兵力上的优势突围，但是这就必须放弃围攻卡尔西顿的计划；或者加紧围攻卡尔西顿，只要在冬天到来前攻下城市，就可以依靠城内的存粮过冬，而且控制了港口，就完全可以用大船运送补给了（因为米特拉达梯六世所控制的海岸线不适宜大船靠岸，只能用小船转运，受气候的影响很大）。最终，国王选择了后者。

为了进攻卡尔西顿，米特拉达梯六世采用了可行的一切办法。他用双重的堤坝封锁港口，用壕沟包围城市靠陆地的一边，修建土墩、攻城塔和带有护屋的攻城锤。他还将两条最大的四列桨战船并列着连接起来，形成一条双体船，在上面建造一个巨大的攻城塔，以便靠近海边的城墙时，从攻城塔上放下一座吊桥，这样士兵们可以直接登到城墙上。在准备好了这一切后，国王下令将俘虏的 3 千名卡尔西顿市民送到城墙边，企图用同胞的哀求来打动守兵，但守城的将军庇西斯特拉图回答：“那些让自己落在敌人手中的人应该坚毅地面对自己的命运。”

看到自己的计划失败了，米特拉达梯六世就下令用那个特制的机械登上城墙。但可能是准备不足的缘故，只有四个本都士兵登上城墙，其余的人没有跟上。守兵们鼓起勇气冲了上去，将这四个士兵丢下城墙，又将燃烧的松脂火把投掷到船只上，迫使其后退。

接下来，米特拉达梯六世采用了一切可能的办法围攻城市，可是守兵们向撞城锤投掷石块，用套索扯倒靠近的攻城塔，用装满羊毛的篮子保护遭到攻城锤撞击的城门和城墙、用水和醋灭火，用布幔来抵御箭矢和石弹。当天黄昏的时候，终于有一段城墙因为被焚烧而倒塌，但因为火势

◎ 保护士兵挖掘地道的顶棚

太大，无人敢冲进去。当天夜里，城里的居民又修建了一道新的城墙，夜里的大风又将国王其余的攻城器械破坏了。

就这样战争持续了下去，由于缺乏粮食和饲料的缘故，米特拉达梯六世不得不将自己的大部分马匹绕道送到比提尼亚去，路上遭到卢库鲁斯的袭击，大部分战马都落入了罗马人的手中。在此之后，米特拉达梯六世不得不采用挖掘地道摧毁敌人墙基的办法来摧毁城墙，但依然毫无收获。

战争持续到了公元前 71 年的冬天，缺乏粮食的米特拉达梯六世不得不考虑撤兵了。由于人数众多，只得绕道前往拉姆普萨卡斯（小亚细亚东北端靠近达达尼尔海峡的一座城市）。本都军队在半途中遭到了卢库鲁斯的攻击，损失巨大。国王本人随同舰队在退往本都的过程中遭到了两次暴风的袭击，几个亲信携带着国王的财产逃到卢库鲁斯一边。

现在的形势变得对米特拉达梯六世非常不利了，他的军队中受过最好训练的那部分都在不久前的撤退中损失掉了。虽然他的国库充裕，但临时招募来的新兵是不可能抵抗卢库鲁斯的老兵的。于是米特拉达梯六世不得不向东撤退，逃往他的女婿——亚美尼亚国王提格兰二世的领土寻求庇护。在撤退的过程中，国王带走所有能够带走的粮食，将其余的焚毁，以阻止卢库鲁斯得到补给，为了防止他的妻妾落入卢库鲁斯的手中，他下令将她们全部处死。

此后的战争持续到了公元前68年，从黑海东南的亚美尼亚到叙利亚的广阔土地，卢库鲁斯均赢得了很多次胜利，甚至攻占了亚美尼亚王国的国都。但米特拉达梯六世通过退却保存了实力，并通过退却消耗敌人的力量。随着时间的流逝，情况变得微妙起来。由于卢库鲁斯对士兵的纪律要求非常严格，禁止士兵劫掠主动投降的城市，所以胜利并不能给士兵们带来经济利益，士兵们非常痛恨他。而且卢库鲁斯在小亚细亚打击高利贷者和包税人的法令也触犯了国内骑士阶层和部分元老的利益。因此在公元前67年，罗马军队发生了哗变，士兵们要求退休并兑现奖赏，卢库鲁斯不得不撤退，罗马派了一个新的执政官替换他。转入进攻的米特拉达梯六世夺回了本都、卡帕多西亚，重新威胁罗马的亚细亚行省。

众叛亲离的结局

此时的罗马已经消灭了西班牙的塞多留、斯巴达克斯起义以及位于西里西亚和克里特的海盗。人民希望一劳永逸地解决对米特拉达梯六世的战争。公元前67年初，当时的保民官盖乌斯·玛尼里乌斯提出了一个惊人的法案：给予庞培东部的统帅权。他可以随意调配和征用意大利边界以外所有行省的军队和财力，并可以以共和国的名义向所有盟邦要求支援；有权力独立代表共和国向任何人宣战和议和。

这个法案立即在元老院掀起轩然大波，如果将不久前庞培在对海盗的战争中拥有的巨大权力联系起来，就不难看出这个提议违反了“轮流坐庄”的权力运行规则。虽然天才的演说家西塞罗在元老院做出了极其出色的演讲，但最终元老院还是否决了这个提议，不过在不久之后，人民大会还是强行通过了这个法案。

这是一个异乎寻常的决定，从罗马共和国的名称“元老院与罗马人民”来看，共和国的最高权力机构有两个：元老院和公民大会，但是在共和国历史的绝大部分时间里，公民大会是没有机会发挥自己的作用的，控制着元老院的寡头们采用宗教习俗、设置节日、发动战争等各种各样的办法限制人民大会的召开，将权力集中在元老院里。苏拉发布的新法案里干脆要求召开公民大会必须得到元老院的允许，庞培通过人民大会获得权力表明他正倒向了民主派一边，在这场战争结束后不久，他就成为了“前三头”的一员。

得到东部统帅权的庞培正在西里西亚，他很快接收了卢库鲁斯的剩余军队，开始向本都进军。得知这一切的米特拉达梯六世派出使者询问如何才能得到和平，庞培尽可能地用谈判来拖延时间，因为他同时在和新兴的帕提亚王国进行谈判。通过外交谈判，庞培以给予部分美索不达米亚的土地为代价拉拢了帕提亚王国，牵制住亚美尼亚国王提格兰二世使其无法支援自己的岳父。但庞培完成这一切后，就对本都国王下了最后通牒：“交出逃兵，然后无条件投降！”

面对庞培的巨大压力，米特拉达梯六世不得不退却，双方开始了一场漫长的追逐战。国王很清楚罗马军队的优点和缺点，他打算用距离的优势拖垮庞培，但是这次运气站在了庞培一边。在亚美尼亚的幼发拉底河上游某处，庞培在一次夜间的战斗中赶上并击溃了国王，仓促之间，米特拉达梯六世只能和少数随从逃亡到自己的女婿提格兰二世那儿，但是这次提格兰二世拒绝了他。原因很简单，根据与罗马人的条约，帕提亚王国从东面入侵了亚美尼亚，提格兰二世甚至不得不逃进山区以躲避帕提亚人的骑兵，在这种情况下，他已经不可能再和罗马人起冲突了。

失望的米特拉达梯六世只得向东北继续跋涉，在途中他遇到了一支骑兵和3千名轻装步兵，这是他仅有的军队了。幸运的是国王在一个要塞中预先保存了一大笔金钱和足够的补给，他给了士兵们一年的薪水后，就带着6千塔兰特和收容到的溃军前往黑海东岸的科尔基斯去了。在那里他度过了公元前66年的冬天。在第二年，他率领着军队沿着黑海的东岸向处于他儿子玛卡列斯统治下的博斯普鲁斯王国（今天克里米亚半岛一带）前进，由于没有舰队，米特拉达梯六世不得不越过满是西徐亚部落的荒野地带。要通过这片旷野是极为艰难的，不过这位已经年近70的老人战胜了这一切困难。凭借他的声望和外交才能，绝大多数西徐亚酋长们都赠送礼物给他，派出护卫护送。其中最有势力的一部分甚至还娶了本都国王的女儿，与其建立了联盟。因此当他的儿子玛卡列斯得知，父亲在这么短的时间内穿过无人通行过的荒野抵达自己的王国边界时，不禁大吃一惊。

早在卢库鲁斯与米特拉达梯六世交战时，玛卡列斯就背叛了他的父亲并与罗马人签订了联盟。因此当他得知米特拉达梯六世抵达自己的王国时，立即派出使者为自己辩护。为了逃避父亲的惩罚，玛卡列斯乘船逃往位于黑海南岸的刻索尼苏斯，他还烧毁了其余的船只以防止米特拉达梯六世追击。但是米特拉达梯六世找到了一些其他的船，当玛卡列斯发现自己无路可逃时就自杀了。在控制了博斯普鲁斯王国之后，米特拉达梯六世处死了自己离开这里时留下来的所有朋友，但是却没有伤害自己儿子的朋友，他觉得这些人所做的一切都是忠诚于朋友，无可厚非。

在再一次求和被庞培拒绝后，米特拉达梯六世决定实施一个极其宏伟的计划：他打算把黑海北部南俄大草原和多瑙河上的那些蛮族部落团结起来，组成一支大军沿着陆路入侵意大利。也就是说，米特拉达梯六世想要成为阿提拉和拔都的先行者。

为了执行这一计划，他向王国的居民课以重税，建立了一支3万6千人的军队还有一支舰队。国王讨好蛮族人的行为激怒了王国的希腊籍居民，他们一贯是仇恨这些草原上的蛮族人的。第一个起来反抗的是位于今天塔曼半岛上的帕那哥尼亚，随后凯尔索尼索斯、提奥多西亚以及许多其他的城市也发生了反叛。此时又发生了一件让国王极其愤怒和绝望的事情：米特拉达梯六世曾将许多黄金放在青铜容器里，再用铁包裹起来，隐藏在一座要塞里作为备用，管理这个要塞的是国王的一个妻子，但妻子看到国王逃往黑海北岸，觉大势已

◎ 罗马化的本都士兵

1: 无名战士
2: 狄奥斯克里德斯
3: 萨伊塔斯

去的时候，就将这个要塞里的黄金献给了庞培，请求庞培保证假如俘虏了她的儿子，不要伤害他。庞培应允了这个母亲，而米特拉达梯六世得知这个消息后，愤怒地将这个儿子用酷刑处死，抛尸荒野以报复妻子的背叛。

米特拉达梯六世的行为弄得人人自危，士兵和军官们也对远征意大利的前景感到惶恐不安，即使是国王的法定继承人法那西斯也是如此。在他看来，假如现在和罗马人议和的话，他也许还能保住这个王国（博斯普鲁斯王国），而假如父亲的计划被执行了，那王国一定会被毁灭的。于是法那西斯策划了一个阴谋，当阴谋被破获后，法那西斯的同谋者都被施以酷刑之后处死了，而他本人却被宽恕了。因为一个国王的顾问劝说米特拉达梯六世：在远征之前处死自己最重要的儿子是不吉利的，而且这不过是法那西斯在惶恐中做出的决定。米特拉达梯六世被说服了，就宽恕了儿子。

但法那西斯决定把阴谋继续进行下去，因为只有这样他才能真正安全。王子很清楚士兵们对未来的远征是惶恐的，于是他自己本人和使者来到军营里，向军官和士兵们讲述蛮族人的不可信以及远征的困难，又用各种许诺来收买他们，将绝大部分士兵争取了过来。

第二天清晨，叛变发生了。绝大部分士兵都加入了叛军，除了对远征的畏惧，还有一些迷信的因素，士兵们认为米特拉达梯六世已经年老，已经为神所厌倦，换一个年轻的王子要有利得多。

米特拉达梯六世为嘈杂声惊醒，他赶忙来到军营，想挽回局面，他大声问士兵们需要什么，士兵们回答：“我们要求你的儿子做国王，要一个青年人，而不是一个被宦官所左右的老年人，一个杀了这么多儿子、将军和朋友的刽子手！”

但看到事情已经不可挽回后，米特拉

◎ 本都历代国王的岩穴坟墓。请注意山上人工开凿的石穴，那里便是历代本都国王的陵墓所在

达梯六世决定结束自己的生命，以免落入罗马人的手中。首先他用毒药处死了身边的妻妾和两个女儿。处死了她们之后，他自己也服下了毒药，然后快步疾走好让毒药更快地发作。但是由于他从幼年时就采用经常服用微量毒药的办法锻炼抗毒性的缘故，毒药始终未能发作，绝望的国王不得不恳请身边的一位高卢军官杀了自己。

就这样，米特拉达梯六世结束了自己的生命。法那西斯将自己父亲的尸体送到了庞培那儿，并祈求能够继续统治祖传的王国（即本都王国和博斯普鲁斯王国）。庞培在确认了米特拉达梯六世的身份后，下令给予符合国王身份的葬礼，将他安葬在本都历代国王的王陵之中。至于法那西斯，庞培把博斯普鲁斯王国留给了他，除去帕那哥尼亚，因为这个城市是王国中第一个起来反抗米特拉达梯六世的。

当一切尘埃落定，就出现了文章开头的那一幕。罗马人击败了最后一个传统势力范围里的挑战者，属于罗马人最辉煌的时代来临了！

格涅乌斯·庞培

Pompey

功败垂成的罗马前巨头

作者 / 董狐

崇拜朝阳的人自然多于崇拜落日的人。

——庞培

地中海世界也许注定是个无法平静的地方。就在波希战争之后的三百多年时间里，雅典经历了由盛转衰的转变；之后希腊北边的马其顿暴然崛起，建立了拥有前所未有的宽广疆域的亚历山大帝国；亚历山大死后他建立的帝国又陷于分裂，然后爱琴海区域开始平静下来。这时世界的目光开始转向地中海中部地区，在那里，一个新的强权正在崛起，很快这个强权的名声就会超过雅典、马其顿、迦太基……它就是罗马！

罗马经历了一场场辉煌的战争，击败并征服了所有能征服的敌人，从罗马共和国变成罗马帝国，帝国的基业持续数百年，成为古典时代欧洲–地中海世界最伟大的帝国。

当希腊人还在和波斯人在希腊半岛鏖战的时候，罗马人民也赶走了他们的国王，结束了王政时代，迎来了共和时代。罗马人的来源，据他们自己说是在希腊人围攻特洛伊时，维纳斯女神的儿子埃涅阿斯及其追随者从城里逃出来，沿北非西行穿过迦太基，来到了亚平宁半岛。关于罗马城的建立，也有一段近乎神话的传说：罗穆卢斯兄弟从小被篡权者扔在台伯河畔，他们做国王的外祖父也被驱逐出境，一只母狼发现并哺育了罗穆卢斯兄弟，直到他们被一名牧羊人所救。两兄弟长大后杀死了敌人，帮助外祖父恢复了王位，但兄弟俩离开外祖父，最后在牧羊人发现自己的地方创建了罗马城。罗马人的祖先被狼哺育大，这可能冥冥中预示着罗马人今后野心勃勃、不断对外征服的历史。罗马在血雨腥风中成长，在征服了一个又一个敌人后走向辉煌。本书中前三位枭雄——伊庇鲁斯国王皮洛士、塞琉西国王安条克三世、

◎ 意大利罗马帕拉佐博物馆中的母狼育婴青铜雕像，反映了传说中的罗马早期历史

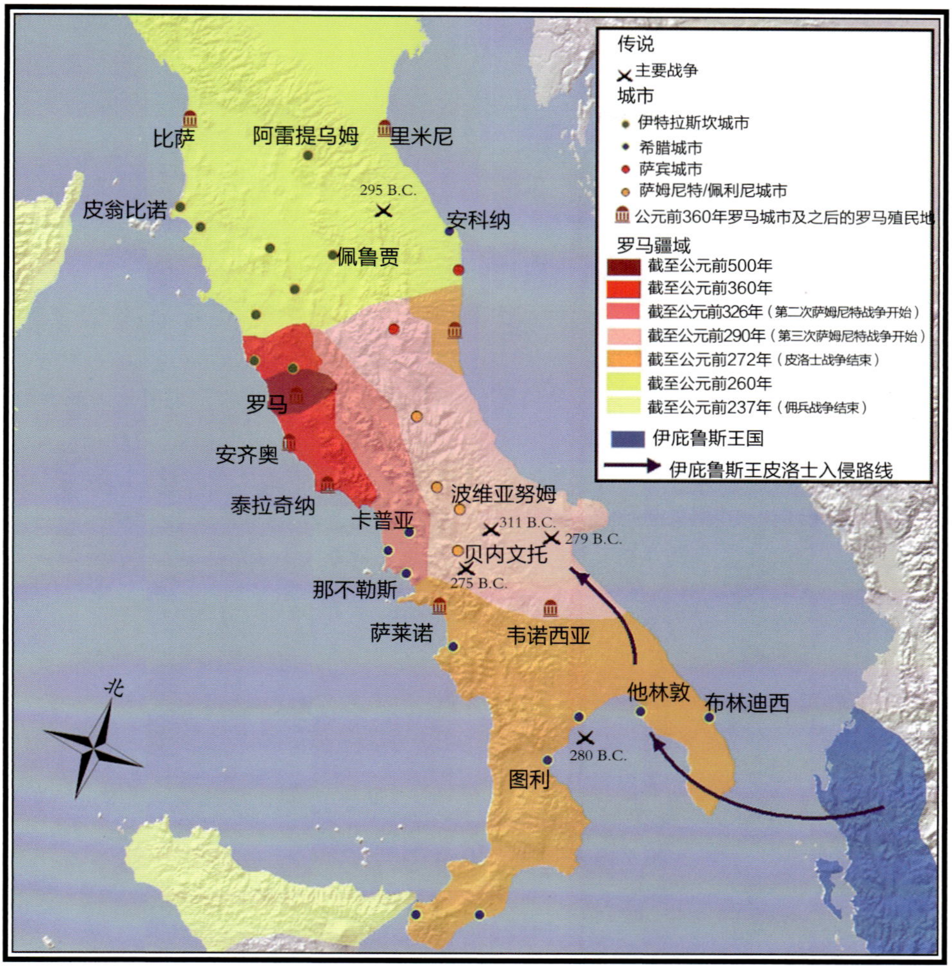

◎ 罗马早期疆域

本都国王米特拉达梯六世也都在强悍的罗马人面前折戟沉沙。

共和时代的罗马就在军事上取得了辉煌的战绩，在希腊世界逐渐衰败的时候，他们却渐渐征服了半岛上的“拉丁同盟”、伊特拉斯坎人、半岛南部的土著和希腊殖民城邦，统一了亚平宁半岛，成为地中海地区新的霸主。在随后的几百年中，他们通过三次布匿战争永远地击败了海上强国迦太基，此前迦太基名将汉尼拔一度攻入罗马本土，给几乎亡国的罗马人留下了极其可怕的印象。为了永远消灭对手，占领了迦太基的罗马军队烧光了所有的建筑物，杀光所有的青壮年，把妇女和儿童全部卖去做奴隶，并在在迦太基人的土地上撒上盐作为诅咒。显赫一时的迦太基自此在世界历史永远地消失了。

与此同时，罗马军队通过数次战争征服了从亚历山大帝国中分裂出来的马其顿，控制了整个希腊地区，除了波斯帝国的继承者帕提亚帝国，罗马人在当时的已知世界里已经成为最强者。和希腊人比起来，这时的罗马人是以野蛮的征服者形象出现的，以至于后世长期流传着罗马士兵杀死阿基米得的故事。

在长年的对外征服中，罗马人学习了很多对手的战术，建立了一套非常行之有效的军事制度和战术体系，这些正是罗马军队能够屡战屡胜的关键因素。早期罗马军阵也是希腊式的方阵，但是他们很快发现这种战术不太适用于多森林、丘陵的亚平宁半岛，于是就进行战术改革，大约在亚历山大大帝东征时期，罗马军团的作战体制渐渐定型。

罗马军队是西方古代史上最早用短剑而不是长矛作为主要兵器的军队，罗马军团步兵的主要武器是著名的“西班牙短剑”（Gladius Hispaniensis），这种短剑刃长60至70厘米，刀锋尖锐，能刺能砍。据说罗马重装步兵都是优秀的剑手，精于逼近格斗，西班牙短剑在他们手上就成了令人胆寒的屠刀。据李维记载，马其顿战争时期罗马军队的短剑往往造成敌人残肢断臂、开膛破肚的可怖伤创，这让马其顿士兵大为惊骇，士气低落。罗马军团的另外一件标志性武器就是重型标枪（Pilum）。这种标枪借鉴了萨姆尼特人的军事技术，铁质枪头长30至50厘米，异常纤细，前端是金字塔形枪尖，枪身是一条长1.5米的木杆，全重约5公斤。投射时标枪射程大约30米，

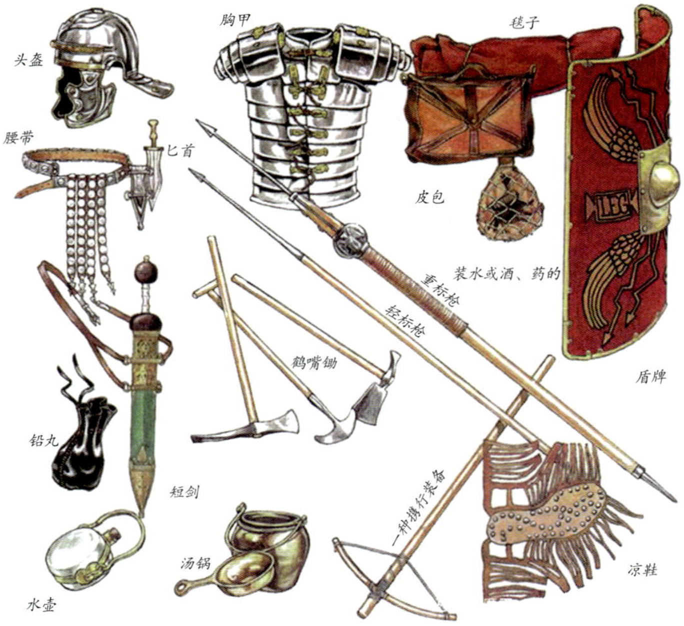

◎ 罗马军团重步兵的装备图解

◎ 罗马士兵复原图

威力惊人，能够穿透古典时代的所以铠甲。罗马人的重型标枪的设计也有很多独到之处：枪头往往带有倒钩，在贯穿敌人的盾牌之后，即使不伤人也难以拔除，挂在盾牌上非常碍事，造成敌人行动困难；标枪在落地之后细长枪头会折弯，这样可以保证不被敌人利用。此外罗马士兵使用的盾牌也比希腊步兵大得多，高1.3米、宽0.6米，呈长圆形，木制蒙皮用金属条加固，据说这种盾牌是从凯尔特人那里学来的，后来渐渐演变成长方形。罗马军团的锁子甲也是学自凯尔特人，这种盔甲也比希腊盔甲的防护更全面，因此罗马士兵在战场上生存的机会也大大增加。

罗马军团的战斗阵型是著名的“三线阵列”（Triplex Acies）。由青年兵组成第一阵列，壮年兵组成第二阵列，老兵阵列在最后面压阵。一个罗马军团的标准战斗序列，包括10个中队[①]的青年兵1200人，10个中队的壮年兵1200人，10个中队的老兵600人，另外还有1200名辅助轻步兵和300名骑兵，总共4500人。决战之前，罗马军团鱼贯出营，排出三线阵列，罗马部队占据中央，联盟部队分居左右，骑兵在两翼掩护。各个方阵紧密相连，不留空隙。战前需要经过一次变阵，各纵队之间留出空隙，后面的辅助轻步兵从空隙中来到最前面。列阵完毕，罗马军团稳步向前，逼近敌阵。当进于交战距离时，罗马军团停住，第三阵列的老兵左腿跪地，盾牌下端抵地，上端斜靠在左肩上，右手持矛，斜向前方竖立，做出这种标准压阵姿势。此时阵前的轻步兵向敌阵投掷数轮标枪，然后迅速从阵列空隙退到老兵后面，然后再变换阵型，堵住空隙。

罗马军团第一阵列做好准备即发起攻

① 在早期罗马军团的编制中，一个大队一般为450~570人，其中包括一个少年兵中队（辅助轻步兵）120~160人、一个青年兵中队120~160人、一个壮年兵中队120~160人以及老兵中队60~80人。也就是说，中队（也有的地方把中队翻译成小队）编制是120~160人，一个中队被分为两个百人队，但其实没有200人。

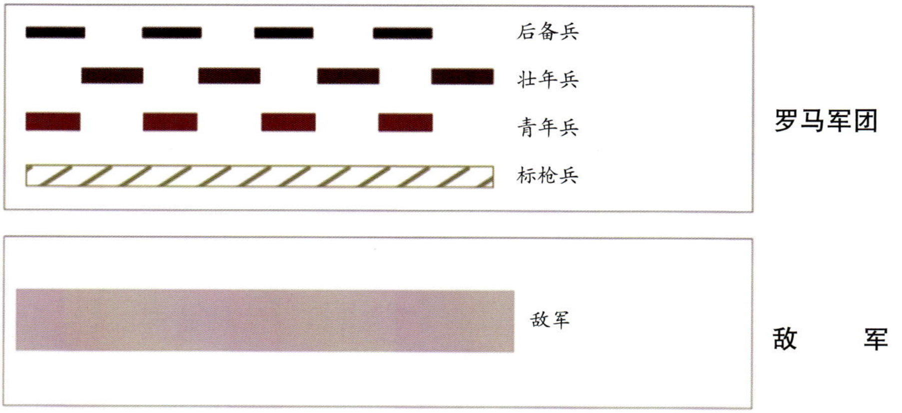

◎ 罗马三线式列阵图解1：当时典型的布阵方式

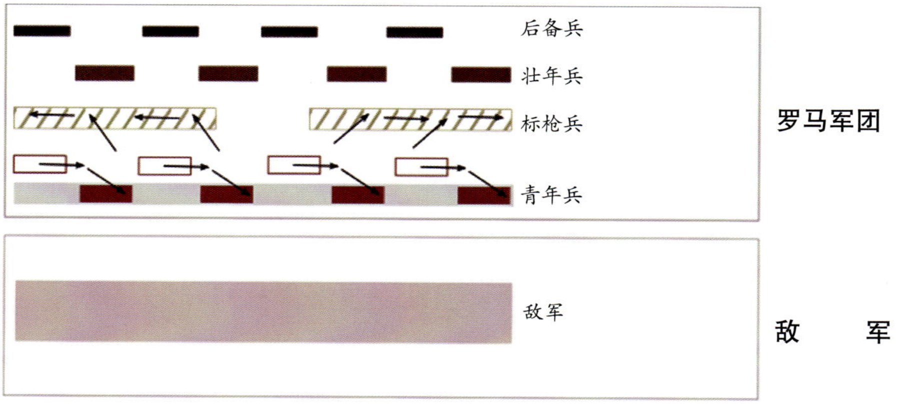

◎ 罗马三线式列阵图解2：标枪兵在投掷标枪后撤到青年兵方阵之后，由后者发起第一波攻击

击。青年兵发出惊天动地的“战吼”（War Cry），奋力向敌手投出手中的标枪，然后左臂拎着盾牌，右手握着短剑冲向敌阵，全身的力量都灌注到盾牌上猛烈撞击敌人，力求将敌兵撞翻。接下来罗马士兵开始展示独特的战术动作，他们俯低身子，盾牌端扛在左肩继续向前冲撞，右手短剑却猛力刺向右前方的敌兵。这个战术动作出其不意，相当有效，因为敌军士兵的注意力集中在对面的罗马士兵，对来自右前方的攻击往往疏于防范。罗马步兵的这个动作近乎机械，通常是右臂弯曲，从下往上猛刺敌兵的腹部，因为这个部位往往缺乏防护，而且比较致命，往往刚一接触就刺倒最前面的一排敌人，给对手带来极大的心理震撼。

如果青年兵经过苦战未能击溃敌军，罗马将领便会吹响号角发出指令，调遣第二阵列接敌。两个阵列互换位置的过程相当复杂，第一阵列各中队的左侧方阵移至

◎ 罗马军队单兵格斗技巧

◎ 战斗中的罗马军团

右侧方阵的后面，这样的话阵型就会留出空隙，然后第一列阵整体后退，第二阵列向前推进，从第一阵列的空隙穿过，进入战场。然后各中队排在后面的方阵移向左前方填上空隙，进行新一轮的攻击。如果罗马青年兵和壮年兵都被击败，那么他们会迅速退到第三阵列后面重组，老兵们编结成长矛密集阵阻挡敌军，残存的青年兵和壮年兵也会组成一条阵列，和老兵一道进行作战。

在同各个不同战术风格的敌人作战时，罗马军团的这种战术所向无敌，他们的正面进攻锐不可当，三条阵列交替攻击，不断对敌阵施加压力。这正是希腊密集阵望尘莫及的优势，而且罗马步兵小方阵也比希腊密集阵更加机动灵活，对地形的适应性更强。

除了重步兵外，罗马军团还有大量的轻步兵（Velite），即上文所说最先向敌人投掷标枪的辅助步兵。这个兵种约占军团编制总数的三分之一，通常由最年轻、最贫穷的公民组成。他们的装备更加简陋，只戴一顶头盔，身上不被甲，装备一面 90 厘米直径的碟形圆盾（Parma），以及几支轻型标枪和一柄短剑。轻步兵的主要作用是远距离投射标枪骚扰敌军，只有万不得已才拔出短剑近身格斗。

◎ 罗马士兵在投掷标枪

罗马的骑兵则是社会精英的代表，因为武器、盔甲、马匹都要自备，所以其成员（Equites）必须要求个人财产在40万铜币（相当于400盎司黄金，约12441克）以上，基本上只有贵族世家子弟和最富有的公民才能跻身罗马骑兵的行列。然而罗马的步兵传统根深蒂固，罗马骑兵虽然自诩精英部队，战斗效能却名不副实，在罗马战术体系中一直处于从属地位。据波利比乌斯记载，罗马骑兵最早的时候装备跟轻步兵一样，完全无法胜任近距离格斗，在战争中只能起到侦查、骚扰、追击残敌等作用。大概在皮洛士战争时期（公元前280年～公元前276年），罗马骑兵仿照希腊骑兵重新进行装备，头戴视野开阔的波奥蒂亚头盔（Boeotian Helmet），身披锁子甲，武器是一面圆盾、一支长矛以及一柄短剑。大约在汉尼拔战争时期，罗马骑兵又开始采用高卢人发明的四角马鞍，这种马鞍有四个犄角，可以夹住骑手的大腿和腰臀，这样一来骑兵在马上的稳定性大大增加，相应的战斗力也大幅提升。不过罗马历次对外战争决胜的核心力量依然还是重步兵方阵，这种情况一直延续到罗马帝国灭亡为止。

◎ 慕尼黑古代雕塑展览馆的盖乌斯·马略半身像

在罗马共和国前中期，罗马军队和希腊军队一样是市民组成的义务兵，类似于同时期西汉“兵农合一”式的征兵制。按照规定，17岁到46岁的罗马公民都要服兵役，而且武器需要自己筹备，入伍后这些士兵按照年龄和所持财产多少被分为4个兵种。而47岁至60岁的市民，虽不需要参加野战军为罗马作战，但有义务在需要时随时应召参加城市守备部队。这种公民兵制的好处是国家可以节省大笔的军费开支，而且全民皆兵，动员能力极强。缺点是公民兵并非以军人为唯一职业，往往战斗力比不上职业常备军，不过罗马公民兵一直保持了职业军人的水准。此外这种兵制必须要以大量自耕农为基础，一旦这个基础遭到破坏，那么公民兵制就会陷入兵源枯竭的境地。

由于连年征战，罗马士兵很多死于战火，其他人也因为长年出征无暇耕作土地，最后导致破产沦为无地者，公民兵制的基础遭到严重破坏。正在此时，罗马的北非盟友——努米底亚的国王朱古达因为对王位继承问题的不满，对罗马采取敌对政策，①罗马军队前往征讨，却屡屡失败。平民组成的部族大会选择将领出身的马略担任执政官，并由他全权指挥北非战事，从而掀起了“马略改革”的序幕。

◎ 战败被俘的朱古达被铁链锁着带到苏拉面前

马略改革的主要内容是以募兵制代替征兵制。他首先取消参军的财产限制，宣布凡是自愿且符合条件的罗马公民，包括无财产者都可以应募入伍。这样就解决了困扰罗马多年的，因资格符合者不足而导致的兵源匮乏问题。以往罗马军队的服役期一直没有统一标准，有时只有数月甚至数日，有时却长达数年。针对这种情况，马略规定士兵一旦入伍必须服役满 16 年。这实际上是把罗马军队明确为一支全部由职业军人组成的部队。在服役期间士兵由国家统一供养，并按照等级发给薪酬。士兵退伍后，还能在被征服地区分得属于自己的一块土地。这样就使士兵们退役后的生活也有了保障，大大确保了士兵对罗马的忠诚。

◎ 马略率军征讨高卢

实行募兵制后，士兵的武器装备由国家统一配给，而且规格、样式也得到统一，便于军队补给。再加上服役时间的延长，军队能够进行长期的正规训练，十分有利于战斗力的提高。后来这支经过马略严格训练的军队在战场上连连获胜，公元前 105 年，朱古达被马略的副将苏拉活捉，

① 公元前118年，罗马盟友、努米底亚国王米西普萨去世，其子朱古达杀死了同父异母的兄弟希耶姆普萨尔，将另一个同父异母兄弟阿德赫巴尔赶到了罗马。在罗马的斡旋下，两人瓜分了努米底亚王国。朱古达只得到了王国的西边，深感不满；公元前112年，朱古达出兵占领了整个努米底亚并杀死了当地所有来自意大利的商人。公元前111年，罗马元老院向朱古达宣战。

朱古达战争以罗马的胜利告终。之后马略又挟胜利之威转战高卢，连续击败两股日耳曼部落，再次为罗马赢得赫赫威名，马略也因此被称为“森布里人和条顿人的征服者”以及“第三位罗马之父”。

马略的改革挽救了罗马的危机，却无意中开启了一个新的时代。因为军队性质发生变化，涌现出一大批以战争为唯一职业的军人，这就为军阀乃至军事独裁的产生提供了肥沃的土壤。事实上也正是如此，在之后的罗马历史中，依靠军事力量取得帝国最高权力的人物层出不穷，军事寡头之间的内战连绵不绝，罗马也即将从共和时代过渡到军人掌权的帝国时代，世界历史也即将翻开新的一页。而本章的主人公——格涅乌斯·庞培（拉丁语：Gnaeus Pompeius Magnus）也在此时脱颖而出。

崛起的罗马将星

庞培出生在罗马城中的一个贵族家庭里，其父斯特拉波·庞培不仅是罗马共和国负有盛名的军事统帅，而且也是贵族派的代表人物之一。公元前89年，斯特拉波·庞培担任共和国执政官，在意大利同盟者战争中表现出色，征服了萨宾和皮凯努姆地区。作为胜利者的回报，他在皮凯努姆地区拥有大量的土地和保护民。

庞培青少年时期受过良好的教育，具有相当高的文化修养，对当时先进希腊文化非常仰慕而且造诣颇深。同时由于受到家庭的熏陶，他又酷爱军事，17岁时就随父出征，去镇压拉丁同盟的叛乱。

“同盟者”是罗马人对意大利半岛上其他不具备罗马公民资格居民的称呼。他们不能享有和罗马公民同等的政治经济权利，却要履行各种义务，因此长期存在不满情绪，最后终于爆发武装暴动。他们以阿斯库伦城为发源地，席卷意大利半岛中部和南部。“同盟者”暴动的目的是为了争取罗马公民权，他们甚至以科菲纽姆为中心创立了一个名叫“意大利”的国家，并设元老院、执政官等机构，铸造货币。罗马元老院非常震惊，于公元前90年派两名执政官及一批将领（包括马略和苏拉）前往镇压。战斗进行得十分残酷，罗马军队付出重大代价。罗马以往的征服战争一般都在意大利半岛之外，对付的是组织纪律都不如罗马人的民族。但这次的对手完全不同，意大利各城邦长期跟罗马协同作战，使用同样的装备，遵循同样的战术，懂得罗马人所有的取胜之道。而且意大利半岛处处叛乱，敌人甚至一度打到了罗马城外，罗马人不再有稳定的后方。双方各自动员了差不多十万军队，也有文献记载罗马和拉丁联盟的兵力对比是处于劣势，大约是1∶2。罗马在两年之内阵亡三名执政官统帅，另病死一名，始终无法取得决定性胜利。

最后，在一些人的建议下，罗马方面调整策略，同意做出让步。凡愿意效忠罗马并在规定时间内放下武器者，将被授以罗马公民权。因为达到了斗争的目的，“同盟者”军队很快被这个命令所瓦解，只有马尔西人与萨谟奈人坚持反抗，直到公元前88年也宣告失败。经过这场战争，多数

“同盟者”不同程度地获得了罗马公民权。

少年庞培也跟随父亲参与了这场战争，并且在战争中有过不错的表现。数年的战场生活教给他很多宝贵的经验，并且对他今后的人生产生了深刻的影响。在同盟战争中获胜之后，“老庞培”卸任执政官，回到东海岸领地皮西努姆（Picenum）。而“老庞培”手下的三个军团既不解散也不转交给别人，而是直接带回了皮西努姆。苏拉派遣庞皮乌斯前往接替“老庞培”，但不久军中发生兵变，庞皮乌斯也被杀死。这件事说明此时的罗马军队已经完成沦为将领的私人武装，而这支武装也是庞培此后起家的资本。

这时的罗马又陷入一片混乱的状态，马略和苏拉正在进行着内战，昔日共和国的秩序荡然无存。无论谁胜利，等待罗马的都将是军人独裁。共和国正处于向帝国转变的前夜。

按照普鲁塔克所著《希腊罗马名人传》中的说法，马略出身骑士阶层，公元前155年，生于阿尔皮努姆（Arpinum，今阿尔皮诺）城。在历史学家的笔下，马略是一个典型的外粗内细的形象，他受过完善的教育，但是厌恶希腊文化，威严朴素，有点不善言辞。他是个天生的军人，而且是“士兵的将军”，喜欢跟普通士兵同甘共苦，御下颇严但是赏罚分明。除了杰出的军事天赋外，马略对政治也有浓厚的兴趣，然而不幸的是，他从来都是一个糟糕的政治家，缺乏基本的政治眼光，并不为元老院所喜欢，但得到骑士和平民阶层的支持。而苏拉的性格和马略迥然不同，他出身没落贵族家庭，幼年受过基本教育，个性开朗而随和，不像马略那么严厉，像希腊人那样喜欢戏剧，这点也跟马略形成鲜明对比。

◎ 庞培半身雕像

同盟者战争中，苏拉由于表现异常出色，成为罗马最耀眼的一颗将星，战后又担任执政官，是马略的强有力竞争者。同盟者战争胜利后，罗马准备征讨本都王国，马略和苏拉开始暗中争夺远征军的统帅权。马略虽然已经年老，却得到了平民党领袖萨尔皮西乌斯的支持，如果在公民大会上表决，肯定能胜过对手苏拉。普布里乌斯·苏尔皮克优斯·卢福斯提议给在同盟者战争中获得罗马公民身份的拉丁人平等的选举权，马略为了获得平民党的支持，也赞成这个改革。元老院极力反对改革，自然也不愿让马略出任远征军统帅，于是拉拢苏拉以抗衡马略，并以祭祀为借口推迟表决。普布里乌斯·苏尔皮克优斯·卢福斯率领暴民冲击元老院，追打两名执政官。苏拉从元老院逃走，却误入马略家中。马略逼迫苏拉同意不再推迟表决后将他放走，如愿以偿地当上了远征军的统帅。

可得到安全后的苏拉却不肯认输，他连夜赶到仍在清剿同盟者残余力量的军中，向士兵们宣称共和国正处于危急之中，号召士兵跟随他进军罗马，消灭威胁共和国的叛徒。自从马略军事改革之后，罗马士兵们开始效忠统帅个人而不是共和国，因为对一个以打仗为终生职业的军人来说，除了从军之外没有别的选择，只有相互紧密结合，形成一个牢固的整体，才能更有效地保障自己的利益。因此士兵毫不犹豫地追随苏拉，向罗马进军。

得到苏拉进军罗马的消息，罗马元老院也大惊失色，数次派人劝阻苏拉，但苏拉只是表面上答应，进军的步伐丝毫未停止，很快就已经兵临城下。因为罗马城平时不能驻军，马略一时间找不到可以作战的部队，想要武装奴隶，却得不到他们的响应。最后马略只得逃出罗马前往北非努米底亚，凭借朱古达战争中积累的威望，在那里找到了落脚处。后来马略也组织了一支军队，准备继续和苏拉争夺罗马的统治权。苏拉凭借兵权赢得了政治斗争的胜利，然而这个行为却开了一个恶例，此后有无数罗马将领效仿他的行为，元老院被驱赶解散成了家常便饭，原有的共和制度遭到彻底的破坏，军事独裁时代已经来临。

苏拉控制了罗马之后大肆清洗马略同党，但很快又带兵前往东方征讨本都。这时的罗马执政官秦纳和元老院闹翻了，他也学习苏拉召集军队进攻罗马，此时“老庞培”坐拥重兵却不加干涉，而苏拉留在本土的另外一支军队被马略的盟友拖住。

马略得到消息后立刻从北非出发返回罗马，沿途招募大量军队和秦纳汇合。罗马眼看又要沦陷，“老庞培”忽然带兵赶到罗马，名义上是帮助元老院抵御马略，实质上是先把罗马控制在手中，然后静观局势变化。正在这时，“老庞培”忽然被雷电劈死，少年庞培觉得自己无法处理如此复杂的局势，于是带兵悄悄地返回了皮西努姆，在那里继续观望局势的发展。

马略和秦纳双双当上了执政官，继续派遣军队去东方征讨苏拉。次年，刚当了17天执政官的马略病死了。经过数年的战争，苏拉击败了本都国王米特拉达梯六世迫使其退出占据的希腊，又凭借威望收编了前来讨伐他的罗马政府军，回师国内，一场内战即将爆发。

公元前83年，苏拉留副将穆列那（Murena）带领费姆布里亚留下的两个军团镇守东方，他自己率领4万主力精锐在意大利本土塔兰托港登陆。庞培这时意识到只有苏拉才能成为最后的胜利者，此时投靠他对自己十分有利，于是开始四处招募军队。利用“老庞培”在皮西努姆的威望，他在非常短的时间内又招募了一个军团。

此时罗马政权还在秦纳的掌握之下，在前往和苏拉汇合的路上有重重障碍，然而这次庞培显示出了过人的军事天赋，带领部下冲破了罗马军队的很多条防线，顺利通过许多城市，而且缴获了大批的武器和战马。

庞培的到来得到了苏拉的热烈欢迎，因为此时平民党一方军事力量还很强大，庞培这样颇有军事才能的地方实力派正是他所需要的。因为及时带兵赶来汇合，年仅 23 岁的庞培成为苏拉的得力助手，这也正是他此后飞黄腾达的起点。

在随后的战争中，苏拉战胜了三支平民党军队，占领罗马，而且将平民党核心人物“小马略”（马略的儿子）围困在普莱内斯特城。庞培作为副将在半岛北部地区作战，有过不俗的表现。后来平民党统帅加博所部被驱赶南下，与苏拉率领的军队对峙。为了救出被围困的“小马略”，加博派出多达 8 个军团的迂回兵力，希望绕开当面的苏拉军队进入普莱内斯特城，不料半道上被庞培截击，8 个军团只回来 7 个大队。[①]这时平民党败局已定，主要首领都已经逃走，剩下残部集中起来反扑苏拉，双方在罗马城科林门外展开了在罗马本土的最后一战。战况非常激烈，苏拉左翼被击溃，他本人也差点阵亡，最后逃出战场，然而克拉苏的右翼却取得了胜利，导致平民党人最终失败，而另外一颗耀眼的政治新星、庞培未来的强劲对手克拉苏也在此战中展露锋芒。

罗马本土的战事结束了，苏拉最终击败了平民党，夺取了罗马的最高统治权。执政之后，苏拉实行了一系列的政治改革。首先他恢复了独裁官的职位，这是自从费边（汉尼拔入侵时拯救罗马的英雄）以来罗马第二位独裁官，接着公民大会批准苏拉为独裁官，任期不限。这样一来，苏拉便集国家大权于一身，成为名副其实的独裁者。苏拉还扩充了元老院，将其成员增至 600 人，而且恢复了民主改革前元老院的特权：任何提案不经元老院审议不得提交公民大会，此前由骑士控制的常设刑事法庭也收归元老院掌握。代表民主改革成果的保民官的权力被剥夺殆尽。除此之外，新的罗马政府还大兴土木，废除了面向城市贫民的廉价配粮制度。自此罗马正式进入军人独裁时期，也开了后世军人独裁之先河。

战争结束后，庞培为了与苏拉的关系能更紧密，加强自己的地位，抛弃了自己的妻子，和苏拉的女儿结婚，个人地位更加巩固。此时平民党所有首领几乎全部被杀，只剩下两个人。一个是数月前逃到北非的加博，一个是逃到西班牙的森图里乌斯。“小梅特卢斯”（被马略流放的梅特卢斯之子）被派往西班牙进攻森图里乌斯，森图里乌斯后来在这里又坚持抵抗了十几年。与此同时，庞培则受命领兵前往西西里岛追击加博，在这里他抓住了刚从北非赶来的加博，然后处死了他。

① 一个罗马大队一般为450～570人，考虑到作战时会配属一些骑兵部队，因此规模可能要比标准编制更大一些。

◎ 颇具威名的努米底亚轻骑兵

消灭加博之后，庞培奉命继续向北非进军，征讨此前支撑马略的努米底亚国王多米提乌斯。双方展开对峙，战场上忽然天降暴雨，多米提乌斯的军队开始后撤，庞培却抓住时机向敌人进攻，击溃了立脚不稳的敌军。此战震惊了努米底亚，很多城市不战而降，仅用了 40 天时间，庞培就横扫北非，占领了整个努米底亚。为了稳定局势，庞培杀死了这里所有属于马略派系的罗马守将，而且撤换了亲马略的努米底亚国王。

北非之战的辉煌胜利大大提高了庞培在罗马的声望，正当他在港口整装待发，踌躇满志打算回国的时候，苏拉向他传达了命令，要他解散军队，只留下一个军团。庞培军队的士兵集体哗变，他们要拥戴庞培杀回罗马消灭苏拉，新的内战到了爆发边缘。庞培凭借个人威望努力说服士兵，平息了哗变，并跟苏拉讲和，最后还是带领军队回到罗马。庞培要求苏拉为自己举行凯旋仪式，苏拉则警告庞培不要违背法律，因为当时罗马法律规定只给有巨大战功的执政官、行政长官举行凯旋式，而庞培连元老都不是。不过庞培毫不退让，他嘲讽苏拉说："崇拜朝阳的人自然要多于崇拜落日的人"。为了安抚庞培，苏拉破例为庞培举行了非洲之战的凯旋式，并授予他"伟大"的称号。

罗马最有权势者

公元前 78 年，苏拉病死，各方蓄积已久的对苏拉独裁的不满如火山爆发般涌出。新任执政官马尔库斯·埃米里乌斯·列庇都斯废除苏拉宪法，而元老院宣布列庇都斯为祖国公敌，派庞培进行镇压，庞培很快就取得了胜利。在列庇都斯死后，其子"小列庇都斯"前去投靠马略的外甥恺撒。

第二年夏，庞培又奉元老院之命讨伐在西班牙的另一民主派领袖昆图斯·塞多留（Quintus Sertorius）。尽管庞培拥有出色的军事才能，然而这次在塞多留面前他却显得力不从心。庞培的军队一踏上西班牙领土，就遭到塞多留军队的迎头痛击。在公元前 75 年的苏克罗镇大战中，庞培军一败涂地，他本人身负重伤，险些被俘，在之后的塞恭提亚之战中，庞培军又接连失利，始终无法战胜敌人。对西班牙的征战费尽了庞培的心机，耗掉了他本人和国家的大量财富。公元前 72 年，塞多留军中一些部将和士兵发生哗变，塞多留为其部将所刺，这才给了庞培转败为胜的机会，

◎ 斯巴达克斯的最后时刻

得以平定了塞多留运动。

就在庞培征战西班牙的同时，罗马爆发了斯巴达克斯领导的声势浩大的奴隶起义。在西班牙取得胜利后，庞培又奉元老院之命，回国增援正在镇压斯巴达克军的克拉苏。等庞培的军队赶来时，克拉苏已经消灭了斯巴达克军主力。奴隶军余部5千人从战场北面突围出来，正好被庞培迎面拦住。庞培残忍地将这5千人全部处死，这件事也导致他在历史上恶名昭彰。

在平定这场史无前例的奴隶起义之后，庞培和克拉苏都赢得了巨大的政治利益。他们率军回到罗马后，拒绝了元老院发出的解散军队的命令，在城外驻扎。在公元前70年度的执政官选举中，他们两人同时申请参加。但按照当时的法律，庞培未达到成为候选人的最低年龄，而且也不具备选举必需的担任过财务官或法务官的经验。尽管如此，由于两人战功卓著，最后还是被罗马公民选举为公元前70年度的执政官。然而有的历史学家认为，庞培破格当选的主要原因在于他驻扎在罗马城外的庞大军团所施加的无形压力。

苏拉死后，民主派的力量又重新开始出现在罗马政坛上，得不到平民支持的苏拉派渐渐失势，民主派声势大增，庞培便见风转舵，倒向民主派，采取各种措施讨好骑士和平民。庞培和克拉苏当选为执政官之后，颁布和实施了一些有利于平民的政策：恢复苏拉统治前的公民大会和保民官权力；恢复分发廉价粮食；法庭交给由元老、骑士和最富有的平民组成的委员会，此外他们还清洗了元老院中苏拉的60名党羽。通过这些措施，庞培博得了广大罗马公民的好感。

当时地中海的海盗异常猖獗，成了罗

马的心腹大患。战胜迦太基人之后，罗马人虽然取得了地中海的霸权。但与腓尼基人、希腊人不同，他们不是航海民族，不可能在很短的时间内建立起自己的庞大舰队，同时他们也不善于在海上从事贸易。于是，罗马人便只好从腓尼基人、希腊人等被征服民族中征召人员从事海上贸易。这些人当然不会效忠罗马人，而有些腓尼基人干脆和希腊人联手，在海上从事劫掠活动，骚扰和劫掠罗马。从达达尼尔海峡到直布罗陀海峡，到处都有他们的身影。

随着罗马国内两极分化的加剧，沦为赤贫的自由民和奴隶难以谋生，此时也纷纷出海为盗。由于他们人数众多，很快成了底层海盗的主要来源。处于极端贫困之中的他们，“成队地在海盗领袖的指挥下出动，进攻未设防的城镇，大肆劫掠，把比较富裕的公民劫持到他们隐匿的港口里，扣押他们，以索取赎金”(《传记集: 庞培传》，普鲁塔克）。海盗们围攻城市，蹂躏岛屿，迫使居民们向他们缴纳贡赋，被俘的富有居民要么交纳高额赎金才被释放，要么干脆被卖为奴隶。海盗们猖獗一时，以至于在海上过往的船只觉得处处都是陷阱，找不到一处安全的航道。在罗马帝国的高层，以马略为代表的民主派和以苏拉为代表的贵族派一直在进行斗争，甚至政权几度易手。海盗们于是利用罗马共和国内战造成的虚弱，封锁了罗马海上贸易的商道，从埃及运来的粮食仅有三分之一能运到罗马，其余的均落入海盗之手，罗马出现了严重的粮荒，形势异常危急。

元老院不得不组织军队，征讨海盗，但历经多次作战几次都未取得胜利。更为严重的是，海盗后来甚至和罗马的贵族骑士们串通一气，肆无忌惮地袭击来往商船，

◎ 镶嵌画中的罗马海军

洗劫沿海城市，并将掳来的人口卖作奴隶。由于罗马赖以生存的粮食运不来，饥饿开始威胁着罗马，居民开始谴责元老院，指责他们在与海盗的斗争中的无能。很快公民大会任命庞培为剿匪军队的统帅，授予他前所未有的权力，并且给他配备25名副职，12万名步兵，4千名骑兵以及270艘战舰，限期3年内肃清海盗。

面对新的战斗形势，庞培总结了之前清剿海盗失败的教训，他首先从提高军队的战斗力入手。虽然这支12万人的大军是罗马军团中的精锐，但是他们只懂得陆战，没有海战经验，甚至连基本航海技术都不懂。为了尽快具备海战的能力，庞培从被征服的海上民族中征召有经验的水手，由于这类人才很多，征兵也进行得十分顺利，很快组建了一支军队。与此同时，为了补充舰船上的人员，庞培又征召了一批外国水手。但考虑到他们有叛变的可能，这些外国水手一律不配发武器，主要担任培训罗马士兵的任务，任务完不成便要受罚。在军队编制上，庞培将优秀的士兵与有经验的水手分在一起，让他们发挥各自的优势，组成一个新的有战斗力的军事单位。

在大战略上，庞培采取了重点出击和全面进剿相结合的办法，分步骤分阶段地进行，将几个最大的海盗列为讨伐的主要对象。为此，他把西地中海地区划分为12个军事区，每一个军事区任命一名指挥官，配以不同数量的战船和士兵。安排已定，庞培将所有部队分为九路，分片包抄，步步进逼，在西班牙、高卢、亚得里亚海、西西里、撒丁等地区附近的海域，同时进剿海盗。而对于力量最强的爱琴海和小亚细亚沿岸的海盗则推迟攻击。经过40天的战斗，庞培军队将活跃在从墨西拿海峡到直布罗陀海峡之间广大海域的西地中海海盗几乎全部肃清。西部海盗被消灭之后，庞培不给其他海盗喘息的机会，立刻又马不停蹄地把战场转向东地中海，他的军队所向披靡，海盗连遭败绩。一连串的失利使各个海盗据点被恐惧情绪所笼罩。海盗们只好从公海上退却，藏匿到一些小岛和狭窄、幽长的海湾深处。为了防止海盗东山再起，庞培在这些地方的出口处构筑了要塞，从此以后海盗再也不敢明火执仗地出入公海抢劫商船了。

庞培清剿海盗的战役取得了阶段性胜利，罗马的海上贸易船得以自由地往来于各个港口，给处于饥饿之中的罗马居民运来了宝贵的粮食，海盗对罗马的威胁已基本解除。在商船的安全得到保障以后，庞培开始了下一阶段的计划，他要彻底消灭海盗，务必杜绝海盗的再生。这时海盗们已军心大乱，部队也四分五裂，大部分人如惊弓之鸟，惶惶然不知所措。针对这种情况，庞培果断许诺：凡不战而降的海盗可得到赦免。这个决定彻底地瓦解了海盗的军心，罗马人只是在基里基亚遇到了抵抗，其他地方的海盗连续不战而降，就连他们的海盗船也全部落入罗马人之手。

庞培围剿地中海海盗的战争，仅仅用3个月的时间就取得圆满胜利。被罗马军队俘虏的海盗高达2万多人，此外还有1万多海盗在战斗中被打死。共有400艘海盗船被缴获，800多艘海盗船被焚烧和击沉。

经此一战，罗马人基本上肃清了地中海主要航线上的海盗。

庞培的老竞争对手克拉苏此时仍在担任执政官，拥有最庞大的军队和罗马首富的称号，但是其战功远不足以和庞培相比。史料记载此人极其善于敛财，当时罗马的房屋很容易着火，他专门组织了一支救火队，一旦哪里失火马上赶到，以极低的价格从绝望的房主手里买下房屋，然后再开始救火。通过这种方式克拉苏在罗马城内获得了数以千计的房屋。此外克拉苏还拥有无数的银矿，以及人数众多、分工明确的奴隶。在收买人心方面克拉苏充满了慷慨和吝啬的两面性：他经常借钱给朋友而不收利息，不过借期一满却又立即无情地逼债。据说克拉苏倾心于亚里士多德的学说，当他远游国外时，总是由一位学者陪伴。每次，这位学者都能得到一件旅行用的斗篷，但是回来之后就被收回。他经常在家中盛宴款待平民百姓；在街上，不论对方地位多么低贱，只要向他打招呼，他都能叫出对方的名字。正如历史学家所说，“他不是一个忠实坚定的朋友，也不是一个冤仇难解的敌人，一旦涉及他的切身利益，他可以毫不迟疑地摆脱个人恩怨”（《克拉苏传》，普鲁塔克）。立场变化无常的克拉苏并不像个将军或政治家，倒更像一个商人，他善于收买一切有价值的东西，尤其是人心。从元老院到最底层，他都拥有无数的债务人与支持者。虽然克拉苏缺少庞培那样的军事才能，但这样一个对手无疑也是很强大的。

◎ 最早由恺撒所兴建的阿庇亚古道

庞培的第二个强劲对手恺撒此时还是个小人物，在声望和地位上远不足以和庞培、克拉苏相比，而且作为马略派他也一直饱受排挤。庞培结束清剿海盗的行动后，恺撒也已经结束西班牙总督副手的任职返回罗马。公元前 66 年，恺撒被委任为“阿庇亚大道管理人”，职责是维护这条连接罗马和布尔迪西的大道。因为工作出色，后又出任新的罗马市政官，主要负责城市的公共设施（特别是神庙）的建设和维护，以及市场的管理等日常生活事务。为取悦平民阶层，恺撒组织了许多次公共竞技比赛，兴建了许多公共建筑，虽然成果显著却负债累累。

就在苏拉死后罗马局势再度一片混乱时，罗马的老对手、本都国王米特拉达梯六世再次向罗马宣战，意图夺取小亚细亚北部的比提尼亚。本都军分头并进，击败罗马驻军，占领比提尼亚，很快又进一步攻占赫勒斯滂沿岸大部地区。罗马统帅鲁库鲁斯率大军反击，迅速收复失地，夺回比提尼亚，并攻入本都境内，米特拉达梯六世逃往亚美尼亚，但不久又卷土重来。

◎ 西塞罗在元老院发表谴责喀提林的演说

公元前66年初，公民大会通过保民官马尼利乌斯的提案，任命庞培为征讨本都的统帅，取代已取得重大战果的鲁库鲁斯并接管其军队。庞培来到东方后，首先同本都国王进行谈判，他要求本都无条件投降，却遭到了米特拉达梯六世的拒绝。于是他率军围攻本都，切断通往城内的粮道，以威逼他投降。最后本都国王率精兵突围出城，庞培领兵紧追不舍，在幼发拉底河上游追上并击溃了本都军队。米特拉达梯六世只带了800名骑兵突出重围，庞培率军继续追击，一直赶到伊伯利亚（今格鲁吉亚）和阿尔巴尼亚（今阿塞尔拜疆），打垮了这里刚崛起的势力——亚美尼亚。但因罗马军团在山区作战存在巨大困难，庞培这才不得不中止这次行动，只满足于外高加索山区部落对罗马表面上的臣服，率军退回本都。

庞培在东方征战的时候，罗马国内的政局却是波谲云诡，其典型代表就是竞选公元前65年度执政官时发生的喀提林阴谋。候选人喀提林被指控曾在阿非利加长官任上犯了勒索罪，当时罗马外任官员贪赃枉法现象极为普遍，对这一问题的处理本来是可松可紧的，而主持竞选的现任执政官图利乌斯偏偏严格要求，取消了喀提林的候选人资格。用历史学家的话说，这“只反映出派别斗争的激烈。而并不说明这个可以出售的罗马在政治上已经有了执法严明的迹象”（《喀提林阴谋：朱古达战争》，撒路斯提乌斯）。喀提林大为恼火，居然和另外一名落选者组织一批暴徒，打算在两位当选者于元旦宣誓就职后，在朱比特神殿同元老院成员见面时杀死他们，不过阴谋最后宣告流产。事实上这件事反映了部分共和派贵族的企图，他们因选举舞弊失败而采取暴力手段，意图在庞培回来时将罗马主要行政官职位控制在自己手中。

公元前63年，米特拉达梯六世自杀身亡，至此庞培胜利地结束了米特拉达梯战争。结束战争之后，庞培把比提尼亚和本都合并，变成新的罗马行省，随后又灭亡叙利亚地区的塞琉古王国，把这一地区也变为罗马行省，大大拓宽了罗马的疆土。他在小亚细亚、巴勒斯坦等地插手当地事务，在加拉太、卡帕多基亚和犹太扶植了新的国王，使东方一些国家变成了罗马的附庸，此外又侵犯帕提亚的几个附庸小国，并与帕提亚边境的总督们密谋，企图干预帕提亚内政。依靠这些，庞培本人成了东方一些王国的“王中之王”，他的权力和威望达到了顶点，已经成为罗马最有权势的人。

罗马前三头同盟

公元前 62 年，满载着来自东方的战利品，庞培率领军队返回罗马。一回到罗马，庞培便立即解散军队，专注于私人生活。不过，这只是他的韬晦之计。庞培绝对是个野心勃勃的人，而且有着出色的军事和管理才能，他也渴望通过这些才能达到顶峰的顶峰。

庞培之所以那么做，是他一直认为自己离不开元老院，如果没有元老院的支持，他将会寸步难行。元老院多年来对罗马的的事实统治使其享有绝对的尊严和权力，庞培觉得必须尊重他们。自共和国初期以来，元老院便充当政治中心机构的角色，成为罗马政治生活中举足轻重的权力象征，“元老院从官员的顾问会转变为名副其实的管理机构，而官员只是它的执行工具，元老院在对外和战方面的权力主要体现在对军费的最终决定权和对军政（区别于战时的军令权以及平时的统兵权）的控制权上”(《罗马政制史》,(意)弗朗切斯科·德·马尔蒂)。同时，元老院在祭祀、外交乃至经济上都具有绝对至上的权力，虽然没有法律强制要求官员必须履行元老院的命令，但官员们也会因担心卸任后被追责而不敢与元老院发生冲突。虽然也有人质疑元老院的统治权，但只要不到万不得已，庞培是不会这样做的。

可是不久庞培就发现，自己在放弃军队的同时，也丧失了对元老院的控制。他要求元老院正式批准自己的建议，在东方各行省实施各项措施并为老兵分配土地作为退休金补偿，但元老院找出种种借口推诿不批。当时，西塞罗正在劝导社会各阶层进行合作，共同保卫宪法，从而结束罗马的政治纷争。庞培特别希望精英派的代表元老院和“骑士派”所代表的富商阶层能够精诚合作，并希望这种“各阶层的和谐”可以在自己的领导下得以实现。

然而元老院对他在东方擅自将行省包税权给予骑士的做法非常不满，更害怕他利用自己的威望实行军事独裁，元老院拖了一年时间才为庞培举行了凯旋式，而且对庞培的各种请求最后也予以拒绝，这使得庞培大为恼怒，对元老院的态度由合作开始转为对抗。

正当庞培返回罗马的时候，恺撒此时再次陷入债务危机。出人意料的是，这次是克拉苏帮了他。其实，两人之间的关系并不好，恺撒早年在小亚细亚被海盗俘虏的时候曾经说过：“克拉苏，你听到我被俘的消息时该有多么高兴啊。”然而克拉苏却看出恺撒将来必然能成大器，甚至在恺撒与自己妻子通奸之后还出资帮他竞选。在恺撒动身去西班牙就任行政官之前，债主们追上门来扣住了他的行装，克拉苏出来为恺撒的巨额债务做了担保，恺撒这才得以脱身前往西班牙。

刚一抵达西班牙，恺撒就发动了对卢西坦人和加拉埃西人的进攻，这次行动为恺撒带来了丰厚的战利品和巨大的声望。在行省秩序得到恢复后，因为次年的执政官选举日期迫在眉睫，恺撒甚至不等继任者到达，就匆匆离开行省返回罗马。公元前60年，恺撒率部抵达罗马，部队就驻扎在城外。恺撒希望元老院为他在西班牙取得的辉煌胜利举行凯旋仪式，同时又想得到次年的执行官席位。根据法律，他必须以普通公民身份入城，才能成为候选人。如果他进入罗马城，他就必须丧失军事指挥权，不得不解散自己的军队，这也就意味着放弃凯旋仪式。同时，恺撒和元老院的关系并不好，因为他曾指使保民官克劳狄指控以西塞罗为首的元老贵族在挫败喀提林阴谋时，未经审判就处死了罗马公民，致使西塞罗被放逐。现在，恺撒却请求元老院允许他作为缺席候选人，以便能够在不必在场的情况下参选，元老院自然搁置了对恺撒这项要求的讨论。最终恺撒选择了解散军队，同时放弃了凯旋仪式，以普通公民身份成为执政官候选人参加选举，在选举中他获得了成功。

克拉苏此时也支持庞培的提议，他希望有一群税吏在亚洲行省实行包税制，以豁免一部分税收，但也遭到元老院的断然拒绝，这导致元老院与克拉苏之间的关系恶化，也疏远了骑士派。

到了这时，三位新崛起的强势人物全部站到了元老院的对立面，不过他们三人之间也存在矛盾。首先，恺撒是马略的外甥，而庞培和克拉苏都是苏拉的追随者，双方正是水火不容的敌对派系。庞培和克拉苏之间在苏拉死后一度也有过矛盾，不过在共同的敌人——元老院面前，之前的恩怨甚至派系出身的不同都显得不重要了。

克拉苏是个标准的政治投机者，从来不会把个人恩怨置于政治利益之上，而且他还有着极其丰厚的家财，虽然身为富人阶层的代表却在平民当中有着不错的民意基础；庞培是个很有军事才能的统帅，多年的征战让他在军中培养了一大批铁杆追随者，在努米底亚、西班牙、地中海以及东方的一连串胜利也让他在罗马享有极高的威望，绝对是个举足轻重的人物，这时他正受到元老院的排挤，政治上也迫切需要盟友；刚在战争中崭露头角的恺撒虽然没有庞培的赫赫战功，也没有克拉苏的巨额财富，但他的政治智慧比前两人更加高超，“在口才和行动上强而有力，在任何方面敢作敢为，随便对什么事都信心百倍，为了追求荣誉，不惜钱财，耗尽他的家产”（《罗马史》下卷，阿庇安），此外作为马略的支持者，加上此前为平民营建了不少公共工程，恺撒在平民中也享有比较高的声誉。现在的恺撒野心勃勃，希望在罗马政坛上占有一席之地，因此只要克服狭隘的个人恩怨，三人还是有广泛的合作基础的。

在恺撒的说服下，庞培和克拉苏结束了长期的敌对状态，三人秘密结成同盟，即历史上的“前三头同盟”。这一天，罗马城中举行了一个规模盛大的特殊婚礼：年近 50 岁的庞培挽着一个 14 岁少女走向了神庙。为了巩固联盟关系，庞培娶了恺撒的女儿茱莉亚。

一个全新的时代开始了，正如历史学家所说，“前三头同盟是一种非法的、秘密的集体专制，是对腐朽没落的罗马共和体制的革命，古典作家将前三头同盟的形成作为罗马共和国毁灭的开始”（《罗马：从共和走向帝制》，宫秀华，第二版）。

按照同盟协议，“这个国家的任何一项措施都不得违反他们三人之一的意愿”（苏维托尼乌斯语）。公元前 59 年，恺撒出任执政官，他设法通过有利于庞培和克拉苏的法令，如给老兵分配土地、降低包税人的租金等。作为马略、秦纳事业的继承人，恺撒还有意培植自己作为平民领袖的声誉。除加强宣传笼络人心外，恺撒还进行了一些民主化的改革，比如通过土地法，使 2 万名贫民获得土地，并指使亲信到处为民请命，煽动贫民反对元老贵族。恺撒执政的风格类似于格拉古兄弟，对元老院的反对完全不予理睬，甚至随时准备以动用武力（他可以调用庞培手下的老兵）恐吓政敌。同年当选的另一名执政官毕布路斯自忖无法对抗“三头同盟”，以正在提防不祥征兆为借口，申明正式停止处理所有事务，退出政治活动直到任期结束，恺撒得以大权独揽，“毕布路斯和恺撒执政之年”变成了“尤利乌斯·恺撒执政之年”。

恺撒在西班牙的行政官任期将满，需要重新再分配一个行省，元老院为了尽最大可能削弱恺撒的影响力，便打算将无关紧要的行省分配给他，让他掌管森林和牧

◎ 罗马军团与高卢军队作战

场。但恺撒迅速做出反击，让保民官瓦提尼乌斯在公民大会通过法律，将山南高卢和伊利里亚分给他管理五年，并赋予他任命自己的副职的权力。这时山北高卢总督突然死亡，元老院便把山北高卢也分配给了恺撒。元老院之所以这样做，是因为恺撒在平民中有广泛的支持，现在不给他这块地方，公民大会最后还是会奖励给他，那样恺撒反而更加光荣，元老院没有必要在一件做不成的事上刁难恺撒。

执政官任期满了之后，恺撒把庞培和克拉苏留在罗马以保护他的利益，自己则前往高卢地区，开始了一段属于自己的伟大征服历史。

恺撒向高卢进军时只率领了4个军团的兵力，其中一个军团还是庞培的部队。和以往衰朽的东方古国不同，这次恺撒的对手都是一些能征惯战的蛮族，他们不仅数量极其庞大，而且作战勇猛，在这些原始部落里，得到别人认可的唯一方法就是杀人，因此他们的个人格斗经验和技巧都要大大超过罗马士兵。而且这些蛮族体格异常强壮，据史料记载他们比当时的罗马士兵平均要高一个头左右，确实是非常难以对付的敌人。然而罗马军团却有着极强的组织性和纪律性，哪怕遭受严重的伤亡也能坚持作战，况且他们装备精良、战术先进，在正面对敌中往往能击败数量比自己多的蛮族。再加上恺撒也是一位极其杰出的军事天才，他善于周密侦察敌情和地形，不局限于单一的战术，而是根据不同情况采用灵活多变的作战方式，指挥军队行动果断、目的坚决，善于利用有利地形迅速构筑工事，擅长使用快速机动兵力实施突然打击，一旦击溃敌人则必定要穷追不舍，务求全歼敌人。此外恺撒还注重采取外交手段，运用谋略和计策分化瓦解数量上占优势但意志不统一的众多部落，而且取得了非常好的效果。

恺撒在高卢南征北战，一度跨海进入不列颠，立下了罗马历史上前所未有的战功，甚至超过了庞培。据普鲁塔克记载，恺撒在征战的七年间，突击占领了800多个城市，征服了300多个部落，与总数达300万的高卢人作战，其中100万人被歼灭，100人被俘。后世历史学家对这些数字的真实性表示十分怀疑，认为存在严重的夸大成分，尽管如此，恺撒的赫赫战功还是毋庸置疑的。

恺撒在高卢的辉煌胜利为罗马共和国带来了深远的影响：大量的奴隶与财富源源流入罗马，刺激了罗马经济的发展；丰饶的高卢地区从此正式划入罗马版图，使罗马的疆土得以扩展到莱茵河西岸和比利牛斯山脉以东，并远至不列颠。对恺撒个人来说，高卢征服给他带来了空前巨大的声望和一支能征惯战的庞大军队：据记载他已经拥有了10个军团的精锐部队。所有这一切自然也引起了庞培和克拉苏的嫉妒，“三巨头同盟”开始出现危机。

此时罗马城内也是暗潮涌动，前三头同盟看起来几乎到了瓦解的边缘。普尔赫尔原先是“三巨头”的盟友，可他于公元前58年当选保民官之后就开始利用一伙暴民对罗马实行恐怖统治，甚至还煽动公众仇视庞培。人们不可避免地猜测，他受到了恺撒或者克拉苏的教唆。庞培于公元前57年获得地方总督五年的任命，他利用职权控制谷物供应，借以增强自身的影响力。在是否要为埃及国王复位设立一个军事要塞的问题上，庞培和克拉苏意见相左，关系再度恶化，最后庞培甚至宣称自己的性命受到克拉苏手下间谍的威胁。与此同时，元老院共和党反对派成员阿赫诺巴尔布斯发出声明，如果自己当选公元前55年的执政官，他将立刻把恺撒从高卢召回。

恺撒此时正专注于高卢事务，他必须保证后方稳定，于是采取行动以保证“三头同盟”的团结。为了修补“三巨头”之间的关系，恺撒于公元前56年春天邀请庞培和克拉苏前往伊达拉里亚北部的路卡举行了秘密会议。为讨三个统治者的欢心，大约有120名元老院议员也去了路卡。路卡会议做了以下决议：由庞培和克拉苏竞选公元前55年的执政官，以便阻止恺撒的死敌多米奇乌斯的当选；期满后，再按抽签结果，分头治理叙利亚和西班牙行省五年。恺撒将在瓦提尼乌斯法的基础上续任高卢总督五年。

返回罗马后，庞培和克拉苏着手实施会谈时做出的决议：他们二人在公元前55年一起出任执政官。保民官特雷伯纽斯提出法案，指定他们在行省任职的任期为五年。克拉苏将出任叙利亚总督；庞培出任远、近西班牙总督，自己可以不去当地任职而交由副职管理，从而他本人可以留在罗马附近。之后这两位总督联合提议一条法律，将恺撒在高卢的任期再延长五年。通过这次会议，“三巨头”之间，特别是恺撒与庞培之间的裂痕得到了修补，“前三头联盟”再次得到了巩固。

这种稳定维持了大约两年时间，公元前54年，庞培的妻子茱莉亚病故，他和恺撒之间唯一的纽带断了，而这时克拉苏正雄心勃勃地准备征讨帕提亚帝国。和两位盟友相比，克拉苏缺少赫赫战功，唯一值得让人提起的只是在一场奴隶战争中取得了胜利，而且战争前期还屡战屡败，靠着坚持到底才取得了胜利。克拉苏的权势是他靠自己的金钱和政治手段建立起来的，而不是靠辉煌的战功。正如后世历史学家评论的那样：在“前三头同盟”中，庞培的军功无与伦比，恺撒的睿智有目共睹，克拉苏想要与前两人比肩，就只能去做一些那两人没有做也不屑于做的事情。据记载，克拉苏待人和蔼可亲，无论对方是高贵的议员、著名的将军，还是卑微的商人、可怜巴巴的乞丐、谁也不多看一眼的奴隶，都能从克拉苏那里得到温暖的笑容、亲切的关怀和非常慷慨的援助。穷人们崇拜克拉苏，几乎把他当作神明来崇拜。可在恺撒和庞培的心中，克拉苏也许只不过是一个包里装满金币的政治投机者，在共和国晚期混乱多变的政治舞台上，只有战功赫赫的军事统帅才能大放异彩。也就是说，“三巨头”三人之中唯独克拉苏不可能主宰未来罗马的命运，庞培和恺撒无论谁在竞争中胜利，克拉苏都只能屈居其下。为了获得和两位盟友一样的权势，克拉苏刚结束叙利亚总督的任期，就在时机还不成熟的情况下向罗马在东方的头号劲敌帕提亚帝国发起了远征。

前三头同盟瓦解

帕提亚又被称为安息，其创建者帕尼人原本是波斯帝国东北部的一个部落。波斯帝国被马其顿人征服后成了亚历山大帝国的一部分，亚历山大死后其帝国分为三个主要部分：位于埃及的托勒密王国、位于马其顿故地的安条克王朝、以叙利亚为中心的塞琉古帝国。其中塞琉古帝国疆域最大，从地中海东部沿海地区一直延伸到波斯，后来帝国的波斯总督叛变，这块领土永远地分裂了出去，而帕尼人渐渐统一波斯故地，相继征服了北抵高加索、西至幼发拉底河、南达阿拉伯沙漠、东临阿富汗高原的广大地区，建立了强大的帕提亚帝国。值得一提的是，帕提亚的附庸亚美尼亚人曾一度崛起，吞并了帕提亚帝国的西北部地区，公元前 66 年庞培征讨本都时带兵深入东方追击残敌，击败了这里刚崛起的亚美尼亚人，帕提亚帝国这才得以收复领土。帕提亚后来因争夺王位爆发内战，其中一方向罗马驻叙利亚总督求援，罗马军队已经开拔却被元老院勒令停止，导致求援的米特拉达梯斯王子战败被处死。

正当以罗马为代表的西方地中海地区军事水平突飞猛进的同时，帕提亚等东方游牧民族的军事水平也取得了长足的进展，不再像波斯时代那样面对希腊军队时处于明显劣势。因为帕提亚人是马背上的民族，他们的强力兵种和主要战术都建立在弓马娴熟的基础上，其中最典型的代表就是被罗马人称为“安息人射法”（也叫做帕提亚回马射）的战术。在战场上帕提亚轻骑兵通常会诈败佯退，趁着敌人追来之际，他们在马背上转身回射追兵，这种战术可以始终保证自己在敌人的攻击范围之外，并且能随时打击敌人。面对这样的战术，如果对手是机动性处于绝对劣势的步兵，不论他们的精神和装甲多么坚强，其阵型崩溃只是时间的问题。一旦敌人阵型出现

◎ 公元前一世纪的帕提亚轻骑兵

◎ 安息人射法示意图

散乱的迹象，帕提亚骑兵会利用高度的机动性回马作战，将敌人阵型彻底冲垮，然后追击逃跑的步兵，往往可以将绝大部分敌人歼灭。

关于帕提亚的军队组成，普鲁塔克与迪奥都有详细的记载，普鲁塔克所著的《克拉苏传》就这样描述前来迎战的帕提亚军队："……两百辆载着奴婢、姬妾与仆从的马车与一千头骆驼组成的车队，还有一千名重骑兵，其余全都是轻装骑兵，他们也负责担任斥候。这些骑兵与仆从加起来至少一万人。"而卡西乌斯·迪奥·科克亚努斯(Cassius Dio Cocceianus)也在《罗马史》中描述了帕提亚军队："帕提亚人没有使用盾牌，他们的军队主要是由骑马的弓箭兵与骑马的长枪兵组成，许多都是重装甲。他们的步兵数量少，主要由资质较差的人组成，即使如此也全都是徒步的弓箭兵……除非是严寒的冬天，不然这里的气候极为干燥，湿气非常少，这让他们的弓弦能时时紧绷……"

◎ 帕提亚重骑兵

◎ 冲锋中的帕提亚重骑兵

根据历史学家的记载，可见帕提亚军队主要由轻装弓骑兵组成。这些轻骑兵的主要武器是弓箭和一柄弯刀，身上只穿着轻便的皮甲，以保证高度机动性，他们所使用的战术即前文提到的安息人射法。其次还有少量由贫苦平民组成的步兵弓箭手，使用威力比欧洲弓更大的反曲复合弓，但在战争中处于非常次要的地位。此外还有少量由贵族组成的重骑兵，他们装备着精良的头盔和胸甲，身体其他部位覆以鳞甲或锁子甲，脸部戴着一个造型凶恶的金属面具，战马穿着青铜或皮质的鳞甲，覆盖全身，长及马膝。这种骑兵使用一柄长达3米的长矛，辅以长剑、铁锤、狼牙棒等兵器，在作战中他们往往不打头阵，而是等敌人阵型遭己方弓骑兵连续射击开始散乱时，

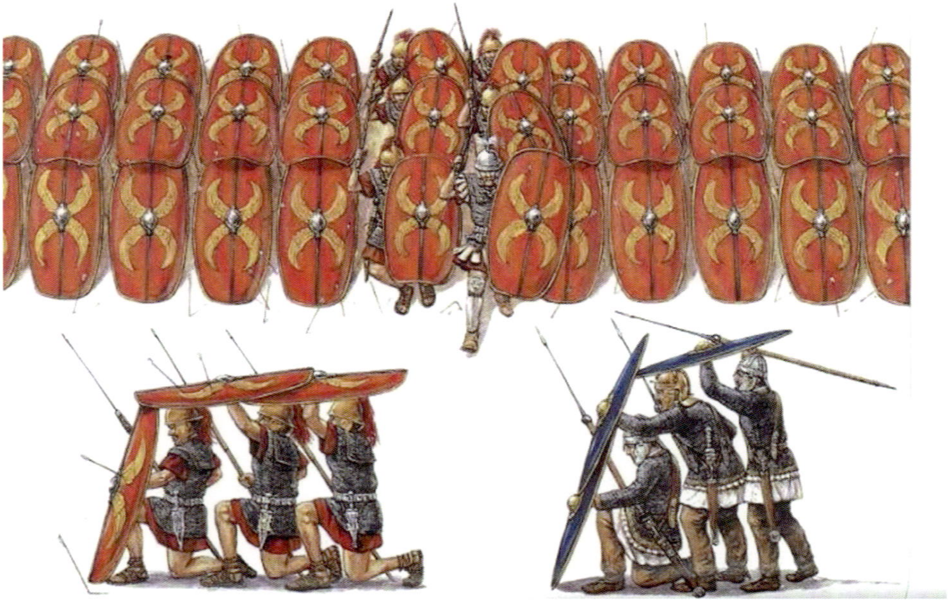

◎ *罗马盾牌阵*

才开始以密集阵形从背后或侧翼向敌阵冲锋，这种冲锋虽然速度不快，却凶狠异常、势不可挡。

因为罗马与帕提亚有互不侵犯的协定，元老院强烈反对克拉苏的开战计划。但在另两个巨头特别是恺撒的支持下，一心要建功立业的克拉苏还是带着军团出发了。公元前53年，克拉苏聚集7个军团的兵力，此外还有4千名辅助步兵、4千名西亚骑兵和1千名高卢骑兵。这时亚美尼亚国王又带来6千名骑兵加入大军，此后他还有4万名骑兵陆续赶到。国王建议克拉苏绕道走亚美尼亚的南部山区进攻帕提亚，那个地区可以提供充足的水和粮草，而且地形也对帕提亚骑兵不利。但克拉苏选择了一条更短的路线：从叙利亚穿过沙漠到美索不达米亚，直扑帕提亚的首都泰西封。当年春天，罗马军队向东渡过幼发拉底河，过河后占卜时得到凶兆，但克拉苏毫不在乎，继续向前进发，几天后侦察分队回来报告，没有看见敌军，但发现了大批马队的足迹。这时一位沙漠部落酋长建议克拉苏向西穿过沙漠追击逃跑的帕提亚人，他可以带路，克拉苏听从了这个建议。

罗马入侵时，帕提亚把军队分成两个部分，一支由国王奥罗德斯二世率领前往进攻亚美尼亚，以惩罚他们联合罗马的行为；另一支留在国内对抗克拉苏。罗马人深入沙漠，行军越来越困难，这时亚美尼亚国王派人带来消息，因为本土被帕提亚人攻入，他的4万骑兵不能赶来了，不过他建议克拉苏北上和他汇合。克拉苏对此不屑一顾，命令军团以急行军速度前进，而那位带路的酋长借口骚扰敌人率部悄悄溜走。到达卡莱镇的时候，克拉苏遇到了帕提亚人主力部队。

根据普鲁塔克记载，克拉苏这时表现得非常惊慌失措。一个将领建议他将部队尽量展开，用骑兵掩护两翼，以免被敌军包围。克拉苏同意了，但调动进行到一半，克拉苏又改变了主意，将部队组成一个空心方阵，他本人带着卫队与辎重留在方阵的中心，罗马人就以这样的阵形向帕提亚人前进。行军一段时间后来到一条小溪边，有人建议克拉苏停下过夜，第二天弄清情况后再进攻。但“小克拉苏”和他的高卢骑兵却急于一战，催促他父亲继续前进，克拉苏于是下令，保持阵形，原地喝水进食。没等大部分人吃喝完毕，克拉苏就命令出发，一路不停地走到帕提亚人跟前。

帕提亚人开始用重骑兵冲击罗马军队，但罗马步兵方阵非常坚强，阵型丝毫不见散乱，他们便开始用弓骑兵围绕着罗马军队放箭。罗马轻步兵向敌人冲锋，却扑了个空，最后被帕提亚骑兵赶回方阵。罗马士兵发现敌人的弓箭可以射穿自己的盔甲和盾牌，于是他们挤在一起，用盾牌把整个方阵全部遮住，等待帕提亚人把箭射光。而对方射光箭后立刻撤到后方，很快又从停着的一队骆驼那里得到补给，带着满满的箭囊赶回来作战。这时敌人一支弓骑兵从背后攻击罗马军队，克拉苏的儿子率领1千高卢骑兵前往迎敌，敌人立刻向远处撤退，“小克拉苏”率军追击，一直追到罗马军主力视线之外的地方。这时敌人的大队铁甲骑兵出现，双方相互冲锋。高卢骑兵的短矛和标枪刺不动对方的铁甲，而帕提亚人的长矛可以很轻松地刺穿他们的皮衣，高卢人最后只能冒死拉住敌人的长矛，把对方拉下马来近身肉搏。战斗很快结束，除500人被俘外，这支部队全部战死。帕提亚人将“小克拉苏”的头砍下，挂在长矛尖上，回到罗马方阵前来回驰骋，并且高声询问这个人是谁，出身罗马的哪个家族，他们不相信这样一个壮烈阵亡的勇士会是克拉苏这个懦夫的儿子。

◎ 罗马军团遭遇帕提亚弓骑兵

克拉苏完全丧失了斗志，抛下伤员连夜撤回卡莱镇。留在这里他还是觉得不安全，第二天晚上继续撤退，但这次的向导又被帕提亚人收买了，罗马军队被领进一片沼泽地。最后克拉苏带着少数部队逃了出来，被帕提亚人围在一座山岗上。帕提亚统帅苏伦纳斯怕等到晚上罗马人会逃进山区，于是提出和克拉苏谈判。克拉苏不肯上当，但被手下用剑逼着下山谈判。刚见到苏伦纳斯的面，克拉苏就被背信弃义的敌人砍死，而且头颅和右手也被砍下，敌人又用熔化的黄金把他的嘴巴灌满。

罗马军队在这场战争中遭受了前所未有的惨败。帕提亚人全部兵力只有 1 万弓骑兵和 1 千铁甲骑兵，而罗马方面除了逃回叙利亚的 5 千人外，7 个军团的步兵和数千骑兵几乎全被消灭，代表荣誉的 7 面军团鹰帜也被缴获，收藏在帕提亚神庙里。据记载有 2 万名罗马士兵战死，1 万被俘当了工匠，其余还有很多死于沙漠中或者当地阿拉伯土著之手。

战后克拉苏的头颅和右手被送给正在亚美尼亚首都访问的奥罗德斯二世，这时的亚美尼亚和帕提亚已经是亲密盟邦，亚美尼亚国王将妹妹嫁给了奥罗德斯二世的儿子。胜利的信使抵达时，两位国王正在观赏一部希腊悲剧，剧情是一个英勇的战士被蛮族杀害后，战士的母亲抱着他的头颅走上舞台。演员上台时，她怀中抱的正是克拉苏的头颅。

“三巨头”时代结束了，昔日全罗马最富有、最煊赫的克拉苏战死沙场，生前和死后都饱受屈辱。本来就很脆弱的三角平衡被彻底打破，剩下两人必然要有一番龙争虎斗，无论谁是最后的胜利者，他都将成为唯一的独裁者，罗马的帝国时代即将来临。

就在克拉苏远征帕提亚惨败的时候，罗马城内又陷入连续不断的骚乱中。公元前 53 年，参选裁判官的克洛狄乌斯和参选执政官的米洛爆发冲突，双方的支持者和手下的士兵在罗马大街上相互斗殴，而庞培则在背后支持米洛。整整一年，暴乱始终没有停止，执政官选举也因此而无法举行。最后克洛狄乌斯在一场混战中遭到暗杀，暴乱再次升级，暴徒将其尸体抬到元老院议事厅进行火化，在一片混乱中大火烧毁了整幢房屋。

此时庞培的身份还是地方行政官，不能进入罗马城居住，但必须住在罗马附近。元老院赋予庞培在紧急时刻征召军队平息暴乱以恢复社会秩序的权力，但他仍然没有采取行动。城内传出了关于庞培的谣言，说他需要的是持久稳定的权力而不是现在这种临时的权力。最后庞培被元老院任命为明年的“没有同僚的执政官”，他这才开始采取行动平息暴乱。元老院同时还通过了一项更广泛的杜绝司法贿赂的措施。紧急状态已经解除，庞培和恺撒的关系问题再次浮上水面。

自从庞培的妻子死后，他和恺撒的唯一纽带消失了。这次他通过扶植米洛实施暴乱，事后又要挟元老院谋取未来唯一执政官的做法，不仅事先没有和恺撒商议，而且违背了路卡会议的承诺。不管恺撒能不能容忍他的行为，两人之间一直互通声

◎ 陷入骚乱的罗马城

气的政治联盟实质上已经宣告瓦解。事实上，尽管一直待在高卢，恺撒一直密切关注着罗马的局势和庞培的一举一动。执政后的庞培虽然同时身兼执政官和行省总督的职务，但行事仍然小心翼翼，并没有以独裁者自居，“在他的任期内，庞培对所有元老都采取谦虚的态度，也没有和他们之间发生冲突”（《罗马史》下册，阿庇安）。不过庞培很快设法把自己在行省的任职期限延长了五年，却没有延长恺撒的任期。

其实庞培始终忌惮恺撒手中握有的武力，因此他在担任执政官期间，还是给恺撒帮了两个忙。首先，他允许恺撒以不在场候选人身份参加以后的执政官选举，虽然作为执政官他始终坚持候选人必须亲自到场的法律，但又增加了一个额外条款，赋予恺撒不受这项规定约束的权利。其次，因为恺撒一直到公元前 48 年才能有当选执政官的合法资格，庞培为了保证恺撒在此之前仍然能掌握高卢的权力，在公元前 51 年和公元前 50 年两次帮助了恺撒，阻止元老院讨论继任者的问题。

公元前 50 年，叙利亚行省受到帕提亚的威胁，元老院投票表决，决定让庞培和恺撒每人各拿出一个军团协助东征。庞培表示自己在公元前53年已经拿出一个军团借给恺撒跟随克拉苏远征帕提亚了，这样一来，恺撒就要拿出两个军团，其军事力量会受到一定的削弱。不过这个决定最终没有变成现实，恺撒的两个军团还是留在了意大利。公元前49年，恺撒的两个对头——马塞勒斯和莱恩图鲁斯皆当选为执政官。在这件事上，庞培并没有为昔日盟友恺撒尽力阻止他的敌人当选，后来也正是因为这两人的当选最终导致了内战的爆发。在这两位执政官的运作下，元老院决定解除恺撒的军权。恺撒自然得知了这一切。虽然没有公开翻脸，但双方的关系已经彻底无法弥补了，那么下一步极有可能就是兵戎相见。

这年的12月初，事情到了无法回避的地步。执政官马塞勒斯给元老院提出两个问题以供表决，其中之一即是否应派继任者去高卢取代恺撒的位置。这个问题得到了肯定的答复。恺撒的支持者、保民官马克·安东尼马上提出另一项动议：恺撒和庞培二人都应该放弃军团解散军队。这样恺撒就不用担心庞培的威胁了，可能不会再反对交出兵权，元老们非常急切地采纳了这项动议，以避免当时几乎是近在眼前的战争。最后有370人投了赞成票，只有22人反对。然而这些挽救和平的努力最后都化为乌有，因为有个具有一票否决权的保民官投了反对票。马克·安东尼本人成为攻击的对象，他被元老院驱逐，逃离罗马参加恺撒的军队。第二天，执政官马塞勒斯主动宣布全国处于紧急状态。他还找到庞培，要求他拯救国家，授权他统率留在意大利的两个军团并额外征兵。此时庞培已无法再回避，于是就接受了这个任务。

这时库里奥任职期满，跟着恺撒去拉文纳过冬，并将这个消息通报给了他。恺撒仍想保持现状，他提出一个折中方案：保留两个军团在山南高卢行省和伊利里库姆行省，直到他担任下一届行政官为止。为了避免战争，庞培愿意接受这个方案，但众位执政官却不答应。恺撒再一次做出挽救和平的努力，他派遣库里奥前去罗马送信，信中第一段就提到内战。恺撒在信中表示，如果庞培按他的方案去做，他就放弃军团；但如果方案遭拒，他将被迫采取行动，捍卫自己和国家的权利。庞培这时已经无法左右局势，罗马方面拒绝恺撒的要求，内战最终爆发了。

恺撒面前的败者

早已做好战争准备的恺撒军团忽然出现在国境线卢比孔河（Rubicon）边，很快他们渡过了卢比孔河向罗马开来。庞培以及恺撒的反对者们措手不及，只好逃出了罗马。恺撒兵不血刃地进入罗马城，要求剩余的元老院议员选举他为独裁官。

因为庞培的根基主要在东方，因此他和反恺撒的元老院成员逃到了希腊，希望在那里组织军队抵抗恺撒。而恺撒缺少和亲庞培的强大舰队抗衡的海军，加上庞培在东部根基深厚，有东部各行省及附庸国的庞大人力物力支持。因此恺撒没有直接进攻希腊，而是向西进军对付庞培留在伊

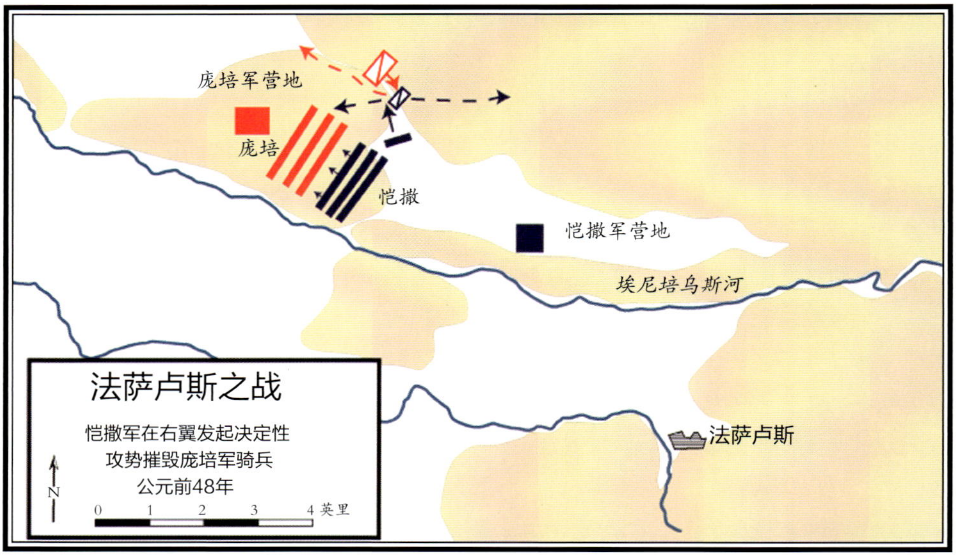

◎ 法萨卢斯战役示意图

比利亚的7个军团的强大兵力，以巩固其在西地中海的势力范围。恺撒经过40天的战斗攻下马赛，夺取了内、外西班牙行省，并且建立了一只小型舰队。待后方稳定后，恺撒又移师东方，准备在那里和庞培军决战。

公元前48年1月5日，恺撒巧妙地避开了庞培的舰队，率领7个军团渡过亚德里亚海，在埃皮尔登陆，并轻而易举地攻下了阿波洛尼亚。军事经验丰富的庞培虽然知道自己在人数上占优势，但也深知恺撒的部队能征惯战，因而没有主动发起进攻，而是试图切断恺撒的补给线，想让他们挨饿而自动溃败。不过恺撒并没有给他这个机会，庞培反而因为过于避战而渐渐丧失主动权，被恺撒一路追击，以少量兵力构筑工事包围在迪尔拉奇乌姆（在今阿尔巴尼亚）。幸好这是一座靠海的城市，可以源源不断地从海上运来补给，恺撒军没有制海权，只能眼睁睁看着而无可奈何，自己还遭受了庞培的一次奇袭而差点全军覆灭，最后不得不解围南去。

庞培在色萨利与其他反恺撒派成员汇合，在他们的再三催促下，庞培在法萨卢斯附近与恺撒正面遭遇，不得不展开决战。

恺撒军人数较少但战斗经验丰富，虽然名义上有7个军团，但全部都缺员严重，此前的损失一直没得到整补，有的军团甚至只有1千多人。庞培共有9个军团，同时还有大量的辅助部队，而且另有两支军团从叙利亚赶来增援。他的部队人数虽然多，但大多作战经验不足或者是刚刚组建。

在战役部署上，两位统帅十分重视侧翼，希望通过侧翼进攻打败对方。由于战斗在埃尼培乌斯河边展开，恺撒的左翼以及庞培的右翼都临近河岸，使得彼此都无法在这一侧发动侧翼迂回攻击，因此双方都在另一侧部署了更多的力量，而战役最重要的部分也是在这里展开的。

庞培几乎把他所有的骑兵部队以及由投石手、弓箭手所组成的轻型部队都部署在左翼，希望能通过他占优势的骑兵部队获得胜利。恺撒也把他的骑兵部署在了右翼，正面对阵庞培的骑兵。同时，恺撒还从各军团抽调了六个最精锐的步兵大队，组成了第四阵线，以一定角度部署在主力步兵方阵的后侧，并提醒他们胜负就取决于他们的勇敢了。此外，他还命令第三阵线在没有命令的情况下不得出动。庞培则将其步兵排成 10 排，以防出现溃逃。

部署完毕后，双方军阵间的距离刚好够双方步兵发起冲锋，但是庞培事先命令士兵不得出击。据说他是使用了疲兵之计，想让恺撒的部队奔跑双倍距离，不过也可能是对自己军队的作战能力、士气以及纪律性缺乏信心。这一诡计被恺撒手下经验丰富的百夫长们看穿了，他们在半路上叫停了冲锋，并重整了队伍，稍事休息再重新发起冲锋。

在河岸一侧，轻步兵在重装步兵接阵之前就已经发生了小规模的战斗。拉比厄努斯领导的庞培军骑兵发起了冲锋，大量投石兵和弓箭兵紧随其后，成功击退了恺撒阵中主要由高卢人和日耳曼人组成的骑兵以及轻步兵部队。但是，当他们遇到恺撒事先部署在这里的第四阵线部队时，这些东方骑兵却遇到了劲敌。这些被恺撒寄予厚望的部队按照统帅事先要求的那样，将手中的标枪向敌人骑兵的面颊上戳去，而不是按通常习惯投掷出去。这个战术出乎意料但非常有效，庞培的骑兵溃退到了周围的山脚下，他们身后的投石兵和弓箭手则被丢下，孤立无援地被包围歼灭。这时恺撒将第三阵线部队投入了正面战斗，几乎同时恺撒的第四阵线部队转向开始从侧翼进攻庞培。面临正面和侧后两面夹击，庞培知道大势已去，于是逃离了战场。共和派军队溃不成军，恺撒很快便洗劫了庞培的营地并控制了其残部。

这场战役是罗马内战中的最后一场也是决定性的战役，庞培几乎全军覆没，仅以身免。据普鲁塔克引述盖乌斯·阿西尼乌斯·波利奥的记载，在这场战役中，恺撒损失了 1 千 2 百余人，而庞培方面损失了约 6 千人。但据恺撒的《内战记》记载，此役他只损失了 30 名百夫长及不到 200 名士兵，而庞培却有 1 万 5 千人阵亡，2 万 4 千人被俘，180 面军旗和 9 支军团鹰徽被缴获。后世学者对恺撒的记载表示强烈的怀疑，因为双方主力都是罗马军团，就算战斗力有差别也不会有这么大。庞培的指挥也体现了名将的风采，而且一度在左翼突破了敌人的防线，只是手下士兵素质不如对手，这是导致他在战略战术上都处于下风的主要原因。然而不管怎么样，从此以后，罗马境内再无可以和恺撒抗衡的势力，恺撒成为罗马共和国的实际最高统治者。

公元前 48 年秋，庞培在恺撒军的追击下坐船来到了埃及首都亚历山大港口外，想在这里寻求庇护。埃及国王托勒密十三世这时只有 15 岁，他派出财政大臣波提纽斯主持迎接庞培的事宜。庞培的船被拦在港口外，他们被告知国王的家庭教师和宦官会代表托勒密十三世出港迎接。很快埃及人划着小船来了，地中海剿匪时曾是庞培手下百夫长的塞普提米乌斯也在船上。在对方的劝说下，庞培和公元前 49 年的执政官雷托鲁斯以及少数士兵登上了迎接的小船。小船在庞培亲人的注视中渐渐远去，在弓箭的射程之外停了下来，但还在视线之内，小船上发生的事可以看得清清楚楚。

刚一上船，庞培和雷托鲁斯就被前的手下塞普提米乌斯带人抓住，跟来的士兵被当场杀死。庞培的妻儿子在大船上看到这个变故惨案，吓得连忙扬帆逃走。小船一靠岸，庞培就被塞普提米乌斯杀死并砍下头颅，这天刚好也是庞培 58 岁的生日。雷托鲁斯则被关进牢房，后来也在那里被处死。

勒密十三世希望以此举讨好恺撒，成为罗马忠实的盟友，同时也希望罗马能减轻他欠罗马的债务，所以当两天后恺撒追击庞培来到埃及的时候，他向恺撒献上了庞培的头颅。不料恺撒大发雷霆，甚至对庞培的死垂泪不已。虽然庞培是他的政敌，可也是他的独生女茱莉亚的丈夫，更曾经是罗马执政官，身为罗马人的恺撒无法容忍本国的要人为异国人擅自杀害。

一代名将庞培就此死去，虽然下场凄凉，却得到了政敌恺撒的眼泪，这也许算是一个枭雄最好的结局了。随着庞培的死去，一个时代结束了，另外一个崭新的时代即将拉开序幕。

马克·安东尼

Mark Antony

沉迷女色的罗马后巨头

作者／董狐

你们要是有眼泪，现在就尽情地掉吧！

——安东尼

当恺撒为了追击庞培而来到埃及的时候，这个国家正处于内战的状态。此时的埃及仍在托勒密王朝的统治下，而这个王朝的缔造者托勒密一世原本是马其顿人。

托勒密一世出身低级贵族家庭，从童年开始就是亚历山大三世（即后来的亚历山大大帝）的密友，成年后跟随亚历山大远征东方，立下赫赫战功，极受亚历山大信任。后来托勒密娶波斯贵族之女为妻，一直随军东征西讨。亚历山大大帝病死后，其帝国一分为三，托勒密在埃及建立了托勒密王朝并自称埃及法老，以用那个伟大征服者的名字命名的港口城市作首都，史称托勒密一世。托勒密王室是希腊人，但却继续采用埃及原有的政治制度。托勒密一世赐给自己手下的希腊老兵很多土地，并鼓励他们将家庭也迁入埃及。后来有上万希腊人来到埃及并成为统治阶级，而本土的埃及人在政府中仅占很少的部分，而且仅担任较低层次的职务。

◎ 柏林旧博物馆中收藏的克娄巴特拉胸像

时任埃及国王的托勒密十三世之前按照父亲的遗嘱与同父异母的姐姐克娄巴特拉七世（即世人所熟知的“埃及艳后”）结婚并共治埃及（古埃及素来有近亲结婚的传统，据说这样可以保证王室血统的纯洁），但不久两人因争夺权力失和，克娄巴特拉七世被逐出亚历山大。她后来在埃及与叙利亚边界聚集了很多军队，准备进攻埃及。正好此时恺撒来到埃及，试图调解两人的争端。据普鲁塔克等历史学家的记载，克娄巴特拉得到消息后，乘船连夜潜入亚历山大，以毛毯裹身，让人抬到恺撒房门前。克娄巴特拉突然出现在恺撒面前，让恺撒又惊又喜，很快两人就成了情人。

对于王位继承的纠纷，恺撒宣布埃及王位由托勒密十三世与他的姐姐克娄巴特拉七世共享，这个仲裁很明显是对克娄巴特拉有利的。恺撒的做法也许并不是像后世传言的那样是被克娄巴特拉的美色迷惑，站在恺撒的角度，这个裁定是合情合理的。以罗马独裁官身份给同盟国王室争端做仲裁人，恺撒首先必须保证埃及和之前一样做“罗马的友好同盟”，最好继任者能遵循先王以前的这个传统，而且也按先王的遗命行事，而恺撒的这个裁定正是忠实地遵守了埃及先王的遗命。另外一个原因也导致恺撒不愿支持托勒密十三世：托勒密十三世指使近侍杀死罗马前执政官庞培。按照传统，罗马人是不会饶恕杀死同胞的异国人的。此外对埃及王室来说，庞培是他们的保护者，现在被保护者居然杀了保护者，这对注重主从关系的罗马人来说也是不能忍受的。

托勒密十三世自然不肯接受这样的安排。一个月后，他集结军队向恺撒发起挑战。他手下有2万名步兵和2千名骑兵，其中包括7年前庞培留在这里的剩余部队。这些士兵在埃及娶妻生子，已经全部忘记了罗马军团的纪律和战术，基本上已经被埃及化。恺撒只有3千2百名步兵和800名骑兵，以及10艘船，这些兵力加在一起还不足一个军团。而埃及海军有72艘船，其中的主力还是应庞培要支持法萨卢斯会战、后来逃跑回来的那部分。

恺撒的兵力只能用来防守，在亚历山大城内和埃及军进行巷战。城中居民饱受战火摧残，因此对罗马人极其厌恶。为了防止海上归路被切断，恺撒集中兵力进攻并放火去烧埃及舰队，火势蔓延到陆地上，将号称希腊文化发祥地的亚历山大图书馆中的40万册藏书全部焚毁。紧接着，双方围绕号称世界七大奇迹之一的亚历山大港灯塔展开争夺战。主要战斗发生在连接灯塔和港口的1.4公里的长堤上，战斗进行到最紧要关头，埃及军四面合围，恺撒从船上跳进海里才逃脱。

这时恺撒只得固守待援。此前在法耶罗战役中击败庞培后，恺撒把自己的嫡系精锐调回罗马修整，命手下头号战将多米提乌斯率领庞培旧部三个军团前往平定本都叛乱。第二年2月，镇守小亚细亚的多米提乌斯带了两个军团从海路赶到埃及，这两个军团之一就是由庞培旧部改编成的第37军团。此外，还有一些来自叙利亚和小亚细亚的当地军队从陆路向亚历山大逼近。恺撒军乘机出击，夺取了制海权与援军汇合，从而结束了长达4个月的城市巷战。战斗转移到了尼罗河入海口附近。双方都各有数目不等的陆军和海军，在尼罗河两岸隔河对峙。因为埃及人强大的舰队

◎ 亚历山大港灯塔复原图

◎ 亚历山大图书馆内部想象图

在尼罗河里来回游弋，恺撒不希望在尼罗河上发生战斗，于是打算从一条河岸很高的尼罗河支流偷渡，去袭击河对岸的埃及军统帅部营垒。托勒密十三世发现了恺撒的企图，派部队前来阻止，双方展开拉锯战，迟迟无法分出胜负。这时恺撒军中的日耳曼骑兵等得不耐烦了，分散出去找渡河点，结果从一处河岸极低的地方渡过河去，杀向敌人的背后。与此同时，正面的军团士兵也砍伐了一些很长的大树，架在河上足以通到对岸。罗马人在树干上铺上泥土冲过河去，埃及军队溃败，绝大部分人被杀。

恺撒乘胜率军直逼托勒密十三世设在山上的营垒，这座营垒三面分别被河流、高地、沼泽地所环绕，地形极其险要。经过一天休息，恺撒军次日发起了进攻，罗马士兵奋勇发起攻击，敌人则占有地形优势，因此战斗进行得很激烈。恺撒后来派出重兵攻下营垒附近的一处村庄，从两面夹击埃及军队。而埃及战船也从尼罗河驶进支流，从背后向罗马人射箭，给罗马军队造成了很大的伤亡。这时恺撒看到驻守在山峰最高处的埃及人已经撤走，赶去其他地方支持作战，于是派出几个精锐营前往偷袭，击退了剩下的少数敌人。忽然从四面传来的呐喊声让埃及军队吓得惊慌失措，在营地里到处乱窜，罗马军士气更加高昂，将连通主营寨的各处要塞一起攻了下来。埃及人纷纷从壁垒上向尼罗河的方向跳下去，前面很多人摔死，他们的尸体高高垒起为后面的人开出一条路。托勒密十三世逃到河边跳上一条船，但他的大批部下也泅水向那条船上涌去，后来因为人太多，他和那条船一起沉了下去。

公元前 47 年 3 月 27 日，恺撒以胜利者的姿态进入了亚历山大港城内。按照惯例战败者都要被处死或卖做奴隶，为了求得一条生路，城中居民放下武器请求恺撒做埃及之王，然而恺撒仍然忠实地执行埃及先王的遗命，让克娄巴特拉七世和另外一位还活着的王子共同执政，然后新的共同统治者克娄巴特拉七世和托勒密十四世与恺撒签订了新的同盟条约。那些曾拿起武器抵抗罗马军队的居民没有受到任何惩罚，但杀害庞培的所有主谋全被处死，只剩下克娄巴特拉七世的妹妹阿尔西诺伊，恺撒把她送到了罗马。

这时庞培的余部仍然在突尼斯和阿尔及利亚等地活动，恺撒本打算修整一下再去征讨，但镇守小亚细亚的多米提乌斯传来急报，因为两个军团被调来支持恺撒，自己剩下的一个军团无法抵抗本都的进攻。此前恺撒和庞培进行内战时，本都国王法尔纳凯斯以“光复国土”为借口发动了叛乱，先是攻下了黑海南岸最大的城市锡诺普，然后又趁势占领了卡帕多西亚等罗马盟邦的领土。恺撒必须前往支持东方战场，但为了保证埃及王室的安全及稳定这里的局势，他留下了两个军团，只带走了随他追击庞培而来的第 6 军团和 800 名日耳曼骑兵。

恺撒大军并没有马上前往战场，而是从海路经过各行省以及同盟国的各个港口城市，安抚当地势力，以宗主国的身份协调仲裁各个被统治民族之间的纠纷。这些工作是必不可少的，因为这是恺撒首次以罗马领袖的身份造访这些地方，能够及时处理这些事务关乎他统治下的罗马世界的稳定。

直到公元前 47 年 6 月，恺撒的军队出现在东方战场上，这时战争已经接近尾声，本都国王法尔纳凯斯几乎已经控制了小亚细亚一半领土。恺撒手中只有精锐第 6 军团和 800 名日耳曼骑兵，这时因为伤病等原因，第六军团只剩下 1 千多人。但是加上多米提乌斯手中的一个军团，以及痛恨本都侵略的各路诸侯援兵，虽然战斗力参差不齐，罗马这一方已有 2 万之众。本都国王慑于恺撒赫赫威名，打算通过外交手段来解决，但又迟迟没有派出使节。恺撒于是中止谈判，向本都军发动袭击，双方在黑海附近的泽拉展开会战。第 6 军团果然不负盛名，以少击多大败敌人。事后恺撒在发给元老院的战报中只有一句话："我来，我见，我征服！"

在恺撒平定东方行省和同盟国之时，自然需要一个可靠的人替他在罗马本土处理内政。这个人就是本文的主角：马克·安东尼（Marcus Antonius）。

罗马独裁官副手

马克·安东尼是著名的辩论家马克·安东尼·奥雷托尔的孙子，奥雷托尔于公元前 86 年被马略的支持者处死。安东尼母亲是恺撒的亲戚，她和安东尼父亲一共生了三个儿子。后来安东尼父亲去世，她又与政治家勒图纳斯·苏瑞结婚，而苏瑞又在公元前 63 年因卷入喀提林阴谋被处死。安东尼从小就缺乏父亲的管教，青年时代和兄弟以及朋友在罗马过着花花公子的生活，他们经常赌博、酗酒甚至介入诽闻事件。据普鲁塔克的记载，20 岁前安东尼就已经欠了 250 塔兰特的巨额债务。后来他决心做出一番事业，于是去希腊学习诡辩术，但是在那里又参加了行省总督组织的军团骑兵，开赴叙利亚作战并成为一名优秀的骑兵指挥官，备受上司赞赏。此后他又前往高卢战场，加入恺撒的参谋部，在恺撒面前展现出了高超的军事才能，然而因为性格原因他又四处制造麻烦，就连恺撒本人也多次因他的不当举止而发怒。然而无论如何，安东尼始终是恺撒的支持者，而且他们之间也有远房亲戚关系。

公元前 50 年，安东尼被选为保民官留在罗马以保证恺撒的利益。后来当恺撒的政敌想要解除恺撒兵权时，他站出来提出一个方案，要求恺撒和庞培都解除兵权，但是这个建议最后遭到反对，安东尼也被元老院驱逐，逃离罗马加入恺撒的军队。在后来的内战中，安东尼一直是恺撒的副指挥官和骑兵统帅，并且在所有的作战中都担任左翼军指挥。在法耶罗会战中，他指挥的左翼军在战局紧要关头起到了关键性作用，为恺撒赢得最后胜利立下汗马功劳。因此当恺撒远征时，将治理罗马稳定后方的任务也交给了他，这一年安东尼只有 34 岁。

安东尼的任务并不简单。临走之前，恺撒曾指示安东尼严禁对庞培派进行处罚，不得流放，不得没收他们的财产。安东尼必须温和地应付反对派的挑衅，但同时又要维护国内的稳定。同时，恺撒还要求安东尼防止恺撒派获胜后飞扬跋扈，从而对反对派肆意妄为。那些支持恺撒的年轻人，用西塞罗的话说就是“罗马的青年激进派”，往往在胜利后认为属于自己的时代来到了，很可能会对自身行为不加克制，为所欲为。而安东尼自己就是“激进派”的一员，他必须控制好他的这些伙伴。恺撒之所以这样安排也是出于维持势力均衡的考虑，而且也希望安东尼能克服自身的立场，成为一位理性成熟的政治家。此外，安东尼被指定负责恺撒留在本土的第8、第9、第10、第11、第12等五个军团的修整管理工作。这些都是从高卢战役就开始跟随恺撒的百战精锐，恺撒这次把他们留在本土是希望他们能好好休整，以迎接他回国之后即将开展的另一次重大战役。为了避免士兵们在休战期过于闲散，恺撒又制订了一项政策，命令他们在这段时间里修筑贯通“罗马世界”的主要道路，而这一切也需要安东尼来组织实施。

◎ 安东尼像

在战场上安东尼管理军队游刃有余，但处理内政却显得力不从心，无论他怎么努力，在这方面的能力还是很有限，很多事情仍不得不依赖恺撒来最终决断。对西塞罗的处理就是个最好的例子。

西塞罗在哲学、政治、法律等方面有很深的造诣，同时又是个伟大的雄辩家，被视为罗马历史上最好的作家和演说家。在庞培与恺撒爆发内战的时候，西塞罗支持庞培，但又不肯和恺撒为敌。恺撒进入罗马的时候，他逃往西班牙。恺撒曾派人登门劝说，得到保持中立的承诺，这是庞培派中唯一享受到这种待遇的人。内战结束后，西塞罗认为凭着和恺撒不错的私交不会受到处罚，于是再度回到国内。然而就在西塞罗在布尔迪西登陆时，他却意外地收到了安东尼要求待命的通知。安东尼特地写信给西塞罗，说自己只是受恺撒之命暂时代理政务，没有权力处理像西塞罗这样的情况。安东尼在信中对58岁的西塞罗非常恭敬，不仅出于对长者的尊重，还因为他的爷爷在苏拉时代是一名著名律师，西塞罗曾在著作中多次介绍过这位“货真价实的贵族”。安东尼还附上一封恺撒写给自己的信。恺撒在信中写道：“到处都在传‘小加图’和路奇乌斯·马尔凯鲁斯即将回到意大利再次进行政治活动的消息。如果这样的事真的发生了，内乱的根源永远无法铲除。因此是否允许他二人回国定居，待我自己考虑后再作决定。”这封信里虽然没有提及西塞罗，但安东尼也没有胆量擅自决定西塞罗的去留。安东尼表示很同情被困在布尔迪西的西塞罗，因此他又询问西塞罗是否需要给正在亚历山大港战斗的恺撒送去急信请示此事。这个提议立刻遭到了西塞罗的拒绝，因为他害怕这样做会引起北非庞培派的憎恨。

恺撒结束埃及战事后，又前往东方巡视，然后统帅对本都的作战。西塞罗就一直老老实实地在布尔迪西待着，不敢去太远的地方，因为他不知恺撒什么时能回来，以防错过向恺撒请示的机会。西塞罗充满惶恐不安，他在给好友的信中写道："我自己都不清楚，是怎样痛苦、严重到连我自己都无法想象的动力，驱使着我作出了那样的选择（追随庞培）。现在回想起来，那肯定不是理性的抉择，而是一时的冲动。如果不责怪自己，那可真是连信都不好意思写了。那个决定带来的沉重心理压力，你从（法萨卢斯会战的）结果大概也能猜想到吧。"

恺撒结束东方战事回国，刚一登岸西塞罗就前往拜会。当恺撒在夹道欢迎的人群中看到情绪低落的西塞罗时，特地下马朝他走去。他不仅当街拥抱了西塞罗，还与西塞罗亲热地交谈着走了数百米。从这件事上就可以看出来安东尼完全不了解恺撒对西塞罗的态度，他没有擅自放西塞罗回国是对的，但应该及时向恺撒请示，在这件事上他不应受西塞罗的左右。恺撒回国后肯定会知道西塞罗的事，到时难免会产生安东尼办事不力的印象。

在这一年里，安东尼虽然没有杀害或

◎ 西塞罗雕像

流放任何庞培派成员，但还是没收了不少他们的财产。此外他最失败的地方在于没有处理好精锐部队的安置任务。当恺撒处理完西塞罗的事后，沿着阿皮亚大道返回罗马的期间，接二连三地收到了安东尼从罗马发来的关于军队哗变的急报。这次哗变的军队竟然是恺撒的嫡系部队，军团中的部分士兵集体要求退役。而且此次哗变的主谋是第 10 军团，他们已经和第 9 军团的部分士兵手持武器，齐聚城外的马尔斯广场。大法务官撒路斯提乌斯带着奖赏方案前往交涉，结果被士兵们赶了回来。这个第10军团堪称恺撒部队的主力中的主力，在地中海世界可以说是家喻户晓。如今这样一支英雄军团也加入罢战的大军，对恺撒来说确实非同小可，而且此时正是需要他们前往北非肃清庞培余党的关键时刻。

据历史学家记载，为了缓解这场危机，恺撒连平时一直跟随左右的日耳曼骑兵护卫队都没带，单人独骑穿过罗马城来到哗变士兵的面前，批准了他们退役的要求。这次他不再以“战友们”而是以“公民们”来称呼这些曾经的属下。第10军团的士兵们跟随恺撒征战多年，有着极强的荣誉感，而且早已和统帅结下深厚的感情。被恺撒当成陌生人的感觉让他们在感情上无法接受，于是放弃了退役或加薪的要求，流着泪希望重返军队为恺撒继续作战，而恺撒却拒绝了。两个月后准备开赴北非作战时，恺撒也没通知他们，但第10军团还是默默地跟在大军后面。恺撒凭借自己的智慧和威望达到了他的目的：既没提高薪水也没发奖金就瓦解了这次兵变，而且让他们乖乖地请求作战。关于这件事，后世的学者评价道：“恺撒简直是个演技一流的幽默剧大师。”

为了保持社会稳定，恺撒又命令安东尼退还了此前没收的庞培余党的财产。大军即将出征，恺撒抓紧时间又处理了一些经济领域里非常紧要的事务。在庞培－恺撒内战期间，社会动荡，个人命运沉浮不定，很多人希望借此赖掉债务，逐渐演变成不可忽视的社会问题。安东尼对此事也没处理好，严重违背了恺撒的本意。恺撒取得内战胜利之后，以西塞罗的女婿多拉贝拉和学生卡埃里乌斯为代表的“青年激进派”，认为这是胜利者为所欲为的时代。因此这两人分别担任大法务官和护民官之后，无视经济的基本规律，提出一项将庞培时期的欠款全部归零的议案。虽然安东尼在恺撒回国前暂时冻结了该项提案，但这个做法会给罗马公民造成一种错觉，以为欠款清零的政策还是有可能会实现，一旦欠债者都不肯还债了，那么整个经济都会陷入无法循环的困境。

为了挽救潜在的危机，恺撒一回国就针对这个问题进行综合考虑，然后颁布了两项措施：一、罗马地区年租金低于500第纳尔，意大利地区年租金低于125第纳尔的居住用房免除次年租金；二、免除次年所有利息，除了次年的利息被免除外，其余所有的本金的利息应当以两年前的法律为标准支付。内战爆发后出现了严重的通货膨胀，恺撒的这项法案也消除了债务中通货膨胀的那部分，而以内战爆发前的价值标准还款和支付利息。此外，恺撒也调整了年利率，此前的年利率一直是12%，这次利率调整得更低。这样一来，债权人虽然损失了通货膨胀所带来的收益，但可以收回本金以及利息，债务人也不至于因通货膨胀被盘剥，各方的利益都考虑到了。

剩下的就是庞培余党的最终处理问题了，这一问题倒是和安东尼执政失误没什么关联，因为只有恺撒自己才能最终决定此事。如同对待西塞罗一样，恺撒也让他们自由选择去留，哪怕是前往北非参加正在集结的庞培军余部也绝不阻拦。对于愿意留下的人，也像对待西塞罗和瓦罗一样，允许他们在罗马居住，既不没收财产也不剥夺公职，仍给予他们言论自由。此外对那些仍然希望从政的人，恺撒给予他们公

◎ *印有雷必达头像的古罗马钱币*

他父亲在内战期间因反对元老院死于政治阴谋，雷必达前往投靠恺撒并成为其最得力的助手之一。在恺撒的支持下，雷必达进入政界，很快在晋升体系中崭露头角。公元前 49 年，雷必达被选为裁判官，当恺撒在西班牙与庞培军主力作战时，雷必达帮助他管理罗马。平定西班牙后，雷必达又帮恺撒管理刚征服的西班牙。雷必达一直忠实地为恺撒工作，虽然未曾在战场上有过精彩的表现，但颇受恺撒的信赖，常常被委任管理后方，这种才能正是安东尼所缺乏的。

平的机会，不过在此之前要求他们必须归顺自己。布鲁图和卡西乌斯都在归顺之列。恺撒严守“我和苏拉不同”的诺言，并没有搞苏拉那种臭名昭著的“处罚黑名单”，也没有设置“待察黑名单”。此外恺撒又从有经济实力的骑士阶级和百夫长中选出优秀人才填补元老院空缺，甚至对那些现在还身居北非的庞培派议员们，如梅特鲁斯·西庇阿、“小加图”、亚弗拉尼乌斯、佩托雷乌斯、拉比埃努斯等人，恺撒也没有剥夺他们的元老院议员身份。

处理完这些事务之后，因为对安东尼的执政能力非常失望，恺撒撤去了他的职务，同时以独裁官兼执政官的身份，任命与自己同为执政官的雷必达掌管公元前 46 年的国内事务，然后匆匆赶往西西里岛，在那里集结兵力渡海征讨北非。

新的罗马管理者雷必达不仅取代了安东尼的职务，也取代了他在恺撒心中的地位。这位新崛起的人物出身于政治世家，

崛起于恺撒之死

庞培虽然已死，但其余部党羽仍然众多，恺撒调用精锐主力前往征讨确实是明智的。恺撒通过情报得知，庞培余党用雇佣等手段从地中海各个地区召集了 10 个军团 3 万人的兵力，此外还有 9 千名骑兵。一直赶不上罗马政局变化的努米底亚这次又支持了内战的失败者，努米底亚国王手下有按罗马方式训练出来的 4 个军团 2 万 5 千人，此外还有 6 千名素有威名的努米底亚骑兵以及 120 头大象。恺撒为了远征调动了 10 个军团 3 万名步兵以及 4 千名骑兵，其中有 5 个军团是新兵，剩下 5 个军团中包括刚获得正规军身份和罗马公民权的高卢第五军团。和以往历次战争一样，这次恺撒的兵力又处于劣势，而且他们是深入敌境作战，军粮和补给都要海上运过去。然而恺撒却充满了自信，他甚至等不及己方兵力集结完毕就下令出发，让西西里总

◎ 恺撒进军北非

督负责军粮补给和后续军团渡海等事宜。

在登陆地点上，恺撒也一改常规，在突尼斯东部而不是北部登陆。这样可以避开努米底亚的大本营，如果敌人出来截击就要脱离自己的补给基地，而且这里不是敌人的统治中心，征集粮草也要容易点。军队上岸时，恺撒又选择了南部城市比较集中的区域，而不是北边的沙滩。他正是要吸引敌人急行 200 公里前来救援，从而可以以逸待劳，而且为后续部队的到达赢得时间。很多新兵觉得恺撒不等兵力集结完毕就跨海出征的做法非常鲁莽，而且这时天气非常寒冷，地中海也不适合航行。不过庞培余党也没料到恺撒会在这个时候进攻，这次行动真正起到了突袭的作用。

恺撒不指定登陆地点，让属下自由选择。结果登陆时敌人抵抗力量极为薄弱，恺撒军队四处扫荡，没受一点损失。恺撒先头部队只有一万多人，士兵们惴惴不安地等着敌人大军开到。恺撒让人筑起一道长长的防护栅以挡住敌人占绝对优势的骑兵，同时亲自出马去征集军粮，了解到庞培余部由许多个民族组成，恺撒决定采取分化瓦解的政策。对方统帅梅特鲁斯·西庇阿觉察到了恺撒引蛇出洞的战略，所以没有出动主要兵力，只是用骑兵为先头部队前往进攻恺撒。这支骑兵数量很庞大，但始终冲不破恺撒的防护栅，每次攻击后回营的骑兵数量都在减少。一个月后，恺撒的第二批后续部队赶到，西庇阿只得带领主力前来迎战，和恺撒军相隔数公里对峙。这时忽然传来一个坏消息，努米底亚国内遭到攻击，努米底亚国王已率军回去防御。失去这支强有力的援军，西庇阿彻底丧失了和恺撒正面对战的勇气。

恺撒也遭受了类似的问题，他的第三

◎ 与努米底亚轻骑兵作战的罗马骑兵

◎ 遭遇敌人战象的罗马军队

批援军迟迟没有到。这支部队正是去年闹哗变的第 9、第 10 军团，可这两个军团才是真正的精锐。因为遇到大风暴，这批援军只能留在马尔萨拉港内。虽然恺撒当时羞辱了他们，但实际上最信赖的还是他们。这时的恺撒非常焦急，《阿非利加战记》中这样描述道：恺撒的"内心与双眼都在不分昼夜地遥望海面"。在等待期间，恺撒开始训练新兵，告诉他们与敌人应当保持多远的距离，突袭敌人时应当到什么限度，什么样的姿势既可以保护自己又能击倒敌人，以及进攻的方法，后退的窍门，甚至还有如何有效投石的技巧。为了让士兵克服对大象的恐惧，他还找来大象向士兵现场演示，说明这种动物有什么样的习性，攻击力如何，战斗时有哪些缺陷，它们哪一部分最容易攻击，如何朝大象投石最有效，长矛刺在大象的哪个部位最有效等等。

在漫长的等待中，两边部队都渐渐聚齐，恺撒等来了他的后续援军，努米底亚人也赶过来支援他们的盟友。经过一系列小规模接触与试探，双方最终在普塔苏斯展开会战。恺撒这次别出心裁地把骑兵放在最中间，希望他们迅速突破敌人中央方阵，然后绕到敌人背后袭击其左右两翼。开战前恺撒穿行于即将与敌殊死拼杀的士兵中间，象征着最高指挥官的红色披风在风中猎猎翻飞。恺撒准确地叫出每一位老兵的姓名，鼓励他们说："迄今为止，我们所有的战斗都不辱盛名，不是吗？"对新兵，恺撒则鼓励他们要鼓足勇气，不要输给那些曾给恺撒军团带来无限声誉的前辈们。

双方军阵渐渐接近时，一件出人意料的事情发生了。极度渴望戴罪立功的第 10 军团不等恺撒下令就向敌人冲去，全军的士气立刻被感染起来，恺撒乘机下令全线压上，万众一心直捣敌营。对方没有丝毫还手的余地，整个战斗不到半天就结束了。据恺撒自己宣称，敌人超过1万名士兵战死，而恺撒军的伤亡还不到50人。

塔普苏斯会战的消息立刻传遍了努米底亚的大街小巷，努米底亚国内掀起了一股投靠恺撒的热潮。无望的努米底亚国王和庞培余党佩托雷乌斯最终以互刺的方式结束了生命。

获得胜利之后，恺撒命令曾率军从背后袭击努米底亚的罗马人西提乌斯统治这里，自己马不停蹄地率军继续北上，去清剿各处的庞培余部。经过三个月的东征西讨，恺撒又回到罗马，此前已有人回去为他准备了一个规模空前的凯旋仪式。恺撒回罗马那天，全国放假，所有的地方都是人山人海。开始是众人簇拥着的恺撒，然后是高官们组成的游行队伍，再之后是经过精心准备的各种战利品和俘虏，代表了恺撒军团在不同地区和不同民族作战取得的辉煌胜利。在这一天里，恺撒达到了充满荣誉和骄傲的人生顶峰。

恺撒再度回到罗马后，立刻着手进行各种改革，包括给北意大利和西西里岛居民以罗马公民权，请专家制作儒略历，建立和平广场等。虽然他是一个极好的行政官，但做为罗马最优秀的统帅，他不得不经常四处征讨，治理内政的过程一次次被打断。

公元前45年，庞培的两个儿子逃到西班牙发动叛乱。恺撒再次远征西班牙，于孟达会战中击败叛军，庞培长子劳斯阵亡，次子流亡西西里。恺撒回国之后，于公元前44年宣布成为终身独裁官。

公元前44年，为拯救跟随克拉苏在卡莱会战中被俘虏的9千名罗马士兵，恺撒宣布将远征帕提亚。但当时的占卜师说“只有王者才能征服帕提亚”，这句话令共和派成员深感不安，他们认为这是恺撒即将称王的前兆。在同年2月的牧神节典礼上，已获恺撒谅解并被任命为执政官的安东尼做出了一个惊人的举动，他将花环献给恺撒并称呼恺撒为王。虽然恺撒当场予以拒绝，但这件事令共和派更加惶恐不安，他们于是下定决心谋刺恺撒，日子就定在3月15日元老会那天。

元老会前一天，恺撒和雷必达一起用餐时，突然提出一个问题：“怎样一种死法是最好的？”大家纷纷发表意见。最后恺撒表示，他愿意突然而死。元老院会议这天，恺撒只身一人前往会议厅。虽然事先已经得到警告，说有人这天要谋刺他，但是他仍然拒绝带卫队。他说：“要卫队来保护，那是胆小鬼干的事。”恺撒大步走进大厅，坐到黄金宝座上，笑着说：“现在不就是3月15日吗？”这时阴谋者都身藏短剑，像朋友一样围在他身边。其中的一个人跑到他面前，抓住他的紫袍，装作有什么事要询问他一样。这是动手的暗号，众人一拥而上，用短剑刺向恺撒。恺撒没带任何武器，他奋力夺下紫袍，进行反抗，但腰部中了一剑。紧接着又一剑刺进了他的大腿。他看见这一剑正是他最信任的马库斯·布鲁图刺的，不由得惊呼：“啊，还有你，布鲁图！”最后他放弃了抵抗，颓然

◎ 卡穆奇尼·文森佐油画作品《恺撒之死》

倒下，用紫袍蒙面，听任他的仇敌乱刺乱砍。他全身一共被刺二十三处，其中有处是致命的，而最巧合的是，他死的时候正好倒在庞培雕像的脚下。

得知恺撒被刺的消息后，安东尼等恺撒派议员立刻逃出了会场。而在杀死恺撒之后，布鲁图说：“我爱恺撒，但我更爱罗马！”可是罗马的平民没有一个人对恺撒之死表示高兴。当凶手提着血淋淋的短剑走出元老院高喊“我们自由了”的时候，大街上却空无一人。人们已经从此前逃出的议员口中得知恺撒被刺的消息，他们躲进家里静观事态发展，原本熙熙攘攘的罗马已经变得静寂。和之前预料的欢呼场面正好相反，凶手们看到的只是人们冷漠的表情和充满怀疑的目光。

回想起恺撒之前以宽大仁慈对待自己的政敌，而政敌却残忍地谋杀了他，不能不说是他养虎为患。公平的说，恺撒的所作所为确实有独裁的性质，从“伟大统帅”、“终身独裁官”、“国父”、“纠纷官”等一系列的头衔就能看得出来。恺撒击败庞培之后，大权独揽、政由己出，甚至远在战场上都要遥控指挥罗马的一切，这对于具有长期贵族共和传统的罗马共和国来说确实是不能容忍的，恺撒的存在就是对民主制度的侵犯。但是话又说回来，当时罗马的民主还称不上真正的民主，并不是全民参政的现代民主，本质上还是元老贵族共同掌握权力。恺撒大权独揽，压缩了元老贵族的权力，他们刺死恺撒也谈不上有什么正义性，只是争权夺利而已。而且恺撒本身还是继承自马略的平民派，实施了很多有利平民的措施，这些又被元老贵族们所反对。

对罗马平民来说，恺撒对外战争的辉煌胜利给他们带来巨大的荣誉感，而且大大拓展了罗马的疆土。也许这些远比元老贵族之间的权力平衡游戏更重要，这些从他们对恺撒之死的态度上就能看得出来。恺撒虽然被刺死了，但历史发展的趋势无法阻挡。罗马共和国很快就要走到尽头，另外一个属于罗马的帝国时代即将来临。

刺死恺撒后，密谋者们建议把恺撒最主要的支持者安东尼和雷必达也杀了，不知是因为良心不安还是为了回报恺撒宽容对待政敌的做法，布鲁图拒绝了这个建议，他说："我们做的事是对独裁者的处决，而不是政治阴谋。"安东尼并不知道这些，他担心遭到政敌的报复，化装成奴隶逃出了罗马。

接下来的几天里罗马的局势一片混乱，恺撒的奴隶连夜潜入元老院偷出了恺撒的尸体。第二天，布鲁图等反恺撒议员召集群众集会，向全罗马说明刺杀恺撒的原因，台下的观众包括大批对恺撒忠心耿耿的军团士兵。布鲁图说他们此举是为了全体罗马人的自由，让他们不再做恺撒一人的奴隶。第二个发言的是马略曾经的同盟者秦纳，他不仅没有参与刺杀，而且从政治立场上来说和恺撒也是一个派系的，但当他听说恺撒遇刺的消息后，第一时间前去见刺杀者并表示对他们的支持。秦纳大肆攻击恺撒，当他说到要把恺撒的尸体扔进台伯河时，台下群众愤怒了，刺杀者被赶下了台，在奴隶的保护下从广场后的暗道逃走。

安东尼闻讯后潜回罗马，找到了恺撒的遗孀卡尔普尼娅，从她那里看到恺撒生前就写好的一份遗嘱。除了涉及个人财产的处理和人事安排外，恺撒在遗嘱里还指定养子屋大维为自己的继承人，并让他继承尤里乌斯·恺撒家族姓氏，这令安东尼非常失望。

恺撒继承人之争

屋大维出生于小城韦莱特里，其父是元老院议员，又担任过马其顿总督，后来

◎ 存于梵蒂冈博物馆的屋大维雕像

死在任上。其母阿提娅不久后就改嫁，按照罗马习惯，女子改嫁通常不带和前夫所生的孩子，于是屋大维和姐姐从小由祖母尤莉娅抚养。而尤莉娅是恺撒的亲妹妹，早年丧夫后回娘家居住，因此屋大维从小也是在恺撒家长大的。后来恺撒将屋大维收为养子，同时也打算将他培养成未来的接班人。和安东尼正好相反，屋大维擅长内政却缺乏军事才能，为了弥补他这个缺陷，恺撒给他安排了一个很有军事天分却出身卑微的副手。恺撒遇刺的时候，屋大维只有18岁，此时正在国外远征军团军中，而且对大多数罗马人来说，屋大维这个名字非常陌生。安东尼于是萌生了取而代之的想法，首先他凭借遗嘱监督人的身份，以保护恺撒财产为名义，将预备远征帕提亚之用的1亿赛斯特斯巨款控制在手里，然后派人和刺杀集团联系，试图找到解决方案。很快安东尼和雷必达等恺撒派和刺杀集团于藏身处举行了一次元老院会议，却没有通知也参与刺杀阴谋的西塞罗。刺杀集团这时才知道恺撒遗嘱的内容，他们中的很多人都在恺撒人事安排的名单上，这时他们开始对反对恺撒产生了动摇。最后双方达成一个妥协方案，安东尼担任执政官，对违背誓言刺杀恺撒的原恺撒派成员不再追究责任，同时刺杀集团也支持恺撒政治模式的继续推广，按恺撒生前的人事安排分配职务，布鲁图等人也都分到了行省总督的职位。除人事安排外，元老院会议还决定继续沿袭恺撒的政治构想，一是吸纳高卢和西班牙两个行省的代表进入元老院；二是继续给予非本土出身者罗马公民权的政策。安东尼也做了一个让步，那就是废除“终身独裁官”的称号，而恺撒生前一直积极筹备的远征帕提亚之事在会上无一人提起。据说西塞罗得知这个结果后感叹道：“早知如此，当初何必刺杀恺撒？”

第二天，罗马给恺撒举行了隆重的葬礼。安东尼站在古罗马广场的讲坛上，面对恺撒的遗体，宣读了恺撒的遗嘱。他表示会遵照遗嘱赠与每位罗马公民300赛斯特斯，以及会把恺撒位于台伯河畔的私人花园捐出来作为公共活动场所，同时他也谴责了违背誓言刺杀恺撒的前恺撒派成员们，最后歌颂了一番恺撒的功绩，追悼会结束。然而市民的怒火却没有消失，他们冲进刺杀者的住处。不过刺杀集团成员早已提前躲避，并没有人在骚乱中受伤。

当上执政官之后，安东尼违背了恺撒的遗嘱，没有将恺撒的遗产分赠给每位公民，而是将这笔巨款花在充实自己的军备上。此外，他还安插自己的亲信担任重要职务，恺撒的得力战将雷必达此时已投靠了他，被任命为继恺撒之后的大祭司，另一名恺撒派重要成员多拉贝拉被任命为执政官，他这种安排是有用意的，完全是针对屋大维继承恺撒家族姓氏而设置的。虽然恺撒遗命让屋大维继承恺撒家族姓氏，但按照规定这件事首先要得到大祭司的认可，然后还要在公民大会上得到通过。大祭司雷必达性格温顺，现在已经听命于安东尼，而召集公民大会的权又掌握在两位执政官手中，这种安排为屋大维顺利继承姓氏设置了强大的阻力。就在安东尼为巩固权力而努力的时候，他最不想看到的人出现了。公元前 44 年 4 月，18 岁的屋大维在意大利南部的布林迪亚登陆，这时距离恺撒遇刺已经有了一个月。

此前屋大维是奉恺撒之命，前往希腊西海岸的阿波罗尼亚军为远征帕提亚集结军队。恺撒遇刺的消息传来时，他还在军中，当时军中将领们劝这位恺撒指定的继承人先不要返回罗马，留在前线静观其变，但屋大维还是决定返回罗马，以继承恺撒给他留下的一切。

屋大维遵守国家法律规定，未带军队返回罗马，只带了几名随从。他在布林迪亚登陆后，沿阿皮亚大道北上，先来到其继父、前执政官菲利普斯的家里。听到这一消息后，很多恺撒派成员纷纷从罗马赶到这里，聚集在屋大维周围。他们虽然对恺撒选屋大维为继承人非常意外，但还是表示会绝对遵守恺撒的遗愿。另外屋大维还拜访了西塞罗，被这位前辈称为“我的孩子”。很快支持者们簇拥着屋大维北上罗马，安东尼非常冷淡地迎接了这位竞争对手。在 36 岁的安东尼眼中，屋大维只是个孩子，除了那份遗嘱外，无论年龄和履历都无法和自己竞争。

屋大维很快以见尊长的礼节去安东尼家中拜访，但在关键性问题上却一点也不含糊。他首先表示继承恺撒政治遗产的决心，然后要求安东尼归还此前被他私吞的恺撒留下的金库。按照罗马传统，社会名流去世后，其子必须举办戏剧、体育竞技等活动以为纪念，花费不菲，而屋大维自己却负担不起，因此他需要这笔钱来举办活动，以履行养子的义务，好对公众有个交代。如果屋大维办不成这件事，罗马公民可能会非常失望从而怀疑他继承人的资格，这正是安东尼希望看到的，因此他迟迟不肯归还金库。

陷入困境的屋大维没有放弃，他紧接着去拜访恺撒生前两位财力雄厚的好友，希望他们能够提供经济支持。这种政治投机肯定是划算的，对方答应全力支持。然而无处不在的西塞罗这次又从中作梗，劝说两位富豪之一的马提乌斯不要帮助屋大维，他不希望屋大维顺利继承，然而却被对方义正严辞地拒绝了。最后恺撒的纪念活动在 7 月顺利举行，屋大维漂亮地赢得了第一回合的胜利。同时罗马公民对这位 18 岁“孩子”的印象大为改观，从此以后罗马人再也不会问“谁是屋大维了”了，他们甚至从此以后以 Julius（尤里乌斯）称呼七月。

尽管屋大维威望如日中天，但因为只有 18 岁，便无法成为元老院成员，而且安东尼并没有放弃对他的排挤。安东尼让雷必达停止给屋大维办理养子的手续，而且在元老院通过违反恺撒生前安排的人事设置议案。执政官任期满后，安东尼任山南高卢（北意大利行省）总督，多拉贝拉任叙利亚行省总督，任期都是五年。这样做的用意很明显，即使安东尼卸任执政官，也可以率兵从北意大利行省越过卢比孔河威胁罗马，从而左右政局，这算是自从恺撒死后安东尼首次公开表明要成为恺撒继承人。另外一项内容是对布鲁图等刺杀集团人员的安排，布鲁图和卡西乌斯已分别前往希腊和叙利亚上任以躲避危机，安东尼让他们的任期一直延续到公元前44年末，距离任期结束只有四个月时间，这段时间里他们就可以名正言顺的以公职人员身份出境，而不是被流放，这样就可以在“不伤及名誉的情况下逃往国外”。安东尼这样做的原因是想得到以西塞罗首的刺杀派的选票，这时屋大维已经成为他最大的敌人了。

然而西塞罗这时却打算拉拢屋大维对抗安东尼，他开始将矛头始转向安东尼。从9月开始，西塞罗连续发表了十四篇反安东尼的演说，他指责安东尼只有匹夫之勇，而且沉湎于酒色，除了嗓门大之外一无是处，只是个像角斗士一样的普通男人。与此同时，他不仅没有攻击屋大维，还对其大加赞扬，希望他能看清安东尼的真面目，与自己合作，同时希望把群众煽动起来把安东尼赶下台。然而西塞罗的这些目的都没达到，只是让那些倾向于屋大维的元老院议员疏远了安东尼而已。屋大维这时早已不是西塞罗眼中的那个“孩子”了，他这时也积累了不少实力，除了刚开始的那些支持者，他还聚拢了大批原恺撒手下的精锐部队，然而这时他并不愿意和安东尼直接对抗，更不愿意为西塞罗所利用。

到了10月份，胶着的局势终于即将发生变化。预备远征帕提亚的军团从希腊回来了，为了将这批军队收为己用，安东尼先赶到了军团登陆的布林迪亚港。他拿出恺撒的金库希望收买这支部队，当初之所以不还给屋大维就是为了今天之用。然而大部分军人拒绝听从安东尼的指挥，表示只愿意跟随恺撒生前指定的继承人。安东尼又以执政官名义让北意大利总督德奇姆斯·布鲁图（恺撒以前的军团长，后来加入反恺撒阵营，并非刺杀恺撒的那个布鲁图）马上卸任，以便他亲自掌握北意大利的部队以对抗屋大维。布鲁图不肯放弃兵权，因为他深知自己为支持恺撒的人所仇

◎ 古罗马时期的狂欢宴会

恨，一旦失去军队就意味着任人宰割。安东尼决定率军前往征讨，沿途他用高额赏金征集了很多部队，然而到达卢比孔河的时候，花大价钱招募来的军队又倒向了屋大维，但他还拥有不少的兵力，将布鲁图围困在摩德纳城中。

这时西塞罗又出来活动，他首先赞扬是屋大维把罗马从安东尼的暴政下解救了出来，现在当务之急应该是前去解救布鲁图。20 天后执政官进行换届，按照恺撒生前的安排，希尔提乌斯和巴苏斯当选新执政官，这俩人都曾是恺撒的亲信，现在都支持屋大维，而且与西塞罗关系要好。西塞罗于是提出两个议案：一、正式授予屋大维以恺撒继承人的身份；二、对安东尼发出“元老院最终劝告”，并宣布其为国家公敌。不过元老院没有通过这两个议案，因为屋大维毕竟太年轻，“元老院最终劝告”这种非常措施也不是轻易就启用的，最后元老院决定派使者前去劝告安东尼停止内战，结果不了了之，安东尼很自然地加以拒绝了。

而屋大维此时却不再安坐，开始募集资金组建军队。2 个月后，屋大维和两位新执政官带领 4 个军团赶到交战前线。安东尼不得不撤围前来迎战，很快被屋大维击败向西撤退，但两位执政官都战死沙场，他们的部队都被屋大维收编。布鲁图虽然被解救，但不为忠于恺撒的士兵所容，只得逃亡希腊，半路上被高卢部落抓获送到安东尼手里。安东尼毫不犹豫地处死了布鲁图。此前去叙利亚任职的多拉贝拉也杀死了背叛恺撒的托雷波尼乌斯。两名叛徒的头颅被送往罗马，放在古罗马广场的讲坛上示众。给恺撒的复仇终于开始了，但却是以恺撒最不愿意看到的方式。

取得胜利后，屋大维并没有听西塞罗的建议追击安东尼，而是返回了罗马。在屋大维的武力压迫下，元老院无力与之抗衡，而且两位执政官都已战死。虽然年龄不够，最后元老院还是同意屋大维出任候补执政官。在公民大会上，屋大维却以压倒性的投票优势出任正式执政官，另外一名执政官由恺撒的外甥佩提乌斯担任。屋大维上台后的第一件事，就是履行了成为恺撒养子的公证程序，此后屋大维开始正式使用盖乌斯·尤里乌斯·恺撒这个名字，而元老们也开始称呼他为“恺撒”（为方便阅读起见，下文仍然使用屋大维的称呼）。屋大维做的第二件事，就是促成佩提乌斯提出的《佩提乌斯法》的出台，根据此法，那些背弃誓言谋杀恺撒的人全部被判有罪，并处以流放。这件事给一直关注局势发展的西塞罗以极大的震撼。

罗马后三头同盟

正式成为恺撒继承人后，屋大维带领着 11 个军团的庞大兵力，前往北意大利行省。不过与此同时，他始终和西塞罗保持通信，情真意切地向这位智者请教问题。西塞罗也因此对屋大维抱有一丝幻想，总希望屋大维能够战胜安东尼，《佩提乌斯法》规定的流放总比安东尼的直接处死政策要好得多。

安东尼此时也聚集了一支大军，他联

◎ *恺撒遇刺前后的罗马版图*

络了高卢、西班牙等行省的总督组成反对屋大维的联盟。而雷必达等支持屋大维的各行省总督也率军北上，加入屋大维的大军。屋大维却对战胜安东尼没有信心，和对手比起来自己的军事才能非常欠缺。这时雷必达、普兰库斯、帕里奥等已升任行省总督的前恺撒的军团长们，也率军北上赶来和屋大维回合。

在雷必达的劝说下，屋大维首先向安东尼发出和解的信号，同时也让佩里乌斯撤销了宣布安东尼为公敌的法令。最后屋大维和安东尼在雷必达的陪同下到博诺尼亚附近的一个河中小岛上会面，经过两天的艰难谈判，他们最终达成了一个协定：这三位恺撒派人士将组成一个“组建国家政权的三人集团”（triumviri rei publicae constituendae），为期五年，到公元前 38 年 12 月 31 日结束。即史称“后三头同盟”。与秘密协定性质的“前三头同盟”不同，这个“后三头同盟”是依据公元前 43 年通过的《提蒂亚法》（lex Titia）合法组建的。此外“三巨头”将罗马西部行省进行重新划分：屋大维得到了撒丁岛、西西里岛和阿非利加（Africa），安东尼得到的是山南高卢和山北高卢，雷必达得到的是西班牙和那旁尼西斯高卢。

后三头同盟执政后的第一件事就是制定一份“黑名单”，违反恺撒一贯宽容的做法，用最冷酷无情的方式彻底清除政敌，罗马又回到了苏拉恐怖政治时代。名单涉及了 300 多名元老院议员和 2 千多名骑士阶层成员，其中130多人被定为“国家公敌”，在未经审判的情况下直接处死，这些人以前大多是庞培的支持者，在恺撒的宽容政策下继续保持地位的那批人。然而这些人大部分并没有参与刺杀恺撒的阴谋，事后也没有秘密支持刺杀者，“三巨头”正是借为恺撒复仇的机会将反对势力斩草除根。此外“三巨头”搞大清洗还有一个目的，那就是为自己的政治活动筹措资金，2 千多名富有的政敌被罚没全部财产，充实了“三巨头”的腰包。

那位在通信中被安东尼口口声声称为“长者”的西塞罗名列黑名单榜首，罪名是“为刺杀恺撒提供思想指导”。三巨头联盟形成之后，西塞罗就因对政局彻底失望离开了罗马。一开始他打算乘船前往希腊去投靠布鲁图，但其弟昆图斯被自己连累上了黑名单，他不肯撇下弟弟独自逃生。当面对前来抓捕他的军队时，西塞罗放弃了抵抗，并且告诉打算保护他的奴隶们说：“勿行此无用之事。”最后西塞罗的头颅和右手被砍下带回罗马，放在古罗马广场示众。

在“三巨头”刚执政这段时间里，清洗风暴席卷了整个意大利半岛。当年苏拉发明的告密者奖赏制度再次被启用，整个罗马人人自危。黑名单成员的家人也被抓了起来，哪怕是妇女儿童也要受到严刑拷打，被要求说出他们的丈夫或父亲的藏身之地。一旦追捕对象被发现，就会立刻被砍下头颅送回罗马，连押运的过程都省略了。直到后来古罗马广场的讲坛上密密麻麻摆满了首级，比苏拉时代有过之而无不及。

公元前 42 年 1 月 1 日，元老院通过一项决议，将故去的恺撒尊称为“神”，这是除罗马开国君主罗慕路斯外第一个被封神的人。为了维持恺撒“神君”的形象，除记录恺撒巅峰时期辉煌的《高卢战记》和《内战记》外，屋大维将恺撒的其他作品全部付之一炬。罗马人民对将恺撒神格化也持欢迎态度，在他们眼中战无不胜的恺撒确实像神一样具有无上的力量，即使在他死后仍然还是罗马人的守护神。

将恺撒封神正是屋大维复仇计划的第一步。刺杀恺撒的布鲁图和卡西乌斯现在正在希腊整军备战，此前的大清洗深深地刺激了他们，他们明白只有手中掌握武力才能保护自己。屋大维要对付他们必须拉上安东尼，而安东尼此时正积极地扩充自己的实力，对复仇一事并不热心。将恺撒封为神，刺杀罗马守护神的叛徒自然也成了必须要解决的国家公敌，安东尼自然就无法再推脱。当年夏天，经过仔细筹划，雷必达留在罗马管理后方，安东尼和屋大维率领 19 个军团的大军，浩浩荡荡地渡过亚得里亚海前往希腊。

在这段时间里，布鲁图和卡西乌斯也做好了充分的准备。他们首先杀掉了安东尼派来的叙利亚总督多拉贝拉，然后在各自的行省里加征赋税，调集了包括 2 万骑兵在内的 10 万大军。安东尼 – 屋大维联军登陆后，布鲁图采取了防守战略。屋大维和安东尼远道而来，所带粮草有限，此时正在闹饥荒的埃及也无法给他们提供援助，因此布鲁图和卡西乌斯坚守到对方粮尽援绝时再出击是最好的选择。事实上也正是如此，由于补给断绝，饥饿的恐慌开始在安东尼和屋大维的军中蔓延，安东尼只得下令军队主动出击，最后两军在希腊北部腓力比城西的开阔平原上遭遇并扎营对峙。

在联军的统帅权上，屋大维和安东尼谁都不肯听对方的指挥，于是在屋大维的建议下，两人决定各自率军分别和两支敌军交战：战争分成南北两线展开，安东尼在南线对阵卡西乌斯，屋大维在北线对阵布鲁图。

在南线战场上，卡西乌斯看准了对方的弱点，无论安东尼如何邀战，始终坚守营地不肯出战。战线南面是块沼泽地，安东尼于是打算在沼泽地上秘密建起一条长堤来，出其不意地从侧面袭击对手。不过这个计划被卡西乌斯发现了，他也派兵去建一条横向的长堤以截断对手。安东尼见对方兵力分散有可乘之机，于是集中兵力猛攻敌军工事和长堤之间的缺口，很快撕开了对方的防线并攻占了卡西乌斯的大营，卡西乌斯带兵从长堤赶回来支援，士气旺盛的安东尼军又轻易地把他们击溃。与此同时北线战场上也正发生激烈的交战。布鲁图手下那些纪律松散的部队终于忍受不住对方的挑衅，不等布鲁图命令就高喊着“自由”的口号向敌人阵地猛扑而去，布鲁图只好被动地前去指挥作战，然而这次进攻却收到了出人意料的效果，防守松懈的屋大维军四散奔逃。布鲁图军冲进屋大维的大营，却发现屋大维已经逃走，愤怒的士兵们把他的睡床砍成了碎片。

这时战败的卡西乌斯逃到了一座小山上，当登高观察战场局势时，一贯以冷静著称的他错把屋大维营地看成了布鲁图的营地，那些冲天的烟柱和到处燃烧的火光让他误以为布鲁图也战败了。卡西乌斯彻

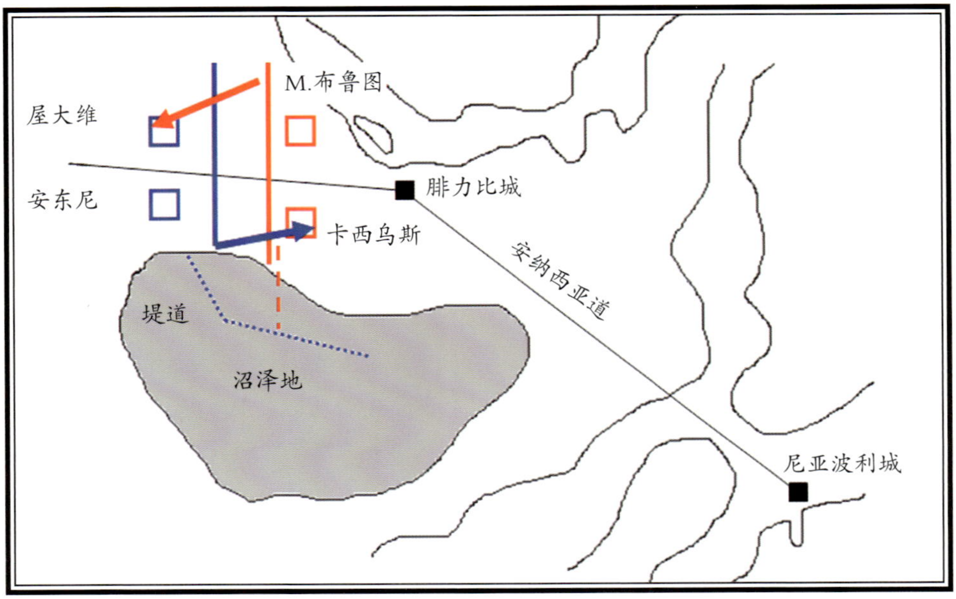

◎ 腓力比战役第一阶段示意图

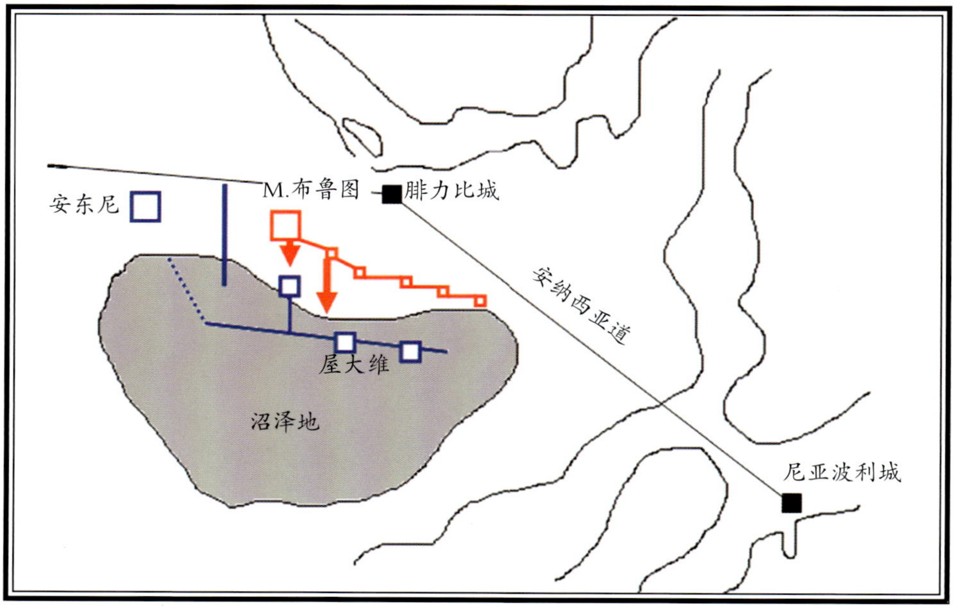

◎ 腓力比战役第二阶段示意图

底丧失了信心，他宣布释放贴身的奴隶，并让奴隶杀死自己。等战胜的布鲁图赶到时，这位号称叛军中最强的将领已经气绝身亡。

为了避免侧翼被包围，在接下来的战斗中布鲁图只得将战线往南延伸，背靠大海又构建了更为坚固的防守阵地。陆上战斗正在激烈进行时，布鲁图一方的海上力量消灭了安东尼和屋大维带来的运输舰队。布鲁图并不知道这个胜利的消息，相反，绝望的情绪在他的军队中蔓延开来，士兵们极力要求主动出击，放弃坚固防线去和敌人决一死战。这时布鲁图也没有了取胜的信心，于是同意了这个要求。10月23日下午，布鲁图军发起了最后的进攻，双方发生激烈的近身肉搏战。布鲁图下令士兵们抛下弓箭和长矛，列成战斗队形冲入对方军阵，和敌人举剑相互砍杀。很快布鲁图军的攻势开始减弱下来，安东尼乘机发起反攻，敌军全线崩溃。布鲁图逃进附近的森林里，属下劝他逃到别处东山再起，可布鲁图最后选择了自杀。

腓力比战事到此终于结束，安东尼和屋大维一方获得了胜利，而共和主义者的根基被彻底摧毁，从此以后个人独裁在罗马不再有强大的阻力。值得一提的是，战败之后布鲁图和卡西乌斯的余部纷纷选择向安东尼投降，一方面是因为安东尼在这场战争中表现得最为卓越，另外一方面，年轻的屋大维在他们眼中更加残酷嗜杀。因此在这场战役里，安东尼成了最大的受益者，既获得了巨大的声望，又收编了大量敌人余部。

因为在战场上比屋大维更优越的表现，

在瓜分战后利益上，安东尼也占尽了上风。腓力比战役之后，安东尼和屋大维达成一个协议，罗马的疆土被一分二，安东尼掌管东部诸行省，屋大维掌管西部诸行省。这样的划分明显对安东尼有利，东部地区一直是罗马的主要赋税来源地，而且对安东尼来说，掌握这里也是为了远征帕提亚做准备。如果征服了帕提亚就等于是完成了恺撒未竟的事业，即使屋大维是恺撒的指定继承人，在声望上也将比不了自己。罗马西部地区除了贫瘠外，在广袤的地中海上还有大量的庞培余部在活动，治理这里将是非常头疼的事。

对屋大维来说，选择西部也有一些有利条件。首先，首都罗马就位于西部，掌握西部就更接近本土，对罗马就更有影响力，这一优势是其他优势都无法比拟的。其次，掌握西部更方便组建军队，因为按照规定，作战时的主力罗马步兵军团必须由具有罗马公民权的人组成，不仅罗马位于西部，而且新获得公民权的意大利半岛和高卢地区也位于西部，因此西部拥有更多的罗马公民。这就意味着，一旦安东尼和屋大维之间爆发战争，屋大维手中就拥有更多的罗马军团，而安东尼只能更多地依赖异族佣军，而这些异族有时候未必靠得住。

至于第三位巨头雷必达，虽然后三头同盟仍然在发挥效力，但在分割领土上雷必达已经完全被撇在了一边，其他两人只是在有需要的时候才会想起他，大多数时间都是无视他的存在。

罗马东部各属国已经习惯于依附罗马内战中的得胜者，就像法耶罗之战后归顺恺撒一样，腓力比会战后他们又转而支持安东尼。而安东尼也像当年的恺撒一样，得胜之后开始巡视东部各盟国，会见各国国王，这是维持东部地区稳定的必要手段。最后安东尼来到小亚细亚半岛东南部，在滨海的行省首府塔鲁苏斯休息时传召了埃及女王克娄巴特拉七世。克娄巴特拉七世在腓力比会战中曾给布鲁图提供过军事援助，安东尼召她前来，除了要巩固和埃及的同盟关系外，也是为了责问她此事。

克娄巴特拉七世以前访问罗马时安东尼见过她，但当时自己只是恺撒的副手，没有什么过深的交往，但现在安东尼已成为罗马的最高统治者，加上克娄巴特拉七世又支持过布鲁图，因此他对这位恺撒的旧情人已不再那么客气。然而克娄巴特拉七世却显示出高超的政治智慧，不仅化解了因支持布鲁图带给自己的危机，而且用征服恺撒的方式征服了安东尼。

钟情于埃及艳后

据说，正当安东尼打算给这位埃及女王一个下马威时，克娄巴特拉七世乘着一艘华丽到极致的游船沿着河流缓缓驶入塔鲁苏斯市区，打扮成维纳斯的埃及女王被女奴簇拥着出现在安东尼面前。被克娄巴特拉七世迷住的安东尼完全忘记了她之前的背叛，立刻邀请她共进午餐，而埃及女王却邀请安东尼上船小聚，最后安东尼听从她的建议，而且后来也不再提支持布鲁图的事。克娄巴特拉七世轻易地战胜了本

◎ 埃及艳后与安东尼的会面

来要兴师问罪的安东尼，但为了巩固这种关系，她邀请安东尼以私人身份去埃及和她再次相会，安东尼自然非常愉快地接受了邀请。

为了安排好这次相会，克娄巴特拉七世对安东尼的喜好和性格做了详尽的研究，以前招待恺撒用的那种方法对安东尼并不适用。恺撒即使在度假期间，也没有完全把政务抛在脑后。在埃及休息期间，他每天仍然坚持写《内战记》，而且花很多时间研究尼罗河水源问题、埃及的国情，同时还根据天文学家和数学家的最新研究思考历法改革问题。恺撒对衣食是否华美、住处是否舒适并不在意，对那些东方式的豪华生活也缺乏兴趣。因此当时克娄巴特拉七世唯一能做的就是陪伴在恺撒身边，或者给恺撒在尼罗河上旅行提供舒适的游船。

而安东尼正如他的政敌所攻击的那样，是个容易沉湎于酒色的人。谙熟此道的埃及女王据此采取了与对待恺撒完全不同的方法。她给安东尼营造了奢华至极的宫廷生活氛围，而且精心准备了来自全世界各地的珍馐美味，同时还有宫廷乐师、舞妓和魔术师为宴会助兴，日日欢宴，夜夜笙歌。与此同时，她又为安东尼安排了非常别致的消遣方式，邀请他和自己一起乘船去尼罗河上钓鱼。一开始安东尼毫无所获，为了挽回颜面他命令奴隶潜入水底将鱼挂在钩上，结果满载而归。聪明的克娄巴特拉七世看破了他的伎俩，但却没有说破。第二天克娄巴特拉七世也暗中让奴隶潜下水给安东尼鱼钩上挂鱼，不过这次挂的是鱼干。当安东尼钓上鱼干的时候尴尬异常，克娄巴特拉七世和随从们忍不住哈哈大笑。为了化解尴尬，女王向安东尼说道：“我无比伟大的将军，小小鱼儿岂能入您的法眼？您所钓的必是王国和城市啊。”安东尼不仅没有生气，反而被她的这种小伎俩弄得心醉神迷。

正当安东尼在埃及与克娄巴特拉七世缠绵缱绻时，屋大维正被国内的动乱折磨得焦头烂额。前往东方巡视之前，安东尼指使妻子富尔达娅和弟弟路奇乌斯在罗马中部的贝鲁吉亚发动叛乱，而屋大维并不擅长指挥作战，而且恺撒留给他的助手阿格里帕也缺乏临战经验，叛乱始终无法镇压，甚至一度还被安东尼派的动乱逼入绝境。然而屋大维是个很有毅力的人，虽然屡屡战败但始终坚忍不拔，经过多次苦战最后渐渐占据上风，控制了局面，将两个叛乱者赶到了希腊。

局面发生了根本性逆转，而不重视情报工作的安东尼却毫不知情。当他意气风发地回到国内打算收拾残局时，才知道自己精心安排的计划已经失败。屋大维亲自前往安东尼登陆的布林迪西港迎接他，安东尼只好把责任全部推给妻子富尔达娅，声称自己毫不知情，连路奇乌斯也是受到了妻子的蛊惑，后来富尔达娅在希腊听到这个消息后，怒极而死。屋大维自然不肯相信他的话，但自己的军队在镇压叛乱时损失也很大，只好假装深信不疑。

两人都没有把握通过军事手段战胜对方，因此在屋大维的谋臣梅塞纳斯的调停下，双方在登陆地布林迪西达成了新的妥协方案《布林迪西协定》，将罗马分成三大块：安东尼继续占据东部，屋大维继续掌管西部，而南部和阿非利加行省则交给雷必达统治。与腓力比战役之后那次为了秩序的势力范围划分不同，这次划分是确定各自统治区域的范围，然后在此基础上签订一个互不侵犯协议。为了确保协定的执行，安东尼和屋大维又进行了政治联姻：安东尼娶屋大维的姐姐屋大维娅为妻，屋大维则娶安东尼的继女克劳狄娅为妻。这时从埃及传来克娄巴特拉七世产下双胞胎的消息，但安东尼仍然如期和屋大维娅举行婚礼。

在此后的两年里，双方都保持了难得的平静。安东尼和屋大维娅在雅典过着朴实清淡的生活，然而屋大维在西部的统治却渐渐稳固。经过苦战，屋大维终于战胜了西部最强劲的敌人——庞培次子克斯图斯·庞培。这一胜利让安东尼深感不安，两年来他的名字渐渐淡出罗马人的视线，这时只有通过打败罗马宿敌帕提亚才能保住自己声望，于是远征帕提亚又提上议事日程。

远征之前，安东尼写信召克娄巴特拉七世来见面，埃及女王接信后立刻赶来，不仅带了安东尼远征所需的充足金钱和物资，还带来了那对从来没见过父亲的双胞胎。见到克娄巴特拉七世之后，安东尼再度坠入情网，不仅按她要求和她举行了婚礼，而且承认了那对双胞胎是自己的儿子。按照希腊传统，两人在希腊和埃及发行了正面反面分别印着两人侧面像的纪念货币。最令人惊讶的是，他居然把东方诸城邦的统治权当成了新婚礼物送给了妻子，而这些地方大多是罗马行省或罗马同盟国的领地。就这样，克娄巴特拉七世通过婚姻事

◎ 克娄巴特拉七世与安东尼钱币头像

实上恢复了两百年前的埃及领土。罗马人异常震惊，重婚本身就违反了罗马法律，而且将如此一大片领土像私人财产一样赠给盟国更是为所罗马人不能容，但安东尼对这一切都不在意，他认为只要远征帕提亚能取得胜利就足以得到罗马人的原谅。

公元前 36 年春，远征大军正式出发。安东尼集结了三倍于克拉苏远征军的兵力，共计 16 个罗马军团 6 万人，以及从西班牙和高卢等地征集来的骑兵 1 万人，此外还有来自东方各城邦的支援兵力 4 万人。而对手所有兵力加在一起只有 4 万人，由归降帕提亚的希腊人莫内斯指挥。此时帕提亚也处于王位纷争带来的内乱中，而且也缺乏像击败克拉苏的苏雷纳斯那样的优秀将领，因此包括克娄巴特拉七世在内都认为这场战争安东尼一方稳操胜券。

为了满足新婚妻子占领帕提亚的野心，安东尼也改变了罗马此前以打击帕提亚巩固防线为主的战略，他这次远征的目的是要征服帕提亚。这个计划，安东尼没有对士兵们明言，因为罗马军人不会为了满足异族女王的野心而流血牺牲。然而东方诸城邦对此看得一清二楚，他们不肯为了埃及女王的私欲而作战，而且一旦帕提亚被占领，他们保卫边境的作用将不复存在，地位也会大大下降，最后他们倒向了帕提亚。这样一来形势急转直下，原本是罗马盟友的诸城邦联反而和帕提亚站在了同一战线上。

渡过幼发拉底河后，罗马军队进入了帕提亚米底亚行省境内。安东尼下令将所有攻城器械都留在后面，其余军队轻装疾行，结果在围攻米底亚的首府时，只好花大量的人力和时间筑起一座土堆来攻城。帕提亚军队并没有正面迎敌，而派遣一支精锐骑兵袭击罗马人的辎重部队，先是全歼了押运粮草的 2 个军团，夺走了所有的军需，将带不走的攻城器械全部烧毁，而且还切断了罗马人的补给路线。安东尼下令就地筹粮，然而在敌境筹粮是件很危险的事，很多士兵出去后便没再能回来。罗马军被阻于坚城之下，而这时帕提亚国王佛拉特四世率领的野战主力出现在罗马军背后。安东尼决定先对付佛拉特四世，命令主力前往迎战，帕提亚军全线后撤。罗马人追出 30 公里，仅仅消灭 100 多个敌人。但在这段时间里城里的守军冲了出来，把土山上攻城的罗马军队打回营地。

双方开始僵持起来，罗马军队补给日渐困难。但帕提亚人也不轻松，他们的部队由松散的部落军队组成，如果入秋以后还不能结束战事，帕提亚国王也不能保证他们还会在寒冷的冬天为自己效命，到时候帕提亚军队就会自动解散。两支军队的士气都变得非常低落，安东尼明白这次出征是无法取胜的了，于是派人和佛拉特四世谈判，以对方归还俘获的鹰旗和战俘为撤军条件。佛拉特四世拒绝了这一要求，但表示如果安东尼愿意撤军，他保证不会加以阻拦。

数日后，安东尼决定撤军。罗马人全军集合，向亚美尼亚撤退。一开始很顺利，走到第三天时，大军遇到一条堤岸被破坏的河流，河水漫到道路上挡住去路。安东尼立刻明白可能是敌人在这里设下埋伏，

◎ 正在使用攻城器械进行攻城的罗马军队

◎ 正在与帕提亚骑兵作战的罗马军队

于是下令全军戒备，把投石手和标枪手布置在外围。很快帕提亚弓骑兵就从各个方向杀出，用弓箭向罗马人射击，但自己遭受的伤亡也不小。紧接着又是第二波袭击，但被高卢骑兵打退了。此战之后，安东尼便下令行军时部队组成一个大方阵，投石手和标枪手掩护两翼和后侧，骑兵追击时不准远离大队。接下来的几天里，帕提亚人虽然屡屡偷袭，但每次袭击的战果都小于自己的损失，于是追击的热情慢慢减退，罗马人安全地退回了国境线，避免了克拉苏那样的全军覆没。

远征失败的消息不到一个月就传遍了整个罗马，安东尼和帕提亚鏖战时，屋大维正集中兵力收复亚得里亚海东部的伊利里亚地区，他没有多余的兵力而且也不愿意援助安东尼。而安东尼的另一个妻子屋大维娅却积极地设法援助深陷困境的丈夫，她携带了大量物资和金钱，亲自率领着雇来的 2 千士兵前往东方和丈夫汇合，行至希腊时忽然收到安东尼的亲笔信，信中让她把物资和士兵留下，本人立刻返回罗马。屋大维娅素来听从丈夫，于是顺从地返回了罗马。

屋大维得知此事非常生气，他写信给姐姐，告诉她不必为安东尼尽妻子的责任，更不必抚养他与前妻生的孩子，然而屋大维娅却没有听从弟弟的劝告。这件事也在罗马公众当中引起怒火，他们对安东尼和屋大维之间的争斗并无兴趣，但堪称人妻典范的屋大维娅这次遭到如此不公的对待，再加上安东尼之前的所作所为和最近远征的失败，让安东尼的公众形象降到了历史最低点。

屋大维自然不肯放过这样一个打击对手的绝好机会，经过精心准备，他在元老院公布了安东尼留在女祭司处的遗嘱。安东尼在遗嘱中明言，死后的遗产全部留给他和克娄巴特拉七世所生的孩子，完全无视与富尔达娅及屋大维娅两位罗马上流女性的关系。第二项内容更加让人惊愕，安东尼要求自己死后葬在亚历山大港。

罗马人被这份遗嘱彻底地激怒了，在他们眼中安东尼不仅是背叛妻子的负心人，而且是背叛祖国的败类。

最后的穷途末路

公元前 32 年，屋大维认为时机已经成熟，正式向众叛亲离的安东尼宣战。

跟以往历次争斗不同，这次屋大维巧妙地把他和安东尼之间的个人斗争变成罗马和埃及之间的国家斗争，当年秋天所有的罗马地方城邦一致推举屋大维为“保卫罗马、狙击埃及全军总司令”，甚至部分一直追随安东尼的将领得知真相后也弃他而去。东方属国也深知这场战争的原因，无人参与安东尼的军队迎击屋大维。

安东尼并不太把这些当回事，主要原因在于他的海军比起屋大维的具有很大的优势。除了拥有 6 万 5 千名重装步兵、2 万名轻步兵和 1 万 2 千名骑兵外，安东尼一方还有 500 艘大型战船，如此大规模的海军在地中海历史上堪称史无前例。此战陆军和海军的费用几乎全部来自埃及，可见克娄巴特拉七世也把所有的希望都寄托在这场战争上了。屋大维一方有 8 万名重步兵、1 万 2 千名骑兵和 400 艘战船，虽然他的海

◎ 古罗马时期的战船

◎ 古罗马时期地中海海战场景

军在数量上处于劣势，但在战船性能上有两个明显的优势，一是所有战船都备有一种可以投掷的火器，近战中可以令敌船起火；二是罗马的战船经过改造后船头更加坚固锐利，对敌船的冲击力更强。

屋大维渡海前往希腊时，安东尼把舰队布置在希腊东北部的普雷伟扎湾，以便屋大维军登陆时他能够从附近进行截击。然而在陆战海战谁是主导的问题上，安东尼军内部却产生了严重的分歧。将领们一致主张先进行陆上会战，因为这正是安东尼的强项，但克娄巴特拉七世却主张先在海上进行作战，因为己方在海上力量占优势，最后安东尼支持了克娄巴特拉七世的建议。安东尼这么做是因为屋大维手下的百夫长们是主动请求参加这次决战的，这些百夫长在恺撒时期就南征北战，安东尼深知其战斗力，因此他对陆战能否获胜也缺乏信心。紧接着克娄巴特拉七世又提出万一海战失败该如何善后的问题，最后作战会议决定万一战败全军一起撤往埃及。这一做法是非常不明智的，即使统帅对战败之后的对策有所考虑，但也不应该公之于众，这样只会让军队彻底丧失获胜的信心。

克娄巴特拉参七世与作战会议次数日益增多，安东尼的将领们逐渐陷入绝望，除了她所提的建议非常荒唐外，还因为她埃及女王的身份。将领们觉得自己效忠的只应该是罗马，而不是埃及女王的丈夫。当屋大维在希腊登陆时，很多将领背离安东尼而去，而且带走了他们的士兵，经常是天还没亮安东尼军中已空帐累累。安东尼下令抓住逃兵一律处死，但这样反而加

◎ 古罗马时期地中海海战的壮观场面

剧了士兵的逃亡。事情到了这个地步，原本打算坚守消耗敌人的安东尼不得不寻求速战速决了。

屋大维掌握了这些情况，于是用一种更巧妙的方法来加剧对方的瓦解。当前来投诚的士兵说自己虽然离开了安东尼，但也不愿意和他兵戎相见时，屋大维尊重了他们的意愿，准许他们以自由之身回国。这个消息传到安东尼军中，逃亡变得更加普遍了。事到如今，海战已经成了唯一的选择。然而在陆军低落士气的影响下，海军也开始逃亡。安东尼别无选择，只有马上出战。

公元前31年9月2日清晨，最后的海上决战拉开了序幕。

安东尼的船队迎着朝阳顺风而行，渐渐驶出普雷伟扎湾。今天的风向对安东尼非常有利，他的计划是利用自己战船数量

和吨位的优势，采取侧翼包抄战术消灭敌人。恰好屋大维的总指挥阿格里帕也采用了同样的包围战术，在普雷伟扎湾狭窄的入口处截击敌人，可以弥补自己战船数量上的不足。

安东尼率领的右翼船队率先冲向敌人，克娄巴特拉七世的旗舰在埃及战船的保护下排列在中间位置第二梯队。屋大维的船队也已在海面上排成弧形严阵以待，屋大维坐镇中央，阿格里帕率领的船队位于左翼，正对安东尼的船队。双方接战后，海面上火光四起，喊杀声惊天动地，接近1千艘战船相互激烈交战，整个海湾入口处宛如人间地狱。

整个海湾入口处宛如人间地狱。这时克娄巴特拉七世也赶来助战，然而眼前的骇人景象令这个从未见过战争的女人肝胆俱裂。她不肯再参与作战，而是下令扬帆撤退。巨大的紫色风帆鼓风而行，在战场上极其显眼，守卫女王的60艘战船也全部扬起风帆追随而去，脱离了战场。

这时曾经威名赫赫的安东尼仿佛忘了自己罗马将领的身份，居然也下意识地竖起风帆跟随克娄巴特拉七世逃走。临走前他看到了被他遗弃的船队已被敌军团团包围，这些被卡在狭窄入口处来不及逃走的战船全部高举船桨。目睹这一切的安东尼趴在船尾瑟瑟发抖，丝毫动弹不得。对于这一天的安东尼，古罗马历史学家毫不留情地批评道："作为男人，他的生命在这一瞬间已经终结。"

罗马军队俘获了300艘战船，屋大维饶恕了所有士兵的生命，但将所有埃及战船的船首切下来保存，船身全部烧毁。

安东尼仅剩的陆军部队在帕特雷待了整整7天以等待命令，但始终没有收到安

◎ 安东尼之死

东尼的任何消息。到了第8天，这些忠诚的部队向屋大维投降，并得到了他的宽恕。

逃到埃及后，安东尼给屋大维写信，希望用自己的一死来换取他对克娄巴特拉七世的饶恕，然而安东尼没有得到回复。克娄巴特拉七世也给屋大维写信，表示自己愿意退位，请求屋大维同意让她的儿子继承埃及王位。屋大维给她回了信，只是让她自动解除武装。

屋大维很快率军来到埃及，克娄巴特拉七世躲进藏有宝藏的神庙并且把入口封死。安东尼别无选择，只得带领残存的骑兵前往抵抗。战斗非常激烈，安东尼占了上风，眼看就要胜利的时候，情势急转直下，他手下的士兵再度倒戈，投向了屋大维，安东尼只得再次逃跑。这时埃及的使者赶来向他报告了女王的死讯，万念俱灰的安东尼告诉身边的奴隶：“履行约定的时刻到了。”这是他和奴隶事先约好杀死他的暗号，然而奴隶不肯杀他，而是拔剑自杀了。安东尼拔出奴隶自杀用的剑，刺向了自己。这时又一批使者赶到，向他报告女王并没有死。原来在谎报自己的死讯后，克娄巴特拉七世立刻后悔了，赶快派人告诉安东尼真相。失血过多的安东尼用最后的力气对身边的人说，希望能够把他抬到女王身边。随从将安东尼抬到神庙外，把他从高处的空窗塞了进去。克娄巴特拉七世含泪抱住了浑身是血的安东尼，而安东尼也如愿以偿死地在了心爱的女人的怀里。

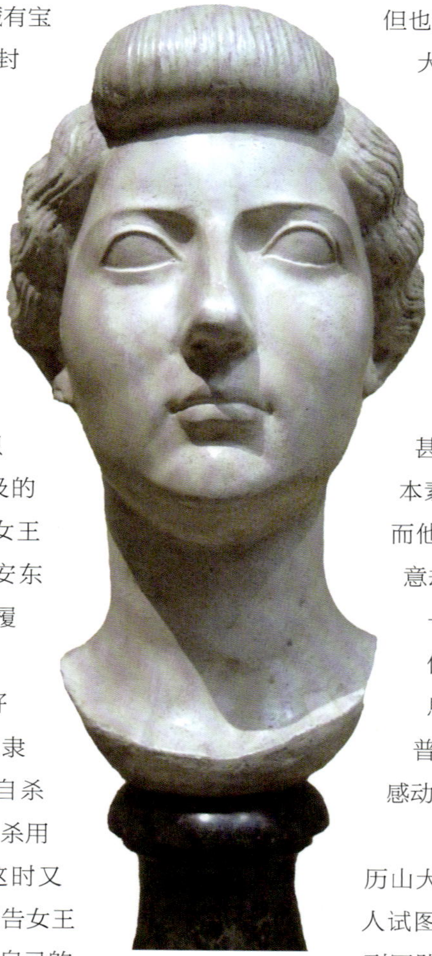

◎ *安东尼的妻子屋大维娅*

这位死在女人怀里的罗马将军虽然和恺撒比起来明显缺乏政治才能，但也不失为一代名将，在和屋大维的斗争中也经常处于上风。他本来有可能成为统治全罗马的胜利者，但自从宠信克娄巴特拉七世之后渐渐变得众叛亲离。他败给屋大维绝不是因为军事才能有所不如，而是完全失去了民心，最后甚至到了连一个将军的基本素养都丧失了的地步。然而他对克娄巴特拉七世的爱意却维持到了他生命的最后一刻，作为一个政治家，他无疑是一个令人扼腕叹息的失败者，但作为一个普通人，他却是一个令人感动的痴情汉。

这时屋大维也进入了亚历山大，而埃及首都并没有一人试图去抵抗这位胜利者。直到军队进入王宫，屋大维才得知安东尼的死讯，他什么也没说，只是让人把埃及女王活着带到他面前。克娄巴特拉七世不肯出来，希望以神庙里的财宝为条件，换取她和恺撒的儿子继承王位。屋大维什么也没说，只是率军攻入神庙，除了将女王带出来外，里面的财宝自然也落入他手中。

屋大维下令将 17 岁的恺撒之子处死，而女王和安东尼所生的三个孩子则带回罗马交给屋大维娅抚养。数日后，克娄巴特拉七世自杀，一代传奇女王也走向了人生终点。

战胜了安东尼后，屋大维已再无对手，成为笑到最后的胜利者。四年后，罗马元老院授予屋大维“奥古斯都”的称号，这一称号虽不是皇帝但实质上等同于皇帝。延续近五百年的罗马共和国历史到此处正式结束，那个后来同样是威名赫赫的罗马帝国正式登上历史舞台。

尼禄·克劳狄乌斯·凯撒

Nero

身负污名的罗马帝国皇帝

作者 / 章毅

啊，一位多么伟大的艺术家将要死去了呀！

——尼禄

枭雄录

HERO

公元54年10月14日，已经是黄昏时分，从拉丁与杜斯古尔那边山地吹来的非常寒冷的晚风夹杂着细密的冻雨，落在众多站在荷斯季里乌斯元老院广场上的人头上。不过依然有越来越多的人汇集到广场上，形成了一片人海。所有的人正用夹杂着不安与希望的复杂心情凝视着元老院大门前那些排列整齐的近卫军士兵，等待着新皇帝的诞生。

终于，元老院的大门打开了，两个穿着紫袍的少年在元老们的簇拥下走了出来，他们的头上戴着月桂枝制成的花冠，人群顿时骚动起来，随着年纪较大的那个少年举起自己的右手，广场上的人群爆发出一阵阵的欢呼声，近卫军的士兵们也开始有节奏地用武器敲击着盾牌，发出欢呼声。

就在十几个小时前，朱利乌斯皇朝的第四任皇帝提贝里乌斯·克劳狄乌斯·凯撒·奥古斯都·日耳曼尼库斯在一次家庭晚宴后突然离开人世。坊间传言克劳狄的侄女，同时也是皇帝的第四任妻子阿格里皮娜毒死了丈夫，目的是为了让自己的亲生儿子、年仅十七岁的尼禄·克劳狄乌斯·凯撒（全名为尼禄·克劳狄乌斯·凯撒·奥古斯都·日耳曼尼库斯，又名尼禄·克劳狄乌斯·凯撒·杜路苏斯·日耳曼尼库斯，Nero Claudius Caesar Drusus Germanicus）登上至尊之位。

◎ 元老院会堂遗址

元首之名的皇帝

自从公元前30年，屋大维消灭安东尼之后，他实际上已经成为“后三头”中共和国唯一的独裁者了（马尔库斯·埃米利乌斯·雷必达虽然还保留着祭司长的职位，但已经被剥夺了全部的军队和权力，不过有个空头衔罢了）。但摆在屋大维面前的还有两个巨大的难题：一、将自己依靠武力篡夺的权力“合法化”，并选择一个可靠的继承者；二、消灭残余的反对派（主要是在元老院的共和派显贵）。

在屋大维剩余的大约44年的在位时间中，他成功地在不破坏共和国外衣的前提下做到了第一条，而第二条则做得不多。从某种意义上讲，当屋大维于公元14年离开人世的时候，元老院中共和派的势力比公元前29年屋大维从埃及返回罗马时还要强大一些。

出现这种奇怪现象的原因有两个。

首先，屋大维的所有行动都是在“复古”旗号下进行的。可能是由于舅公恺撒被刺杀的前车之鉴，但更大的可能性是当时整个社会上的“复古”思潮。屋大维一直都很小心地将自己的行动隐藏在维护共和制度的外衣之下，以避免被扣上“独裁者”和“企图成为国王”的罪名，成为暗杀或者阴谋的对象。实际上，罗马朱利乌斯王朝的最高统治者更应该翻译成“元首“而非“皇帝”。因为从屋大维到尼禄，朱利乌斯皇朝的几位最高统治者的权力其实主要由四个官职叠加而成：终身保民官、所有军队和行省的最高统帅、首席元老、祭司长；另外还要加上一些特殊和临时的职务，比如“祖国之父”的荣誉称号、对“风俗与法律”的监察官、对罗马粮食输入的关怀者、对罗马城市下水道和公共建筑的管理权。最后，还有元首本人所拥有的巨大私人财产（比如埃及行省就是元首的私人领地，还有无数内战中没收而来的财产），使得元首有经济基础来维持军队对他本人的忠诚。

◎ 尼禄头像

在元首的四项权力中，终身保民官使他可以否决和控制所有的民政管理（保民官对元老院通过的所有决议有否决权，为此元老院还特别通过了一项法令，给予奥古斯都及其继承者一个例外，因为保民官只能由平民而非贵族担任）；对军队和行省的最高统帅权使得他可以垄断对军队的控制权力；首席元老使得他可以控制元老院的议程；而祭司长则使得他可以在宗教事务中占据主导地位（古罗马的宗教生活和政治生活密切联系，很难分开，比如共和国时贵族们就经常通过祭司长宣布临时的宗教节日让元老院和公民大会休会来拖延对他们不利的表决）。不难看出，以上四项权力的来源都是元老院和公民大会。考虑到屋大维上台后公民大会作用的弱化和内战时期军阀对元老院权威的削弱，屋大维的所作所为在某种程度上还加强了元老院的权威（当然他的最终目的还是抬高自身的地位）。因此，这种依靠元老院同时授予多项官职来获得“权力合法性”的“元首”和古代世界“君权神授”的“皇帝”、“国王”是有着巨大差异的。

其次，罗马共和国的最后一百年几乎充满着连绵不断的内战，内战的双方都采用宣布公敌名单、没收财产、大屠杀等极其残酷的手段来消灭政敌。在残酷的内战中，一切革命和民主的力量都被消耗殆尽，无论是贵族还是平民都还记得内战的恐怖，都渴求和平，哪怕是独裁者统治下的和平。但是屋大维统治的44年时间里，社会已经从内战的恐怖中恢复过来了，参加和目睹内战的一代人基本死去了，新生的人们却是在和平的共和国中长大的，忘记了战争的恐怖。而屋大维的继任者们却是宫廷中长大的，他们将自己看成是天生拥有大权的专制君主。于是在屋大维死后，出现了这样一种奇怪的现象：最高统治者将自己视为皇帝，而公民却并不将自己视为臣民。更糟糕的是，从屋大维开始，历任元首用获释奴隶组成了直属自己的官僚结构。虽然理论上他们的权限不过是管理元首巨大私人财产的管家罢了（元首的私人财产极其庞大，而且绝大多数支出用于军队和其他公共服务），但实际上他们的权力范围却逐渐扩大到所有行省与意大利。这些获释奴隶虽然有巨大的权力和财富，但在社会中的地位却没有相应地提高，在统治阶层中也没有足够的影响力，因此元首在统治阶层中除了军队以外就没有任何其他有力的支持者了。显然，屋大维之后的历任元首是无法像一个国王那样正常统治的，采用公开的和系统化的暴力手段来实施恐怖政治是他们唯一的选择。但暴力从来不是单向的，元首们也付出了生命的代价，尼禄之前的提比略、卡里古拉、克劳狄几乎都是死于阴谋和政变。因此，屋大维之后的几任朱利乌斯王朝的统治者所统治时期被称为“恐怖时代”也就不足为奇了。

在屋大维之后、尼禄之前的三位统治者，即提比略、卡里古拉、克劳狄三人中，相对提比略和卡里古拉，克劳狄与元老院、与显贵们的关系要好得多，其原因有克劳狄个人方面的也有外部方面的。在个人方面，克劳狄幼年时在身心方面就并不太健全，因此他即使成年以后在宫廷和罗马的顶层政治生活中都处于边缘地位，他能够登上帝位也完全是一场偶然。公元 41 年，当时的皇帝卡里古拉被近卫军中的阴谋者用匕首刺杀，由于阴谋者没有在事先拟定继承者，因此在卡里古拉死后的两天时间里是虚位的。元老院甚至准备取消元首制恢复到原有的共和制，而此时几名近卫军的士兵正好遇到了卡里古拉的叔父，在军队中享有巨大威望的日耳曼尼乌斯的弟弟克劳狄，士兵们立即将他带到军营里并向他欢呼，拥立他为统帅。看到大势已定的元老院也只得承认既成事实，追认了元首拥有的其他头衔和权力。当时已经 50 多岁的克劳狄从个性上是一个与其说温和，毋宁说迟钝的人，他自然不会有精力像前两位元首那样搞清洗。当然，提比略与卡里古拉已经将元老院中绝大多数的反对派都“处理”掉了。到了克劳狄这一代，从屋大维就开始建立的以释放奴隶担任的，管理元首巨大的地产和财产（实际上已经包括整个帝国事务）为主要任务的直属元首本人的官僚机构已经相当健全，其代表便是四个宫廷办公厅，这个强大的官僚机构有足够的能力架空原有的以元老院为核心的共和国权力机构，克劳狄也不太需要使用恐怖政治的办法来确保自己的统治。

由于提比略、卡里古拉、克劳狄三人的执政时间并不长（提比略上台时间为公元 14 年，而克劳狄去世为公元 54 年，三人加起来还没有屋大维一人在位时间长），尼禄继位时的大部分罗马人都亲身经历过了提比略与卡里古拉的黑暗恐怖时代，也度过了相对宽松的克劳狄时代，他们对即将上任的皇帝抱有怎么样的心情就不难揣测了——“是卡里古拉还是克劳狄呢？”

应该说，尼禄在刚刚继位时的名声还是不错的，即使是以“丑闻的贩卖者”而闻名的苏维托尼乌斯（罗马历史学家，其作品以低俗著称）在他的《十二帝王传》里也不得不承认尼禄在刚刚登上大位时对生父与义父孝思，对母亲爱崇（他继位第一天给卫队长的口令就是“良母”，倒是阿格里皮娜的所作所为和“良母”差了十万八千里）。尼禄继位之初就宣布要按照奥古斯都的温和原则统治，甚至以自己年幼为理由拒绝传统上元首的“祖国之父”的头衔，而且绝不放过任何可以显示自己慷慨、仁慈、谦逊与善良的机会。最重要的是，他将检举违反巴比乌斯法的告密者的赏银压缩为原先的四分之一，这条法律是元首们用于打击元老院中的政敌的有力武器，任何被认为对元首不予以“尊重”的人假如被告发的话就会被处死或者流放，其财产也将会被没收，告密者将得到四分之一的赏金。尼禄削减告密者赏金的行为显然是为了向元老院示好。除此之外，登基之初，尼禄还向罗马人民发放赏金，每人 400 赛斯特尔提乌斯；给予即将破产的元老补助金，以让他们的财产符合元老的资格；拿出大笔的钱财举办赛会；向贫民发放粮食与各种礼物；在角斗时没有让任何角斗士被杀；而且在与人接触的时候，表现得非常谦逊，无需提醒他便向各个阶层的人致意，但别人向他致谢时，尼禄则回答“当我能配得上的时候再感谢吧”。一言以蔽之，尼禄在企图讨好罗马城内的所有人——从底层的平民到元老们，此时的他俨然是一个“纯良少年”。

但实际上，从尼禄的父母来看，他的血脉中似乎留着残暴的基因。尼禄的父系是多密提乌斯氏族中的阿赫诺巴而比家族，从外表上他也遗传了这个氏族中一个十分著名的外貌特征——青铜色的胡子。关于这个家族，罗马人有一句谚语：“阿赫诺巴而比家族的人有青铜色的胡子一点也不奇怪，因为他们还长着铁脸和铅心。”一直以来，这个家族就以残酷无情、专横跋扈、纵欲无度而闻名罗马。而尼禄的母亲阿格里皮娜则是著名的日耳曼尼库斯（卡里古拉的父亲，奥古斯都的侄儿和养孙，以品德高尚和忠于共和国而闻名）的女儿。阿格里皮娜是个有着极强权力欲的女人，为了满足自己的权力欲，世间没有什么法律和道德是她所不敢践踏的。像这样的女人，即使在见惯各种荒淫无耻行为的罗马贵族中也是极其罕见的。传说当尼禄刚刚出生时，一个占星术士告诉阿格里皮娜她的儿子即将成为国王，但他的母亲也将死于他手，而阿格里皮娜笑着答道：“只要他称王，那就让他杀死我吧！”

宫廷阴谋中成长

当尼禄 3 岁的时候，他的生父多密提乌斯离开了人世，按照遗嘱，还在幼年的他应该能够享有三分之一的遗产。但当时的元首卡里古拉（他是尼禄的舅舅）以共享继承权的理由夺走了这份遗产，不久后他的母亲阿格里皮娜也被流放了。姑母列比达收养了这个一贫如洗的孩子，但他是由几个奴隶养大的，这与他的高贵出身非常不配。如果留意一下朱利乌斯王朝几个有权触及最高权力的家族主要成员的生平，将会发现他们的婚姻状况极为不正常，充满了乱伦和近亲通奸，完全是政治联姻和性欲的产物，夫妻间的正常感情极其罕见，而且家族男性成员在未成年期间的非正常死亡率出奇得高，显然这是当权者消灭潜在威胁的结果。正如第二任皇帝提比略所说的“我们的家族没有兄弟，兄弟会自相残杀，父子也会相残，这是命运”。不难想象，尼禄是在怎样的一种环境里度过自己的幼年生活的。

公元 41 年，克劳狄登上了大位。作为元首为数不多的近亲（日耳曼尼乌斯家族成员在提比略与卡里古拉执政时就死得差不多了），尼禄的母亲阿格里皮娜从流放地返回了罗马，重新进入了帝国的核心权力圈。回到母亲身边的尼禄不但收回了生父的遗产，而且还得到了养父的一部分遗产。阿格里皮娜返回罗马后结了婚，但不久就毒死了自己的新丈夫帕西安努斯·克里斯普斯——罗马当时最富有的人之一。

凭借自己的血统和财富，阿格里皮娜成为了当时帝国地位最高的两个女人之一。另外一个是元首克劳狄的第三任妻子美萨里娜，这两个女人之间有着尖锐的矛盾，原因很简单——尼禄对美萨里娜的儿子布列塔尼库斯继承大位构成了威胁。

◎ 克劳狄胸像

朱利乌斯皇朝的罗马还处于从城邦共和国加行省的联合体转到统一大帝国的“中间态”，掌握权力的是占帝国人口极少数的罗马显贵，行省居民基本处于无权状态。换句话说，掌握最高权力的朱利乌斯－克劳狄乌斯家族在显贵中是处于一种孤立无援状态的。因为权力的高度集中同时也意味着能插手权力的人数极少，而且同质化程度很高。朱利乌斯－克劳狄乌斯家族根本无法通过分化制衡的办法削弱其他显贵，也无法从其他行省居民中得到支持者，因为高层政治与行省居民根本无关。为了减小内耗，朱利乌斯－克劳狄乌斯家族经常通过家族内部成员联姻和相互收养加强内部团结，而这种联姻在很多时候根本是违背伦常的。比如尼禄与他的第一任妻子屋大维娅，尼禄的母亲是屋大维娅的父亲的侄女，夫妻双方不是一个辈分，两人之间也有很近的血缘关系。最高权力的传承也并非简单的父子传承，因为元首本质是共和国的高级官员，并非真正的国王，对继承者的年龄和能力有相当的要求。而且权力基础的薄弱也使得元首在很多时候不得不将权力交给成年的近亲而非年幼的儿子。克劳狄当

◎ 尼禄之母“小阿格里皮娜”头像

时已经年近60，身体状况并不好，所以年长布列塔尼库斯4岁的尼禄从某种意义上讲更有资格继承大位。

美萨里娜与阿格里皮娜的矛盾很快激化到了尖锐的程度。美萨里娜干脆派出刺客想要在尼禄午睡时将他勒死，但是一个惊人的意外发生了，刺客在走近床边时发现一条蟒蛇从尼禄的枕头下面钻了出来，惊恐的刺客认为这是神在护佑这个孩子，于是逃走了.人们在枕头上发现了蛇留下的蜕皮，一名预言家声称这预示尼禄将从老年人手中得到权力，正如他从老蛇那儿得到蜕皮一样（古时候人们认为蛇能够通过蜕皮而返老还童）。

不管上面的故事是否为阿格里皮娜编造的谣言，有一点是确定无疑的，那就是阿格里皮娜是这场战争的最后胜利者。公元48年，美萨里娜被克劳狄勒令自杀，原因是她趁克劳狄不在罗马时与自己的情夫盖乌斯·西利乌斯举行了一场婚礼。元首这么做并非出于一个丈夫的嫉妒，当时罗马上层阶级的道德已经沦丧得一塌糊涂，以至于婚姻与家庭不再是人们追求的对象，反而被认为是一种妨碍他们寻欢作乐的讨厌的桎梏，贵族妇女们为了满足欲望对自己的肉体甚至比妓女还要轻率。已经年过五旬，自小又以低能和迟钝而闻名的克劳狄在肉体方面对美萨里娜可没有什么吸引力，元首也早就知道了自己的妻子拥有众多的情人，也对此处之泰然。真正让克劳狄下杀手的原因是情夫的身份。盖乌斯·西利乌斯是近卫军的一名高级军官，美萨里娜与他的婚姻只能意味着一件事情：一场武装政变即将发生。

但如果将所有已知事实的碎片拼接起来，就会发现一些隐藏得更深的东西。在此之前，美萨里娜为了夺取一名元首秘书波利比乌斯的豪宅，以大逆谋反为理由让克劳狄处死了他；当克劳狄得知妻子与他人结婚赶回罗马，清洗了近卫军，换上亲信布鲁斯担任军官之后，阻挡皇后美萨里娜向丈夫求情挽回局面的正是元首的另一名私人秘书纳尔奇苏斯；而促成克劳狄与阿格里皮娜的第四次婚姻的是一名元首秘书帕拉斯，帕拉斯和布鲁斯在克劳狄死后尼禄能够继承元首之位中起到了极其关键的作用，正是这两个人分别控制了宫廷和近卫军，确保尼禄在前往元老院之前封锁了消息并收买了军队。

看到这里，应该可以得出这样一个结论，在这场两个女人之间的战争中，决定胜负的关键是阿格里皮娜争取到了元首身边的亲信集团，尤其是释放奴隶组成的私人秘书们的支持。美萨里娜虽然处死了其中一人，但还是因为关键时候无法向自己的元首丈夫当面施加影响而失败了。

接下来的事就顺理成章了，阿格里皮娜竭尽自己的所有能力勾引了枕边空虚的元首和叔叔。凭借近亲的身份，她有权进入宫廷之中，有很多与克劳狄亲密接触的机会，这是一个很大的优势。一年之后（公元 49 年），克劳狄就与阿格里皮娜结婚了，而尼禄也成为了元首的养子与女婿（他与克劳狄前妻的女儿屋大维娅订婚了）。

克劳狄最后的几年生活中充满了不幸，他的新婚妻子与释放奴秘书们结成了紧密的同盟，他们就好像骡夫操纵自己的牲口那样操纵着元首，将一个又一个威胁着尼禄继承权的人送上黄泉，总计有 35 名元老和 300 多名骑士，其中包括克劳狄两个女儿的丈夫，唯一能够幸免于难的是克劳狄的亲生儿子——布列塔尼库斯，因为他当时还年幼，不过他也在克劳狄死后不久遇害。

在克劳狄人生的最后一年，这个迟钝的老人越来越表现出对自己所做的事感到

◎ 在三榻餐厅里进餐的罗马贵族

◎ 塞涅卡头像

后悔。他很后悔与阿格里皮娜这样一个权力欲极重的女人结婚，并收养尼禄为子。于是他提前给予布列塔尼库斯成人长袍，并在元老院向元老们恳请他们关心自己年幼的孩子。一切都在向阿格里皮娜发出警报：尼禄的继承权并非板上钉钉。

公元54年10月12日的傍晚，克劳狄正像平时一样享受着自己的晚餐，他是个十分贪图口腹之欲的大胖子。突然，他丢下手中的餐具，抓住自己的脖子，咽喉里发出痛苦的嘶嘶声。旁边的侍从和亲人慌忙地将他扶起，地板上散落着吃剩的蘑菇，这是他最喜欢的菜肴。这个可怜的老人受了一整晚的折磨，次日黎明才断了气。阿格里皮娜和元首的亲信们封锁了消息，并迅速将尼禄用乘舆带到近卫军兵营，让他向士兵们发表简短的演讲，许下丰厚的赏金，在得到了近卫军的支持后，尼禄才前往元老院。

接下来就是本篇开始的那一幕，尼禄继承了每一任朱利乌斯王朝的元首所有的头衔，除了“祖国之父”。

不过，继位之初的尼禄并没有能力处理复杂的国政，处理具体事务的是近卫军的长官阿佛拉尼乌斯·布鲁斯和尼禄的私人老师安奈乌斯·塞涅卡。后者是著名的斯多葛派哲学家、第一流的行政官僚和宫廷学者、阴谋家和伪君子，同时还是罗马首屈一指的富翁和高利贷者。这两个人参与了阿格里皮娜谋杀前任元首的阴谋，现在他们企图控制尼禄，将权力的重心转回到与元老院合作的路线上来。

无疑布鲁斯与塞涅卡的行为最终是不可能成功的，相比起臃肿迟钝的元老院，元首辖下的官僚机器更适宜作为统治罗马帝国的工具。而且摆在两人面前的还有另外一个更直接的问题：如何应对元首的母亲的挑战。

对于阿格里皮娜来说，儿子尼禄不过是又一个她用来掌握权力的工具，克劳狄死后，帝国的最高权力应该也只能属于她所有。布鲁斯与塞涅卡这两个前政治盟友此时已经成为了阻挡她控制尼禄的障碍，于是宫廷内部又爆发了一场新的斗争——阿格里皮娜派和塞涅卡派争夺元首尼禄的斗争。双方都竭力采用一切可能的手段讨好尼禄，其中最常见的办法就是讨好、献媚、满足元首的欲望和艺术偏好，哪怕这种欲望对元首本人和国家是如何地不健康和有害。一个17岁的年轻人在这样的环境中成长是不会有什么好的结果的。

弑母之后的残暴

两派的斗争很快就决出了胜负，比起阿格里皮娜的严苛控制，塞涅卡更善于讨好或者说满足自己学生的欲望，或者说更没有下限。为了削弱阿格里皮娜的影响力，他将一个十分美丽的女奴阿克特送到了尼禄的身边。相比起母亲为自己选择的身份高贵的妻子，尼禄很快就被美丽温柔的阿克特迷住了，并给予阿克特自由，一些溜须拍马者甚至想方设法地寻找依据证明阿克特是帕加马王室的后裔，因为元首不可能和一个卑贱的奴隶结婚。被儿子的行为激怒的阿格里皮娜亮出了自己的底牌，她威胁尼禄自己将和布列塔尼库斯——前任元首的亲生儿子——到近卫军军营去，让士兵们选择谁才是真正的元首。

阿格里皮娜的威胁起到了作用，更确切的说是反作用。公元 55 年，布列塔尼库斯突然中毒身亡，这严重地伤害了尼禄与阿格里皮娜之间原本就并不稳固的母子关系，塞涅卡与布鲁斯成为了胜利者。

◎ 与尼禄一起观看角斗表演的波培娅·萨宾娜

塞涅卡与布鲁斯的胜利给其他人树立了一个很不妙的榜样，罗马上流社会的每一个人都看到年轻的元首是一个不能控制自己欲望的年轻人。很快，仿效者就出现了。公元 58 年，另一位罗马贵族撒尔维尤斯·奥托将自己美丽的妻子带到了尼禄的面前，这就是罗马贵妇人波培娅·萨宾娜。尼禄很快就被她迷住了，他设法让奥托与她离了婚，并想要让她成为自己的妻子。

这件事情成为了压断元首与其母亲脆弱关系的最后一根稻草。阿格里皮娜此时已经被逐出宫廷，被剥夺了全部荣誉和权力以及随身卫队。元首的妻子屋大维娅同时也是阿格里皮娜的养女，阿格里皮娜用极其激烈的态度反对尼禄与她离婚，因为这将剥夺她对儿子的最后一点影响力。

阿格里皮娜的反对并没有影响尼禄的决定，他迫不及待地与屋大维娅离了婚，理由是她不生育，这个可怜的女人不久后被流放，最后在公元 62 年以通奸罪被处死。为了找到足够的证据，尼禄干脆让一个心腹做伪证声称他曾经与屋大维娅通奸。

应该说尼禄对他的新妻子波培娅·萨宾娜是有真正的爱情的，虽然这种爱情可能是扭曲的。他在与前妻离婚后的第 12 天就与波培娅结婚了，在随后的相当长一段时间，尼禄都成为了这个有着女神外表的恶毒妇人的奴隶。

阿格里皮娜的末日终于来到了，无论是波培娅还是塞涅卡都很清楚阿格里皮娜行事的无所顾忌和对权力的可怕渴望，如果有一天这个女人重新回到权力的中心，她一定会使用一切可能的办法报复自己。而且这并不是不可能的。根据很多古代历史学家的记载，阿格里皮娜为了控制自己的儿子，甚至与尼禄发生了乱伦的肉体关系，尼禄身边也有一个与阿格里皮娜容貌非常相似的妓女。为什么不趁着尼禄与阿格里皮娜的关系降到最低点的机会彻底消灭这个隐患呢？

要让尼禄相信阿格里皮娜正在策划一个反对自己的阴谋并不难，实际上这甚至不全是一个谎言，为了重新回到权力中心阿格里皮娜是不惮于做任何事情的。更不要说塞涅卡还能得到波培娅·萨宾娜的帮助，这个美丽而又恶毒的女人已经能够像操纵木偶一样操纵尼禄。很快，塞涅卡就如愿以偿了，此时的尼禄脑海中已经完全没有了道德的概念，只想着永远逃脱母亲的控制和监视。他建造了一条用胶粘合而成的大船，一旦进入水中船就会解体。然后尼禄邀请阿格里皮娜来贝亚过节，在她返回住处时他预先命令将所有的其他船只调走或者凿穿，只留下那条特制的船。但事不如人愿，阿格里皮娜的确如尼禄所预想的那样登上了船，船也解体了，但擅长游泳的阿格里皮娜脱险了。从母亲的获释奴信使口中得到这个消息的尼禄异常失望，他干脆将一把匕首塞到这个倒霉的获释奴的身边，然后声称这是母亲派来的刺客，并以此为理由派出士兵杀死了阿格里皮娜。同时尼禄还让士兵们制造一种假象，仿佛阿格里皮娜是用自杀来逃避已经败露的罪行。

就这样，阿格里皮娜于公元 59 年死掉了。这个女人无论是生前还是死后都给尼禄造成了极其重要的影响，弑母的罪恶感一直在拷问着这个懦弱的灵魂。与许多恶人不同的是，尼禄心里很清楚自己这么做是错的，事后他也会感到恐惧和惭愧，他只是无法控制自己，身边的那些人和他自己的欲望最后毁了他。在梦中，母亲的鬼魂和蛇发的复仇女神挥舞着皮鞭和火把追逐着他，尼禄不得不多次让祭司举办祭典来祛散阴魂和祈求宽恕。此外，尼禄在前往希腊旅行时，甚至不敢参与著名的厄琉息斯秘仪，因为在仪式开始前，司仪总要宣布亵渎神灵者和罪人必须离开。

对于塞涅卡来说，阿格里皮娜的死带来的胜利是很短暂的。这个熟练的行政官僚和阴谋家发现自己越来越难以控制元首，杀死自己的母亲毁掉了尼禄身上不多的道德感，而越来越多的人开始效法塞涅卡，用引诱和满足元首的各种欲望的方式靠近尼禄，为自己牟利。塞涅卡发现自己处于一种两难的境地，如果他劝诫学生控制自己的欲望，将会惹来尼禄的厌恶；而如果他置之不理，将会让政事更加败坏，同时元首的身边也会挤满更多的竞争者，这些竞争者都将自己看成阻碍他们的绊脚石。

公元 62 年，控制着近卫军的布鲁斯死了，死因可能是尼禄在赐给他治疗咽喉病的药物里下了毒。尼禄任命了另外两个人代替了他，其中一人叫做奥弗尼乌斯·提该里努斯。这对塞涅卡来说是一个巨大的打击，因为他失去了一个最有力的政治盟友，而且提该里努斯是一个出身低微而且道德低下的人，他对尼禄起到了极其恶劣的影响。塞涅卡在发现自己已经无法控制学生后，就离开了宫廷，隐居了起来，他想要用这个办法保住自己的性命和财产。

现在约束着尼禄的最后一根皮带也被解开了，他一天比一天深地陷入鲜血、屠杀和放荡之中。许多尼禄身边最亲密的人都死于他手：尼禄养父的女儿安东尼娅、第二任元首提比略的外曾孙路贝里乌斯·普劳提乌斯、他妻子波培娅与前夫的儿子、尼禄乳母的儿子、收留他的姑母列比达、帮助他夺得王位的那些老释放奴隶们，甚至尼禄曾经深爱着的波培娅本人。尼禄杀死他们的原因有很多，有谋财害命的，比如他的姑母列比达和老释放奴隶们，他们拥有的巨额财富让他们丧了命；有威胁到他的地位的，比如路贝里乌斯·普劳提乌斯，他的母亲阿格里皮娜曾经想要利用这个孩子来对抗他，尼禄在处死他之前甚至鸡奸了对方，以嘲笑母亲的行为；还有抗拒元首的欲望的，比如安东尼娅，在波培娅死后，她拒绝嫁给尼禄，被诬陷阴谋（对朱利乌斯家族的成员而言，“阴谋”只有一个意思，那就是大逆罪，即反对元首的阴谋，因为其他的罪行根本对他们是无效的）而处死；更多的则是触犯了尼禄喜怒无常的脾气，比如波培娅与前夫的儿子喜欢在游戏中扮演将军和皇帝，而他乳母的儿子曾经在为尼禄准备的游泳池里洗澡，波培娅则是因为在怀孕的时候指责丈夫过于沉浸在赛场之中忘记了自己而被激怒的尼禄踢死。

他的老师塞涅卡最终也没能逃脱。塞涅卡的死因，则是兼而有之，他无数的财产是引来杀身之祸的一个原因，不过更可能是因为他知道的太多了。从阿格里皮娜杀死克劳狄的第三任妻子美萨里娜，到诱使年少的元首杀死自己贪权跋扈的母亲，宫廷层层帷幕后面都闪动着这个当时第一流学者的影子。因此，即使塞涅卡交出自己的绝大部分财产以恳求学生饶恕自己，尼禄也绝不会让一个知道这么多秘密的人活在世上，哪怕他是自己的老师。

当然，前面所举出的例子绝不是说尼禄屠杀的对象只限于自己的身边的小圈子。与几乎所有朱利乌斯王朝的统治者一样，尼禄将元老院视为威胁自己权力的对象。从某种意义上讲他是对的，在消灭了几乎所有朱利乌斯－克劳狄乌斯家族的成员后，元老院里的显贵们是他唯一的威胁了。尼禄处死所有让他不快的元老，无论理由多么可笑，比如双目失明的法学家卡西乌斯·龙吉努斯，因为在自己的族谱里保存着刺杀了恺撒的祖先——盖乌斯·卡西乌斯的肖像而被处死；著名的诗人安奈乌斯·路卡努斯丢掉了自己的脑袋，是因为他的诗才引起了尼禄的妒忌。

尼禄甚至将统治行省和军队的权力交给了自己的释放奴隶和骑士阶层，而根据共和国的传统，这些都是元老阶层才能担任的官职。在民众里的好名声、巨大的财富、统帅才能、在诗歌与文艺上的出色才能，以及一切可能引起尼禄妒忌和疑虑的东西都会引来杀身之祸。而且尼禄在执行死刑方面总是非常果断的，甚至不给予受刑者超过一小时的时间准备，对于那些没有足够胆量和勇气自我了断的人们，尼禄倒是给予了一点人道的方便，他通常让医生“关照”一下那些犹豫不决的可怜人，即切断他们的动脉，这能够让死者尽可能快且无痛苦地离开人世。

这并不是说远离宫廷就能逃脱杀身之祸。假如某个元老不经常出现在尼禄身边，赞叹元首的歌喉、诗才与驾驶战车的技巧，他就不会被尼禄列入“朋友”的行列，那么当某位贪图赏金的告密者控告他的时候，尼禄也绝不会考虑告密者的话是否属实。第二天早上这个倒霉鬼就会在自己家门口看到近卫军的百夫长带着元首陛下的旨意前来，让他结束自己的生命，这样还能给自己的孩子保留一点遗产。比如未来的皇帝韦伯芗就差点因为打瞌睡而丢了性命：一次尼禄在通宵达旦的晚宴中表演竖琴，而韦伯芗因为实在是熬不住了，居然睡着了，如果不是深得尼禄信任的“风雅的裁判官”培特洛尼乌斯用一个出色的小笑话圆了场，尼禄差点让一个百夫长去劝说这个可怜的人切断自己的动脉。机智的培特洛尼乌斯笑着对尼禄说：“如果说奥尔菲斯（古希腊神话中阿波罗的儿子，著名的音乐家和诗人）的歌声能够让猛兽睡着的话，陛下的竖琴也对韦伯芗起到了催眠的作用。”

◎ 韦伯芗半身像

慷慨与奢欲并存

不过与帝国的上层不同，尼禄在罗马下层百姓和帝国东部行省中，尤其是希腊化行省的名声倒是相当不错。究其原因主要有以下两点。

首先，作为元首，尼禄虽然控制着近卫军和隶属于元首本人的官僚机构，但绝大多数罗马贵族对元首是又害怕又痛恨的。尼禄很清楚自己在帝国的上层是如何的孤立无援，这也是他中后期疯狂屠杀自己亲属的原因之一。因为军队已经对朱利乌斯–克劳狄乌斯家族宣誓效忠，贵族们只有在准备好了另外一个军队能接受的人选（至少是朱利乌斯–克劳狄乌斯家族的成员）来代替尼禄后，才敢发动一场政变。否则，政变就可能激化成一场残酷的内战，这才是罗马贵族们最恐惧的事情。尼禄提前杀掉自己的亲属等于是消除了政变的隐患。

为了改变自己在罗马城里的孤立地位，尼禄不得不想方设法地讨好平民们。此时罗马底层已经成为了希图不劳而获的渣滓的汇集地，他们的口号就是“面包与马戏”。而在赛会和施舍方面，尼禄是从来不吝啬的，为此他甚至耗尽了自己和行省的财富。

其次，在尼禄的身上还有一种可以称之为低俗的天性。比如在他还是个少年的时候，他就很喜欢在天黑后穿戴着平民的斗篷和毡帽在罗马的贫民区闲逛，参与各种各样的恶作剧取乐，其中包括殴打夜归的人、抢劫商店等等。须知这种夜游是非常危险的，当时罗马的治安是如此的不好，以至于有位哲学家曾经说过这样一句话："一个罗马的市民假如在夜晚十点后出门而不事先写下遗嘱是非常不谨慎的。"参与斗殴者经常会失去眼睛甚至性命，可是尼禄一直乐此不疲。这种行为在贵族们看来是行为不端的低俗，但在罗马底层看来却有"同类"的亲近感。

因此，与对自己亲属和贵族们的"杀伐果断"不同，尼禄在面对人民时显得格外的宽容，他始终能忍受人民对他的唾骂和指责，对那些用挖苦话和打油诗攻击他的人尤其宽大为怀。须知罗马人民对当权者的尖酸刻薄可是举世闻名，甚至在西方文学里还产生了一个专门的类别——讽刺诗。比如当时一名著名的滑稽剧演员达图斯在表演中唱到："祝你健康，父亲！祝你健康，母亲！"同时相应做出饮酒和游泳的动作（暗示克劳狄与阿格里皮娜之死）；一次尼禄经过大街时，一名犬儒派的哲学家当众向他高声叫喊："你能把诺普里乌斯的不幸①唱得很好，却把自己的好的东西用得很糟糕（暗示尼禄弑母弑父）。"还有一首匿名的讥讽诗如下：

"尼禄、奥瑞斯特、阿尔克·迈翁都杀了自己的母亲，

只要数一下，定会发现，尼禄等于弑母者。②谁能否认尼禄出自埃涅阿斯的伟大后裔？③一个背走了自己的老父，一个送走了自己的母亲。

我们的皇帝紧拉琴弦，帕提亚的国王则拉紧弓弦。

我们的皇帝是歌唱者阿波罗，而那个国王则是远射者阿波罗。④整个罗马正在完全被宫殿吞没，赶快迁到维爱去，公民们！

乘维爱还没有被划归宫殿。⑤"

面对人民的嘲讽，尼禄没有追查讽刺诗的作者，当告密者举报的时候，尼禄也禁止严惩作者；对于前面那个犬儒派哲学家和滑稽剧演员，他也只是将他们驱逐出罗马和意大利了事，尼禄的这种态度无疑

① 这是一个特洛伊战争神话中的故事，诺普里乌斯之子巴拉美德在特洛伊城下被希腊联军无辜杀死，为了替儿子报仇，诺普里乌斯用火将回归的希腊舰队引向礁石，将其毁灭。

② 这是一个双关比喻，尼禄名字的希腊字母代表的数值正好等于"弑母者"希腊字母的数值。

③ 埃涅阿斯是特洛伊英雄，以孝顺闻名，特洛伊毁灭时，他背着自己的老父逃走，传说正是他漂流到意大利，后代建立了罗马城。

④ 帕提亚是当时罗马在西亚的主要敌人，以善于骑射而闻名，公元62年，帕提亚人在亚美尼亚包围了罗马人，罗马不得不在屈辱性的条件下放弃了一部分边界领土。太阳神阿波罗在希腊神话中还兼有射手神和音乐之神的职责。

⑤ 维爱是罗马附近的埃特鲁利亚城市，公元前396年为罗马所吞并，不久后罗马贵族与平民爆发尖锐矛盾，罗马平民声称如果贵族不做出让步，他们就全体迁往维爱，诗歌中讥讽尼禄扩大宫殿占用贫民区土地。

在平民中为他加分不少。

尼禄能够得到东部行省居民的爱戴，则是源于尼禄个人对希腊文化的热爱。这在罗马贵族中倒是很常见，因为相比起高深的希腊文化和哲学，罗马在这些方面要粗陋和实用主义得多。比如希腊的戏剧中有《普罗米修斯》、《波斯人》这些思想性与艺术性兼有的名著，而罗马的那些托加剧和滑稽剧多半不过是以色情表演来取悦市民的下脚料，一般来说出身高贵的贵族都不会看的（对罗马戏剧有兴趣的书友们可以看看 HBO 的系列剧《罗马》，里面有几个片段是关于罗马的戏剧的）；西塞罗（罗马哲学家和文学家）是一个第一流的散文家、出色的律师与政客，但在哲学方面他其实只是起到了一个普及者的作用，无法与柏拉图、苏格拉底、亚里士多德与皮浪（怀疑论哲学家）相提并论。可能是在意大利南部的大希腊地区长大的缘故，尼禄在幼年时就爱上了音乐、戏剧以及诗歌。继位之后，他就立即召见当时著名的竖琴大师特尔普鲁斯，午饭后便听他弹奏直至深夜。尼禄并没有止步于一个欣赏者的角色，他还努力身体力行，以一个职业表演者的标准要求自己。比如尼禄经常仰卧，将铅板放在胸口，以锻炼肺部呼吸；通过导管和呕吐清理肠胃；不吃有核的果子和其他有害嗓子的食物，他每个月都有几天只吃油拌韭菜来保护嗓子。这在罗马贵族中就是绝无仅有的了，因为大部分罗马贵族都将这些视为奴隶的技能，他们是不会操此贱业的。

很快尼禄就亲自登台表演，一开始是在宫廷内的小圈子，但随后就在罗马城的公开场合。不但如此，他甚至前往心目中艺术的故乡——希腊和帝国东部首屈一指的大城市亚历山大里亚旅游和巡演。应该说尼禄在歌唱和舞蹈方面的天赋很一般，他的声域狭窄，嗓子沙哑，脖子粗，肚皮大，两腿细而且有点罗圈，但这并不妨碍他在亚历山大里亚和希腊的巡演中赢得巨大的成功。亚历山大里亚人有特色的鼓掌声把尼禄迷住了，尼禄甚至专门从亚历山大里亚人中招募了一批年轻人在他在剧场里表演时鼓掌，这批年轻人的队长得到了 40 万赛斯特尔提乌斯的报酬。而希腊人则干脆将全部基萨拉琴比赛优胜者的桂冠都授予了元首陛下，狂喜的尼禄接见了所有送来桂冠的使者，并称赞只有希腊人懂得欣赏音乐，也只有他们与自己的激情合拍。在参加了奥林匹亚赛会并赢得冠军后，他将自治和免税的特权赠给了该行省的居民，并赠予裁判员罗马公民权和许多金钱。

以公元 62 年为一个分水岭，可以将尼禄的统治分为两个阶段。在这一年里发生了几件极其重要的事情：帮助他登上元首之位的近卫军长官布鲁斯死了，塞涅卡引退了，尼禄的结发妻子屋大维娅死了，奥弗尼乌斯·提该里努斯成为了新的近卫军长官。这些事情标志着尼禄和元老院短暂的蜜月期结束了，在尼禄刚刚继位时被停止的大逆罪的起诉又开始了，处死与没收也出现了，这一方面是为了打击反对尼禄的显贵反对派，但另外一个原因则是为了填补元首日渐羞涩的钱袋。

应该说前任元首克劳狄给尼禄留下了

一笔非常丰厚的遗产。由于年幼时不被家人重视的缘故，克劳狄在登上元首之位之前手头并不是非常宽裕，因此他继位后颇为节制，而元首的收入极为丰厚，因此尼禄继位之初国库应该是颇为充盈的。但尼禄在挥霍金钱的速度上超出了所有人的想象。不知为何，这个年轻人将那些精打细算的人视为穷酸的守财奴，而将挥金如土、肆意妄为的人看成是有气概的男子汉。这位年轻人无论是在别人身上还是自己身上花钱都毫无节制，比如他赏赐士兵就花掉了 22 亿赛斯特尔提乌斯；亚美尼亚国王提里达提斯来到罗马时，每天的花费有 80 万赛斯特尔提乌斯，在他离开时，尼禄赠予他 100 余万赛斯特尔提乌斯；尼禄在玩掷骰子游戏时，一个点就押 40 万赛斯特尔提乌斯；出外旅行随行的车辆不少于 1 千辆，而且拉车的骡子钉着银制的脚掌，随行的努米底亚骑兵戴着金质的臂环和发环。

然而，前面所提到的那些比起在建筑方面的花费简直不值一提。他修建了一座从帕拉丁延伸到埃斯奎林（帕拉丁和埃斯奎林都是罗马七座山之一）的宫殿，这座宫殿最早被尼禄称为“穿堂”，不久遭遇火灾后重建，这就是著名的“金屋”（Domus aurea）。在这座巨大宫殿的前殿有一座高度超过 100 英尺的尼禄本人的巨像，而前殿的廊柱就有 1.5 公里长，前殿里面还有一个巨大的池塘。宫殿内部的各个建筑物是如此地大，以至于像一座座小城市。建筑四周则是精心设计的耕地、葡萄园、树林与牧场，有大量的野兽和家畜；在餐厅装有旋转的象牙镶嵌而成的天花板，以便撒花和喷洒香水；正厅的天花板是一个巨大的天象仪，可以随着时间旋转，镶嵌着宝石模拟夜空。至于这座宏大建筑的两位工程师谢维路斯和凯列尔，历史学家塔西陀说这两个人用自己的智慧耗掉了一个皇帝的金库。

除此之外，他还打算挖掘一条运河直通罗马附近的港口奥斯提亚，以便直接通航。尼禄如此疯狂地耗费金钱，除了他对

◎ 在野外进行荒淫宴会的罗马贵族

◎ *著名的“拉奥孔与儿子们”雕塑是从尼禄的“金屋”遗迹中挖掘出来的*

帝国的财富有着足够的自信，还有另外一个原因。那就是一个神经错乱的罗马骑士向他许诺，在非洲海岸边的巨大洞穴里有一个古代金库，这是狄多女王（传说中建立迦太基的推罗妇女）从推罗逃亡出来时埋藏在那儿的，自己可以毫不费力地为尼禄找到这个财库。

但最终希望化为泡影，尼禄不得不拖欠军饷和老兵的退伍金，并通过诬陷和掠夺填补亏空。他的目光首先投向了克劳狄的老获释奴隶们（往往都拥有惊人的财富，而且往往得到过元首的赐名）。他颁布法令，所有已故的获释奴隶假如使用了元首任何亲族的名字，其遗产的六分之五将归现任元首继承。此外，对元首忘恩负义之人（即遗嘱中没有给元首留下足够遗产的）的财产全部没收，为他起草和口授遗嘱的人也要受到牵连。此外，尼禄还收回了以前他送出的许多礼物，发布法令禁止普通人使用紫色和绛红色两种颜料，而他又派人在市场上偷偷出售一点这两种颜料，然后封锁了商店，没收了所有财产。尼禄甚至把手伸向了神庙和退休的百夫长们，当时的神庙除了祭祀神灵之外，还有替人保存财产和遗嘱的作用，尼禄将神庙里的金银塑像夺走，据为己有，还掠夺了那些富有的退休百夫长的财富。在委任某个人担任官职时，尼禄总是补充下面一番话：“你知道我需要什么吗？我们要做到不给任何人留下分文！”

渐入窘境的暴君

尼禄的行为激化了他和显贵们的矛盾，一个反尼禄的阴谋在公元65年逐渐形成了，参与阴谋的有许多元老和骑士阶层中的人。阴谋的主导者有两个人，一个是年轻的贵族格涅乌斯·卡尔普尔尼乌斯·皮索，按照计划在尼禄死后他将继任元首；另外一个是近卫军的第二号人物——费尼乌斯·卢福斯，他参与阴谋的原因是因为妒忌尼禄更加信任另一名近卫军长官——提该里努斯。但阴谋者的行动太过迟缓了，被揭发的阴谋给了尼禄一个很好的机会消灭所有他不中意的人，被处死的人包括塞涅卡和“风雅的裁判官”培特洛尼乌斯（波兰作家显克维奇的名著《你往何处去》中，曾将培特洛尼乌斯作为一个重要角色）。

公元 64 年夏天罗马城的大火和随后发生的对基督徒的迫害，可能是尼禄最广为人知的罪状。站在高处看着焚烧着的罗马弹唱着“啊，我祖先的巢穴！啊，我亲爱的摇篮”（《荷马史诗》中特洛伊的国王普里阿姆面对沦陷的特洛伊时的独白），无疑很符合尼禄这样一个认为“艺术高于一切”的暴君形象，而后世基督教的上台更是把这一罪状和后来对基督徒的迫害联系了起来。但如果深究细节，将会发现这两个指责都是不符合实际的。火灾是偶然发生的，因为发生的时间是在满月的日子，在这样的日子里它的“美学”效果是不怎么样的。尽管如此，是尼禄纵火的流言还是使得人民产生了极大的不满，这种不满随时都可能演变为武装暴动。为了寻找替罪羊，当局将许多属于各种底层非法组织的成员都逮捕了，并诬以放火的祸首处以酷刑。后世的许多作者都将他们视为基督徒，并认为这是一次针对基督徒的迫害，但对于当时绝大多数罗马人来说，他们根本不知道基督教和罗马城中无数东方迷信组织有什么精确的划分，受害者中可能有许多基督徒，但这次迫害却并非针对基督徒的。

大火之后，尼禄为了挽回自己在群众中的名声，自己出钱发放食物，同时廉价收购了大片火灾之后的土地开始修建著名的“金屋”。尼禄的努力收到的回报微乎其微，因为只有流氓、无产者才能从大火中获利，而城中的有产者得到的好处是不足以补偿损失的。

内忧正在逐渐积累，外患也开始出现了。

在尼禄执政的早期，他面临的最大外部威胁是不列颠行省的布狄卡女王所领导的起义。这个女人是当时不列颠行省的一个凯尔特人部落艾西尼人的女王，她的丈夫普拉苏塔古斯国王是罗马人的傀儡。普拉苏塔古斯死去时没有留下男性后裔，在遗嘱中他将王国的一半留给罗马人以偿还一笔债务，但罗马吞并了整个王国，罗马士兵还强奸了布狄卡女王的两个女儿，这

◎ 面对罗马大火吟唱的尼禄

◎ 尼禄与宠臣们正在观看被绑在十字架上即将烧死的基督徒

◎ 角斗场中被处死的基督教少女

成为了一场大规模起义的导火线。更糟糕的是，不列颠行省的总督苏维托尼乌斯·鲍利努斯花费了很大精力在打击凯尔特人的德鲁伊教派上，这个教派在当时的土著凯尔特人中有着很大的影响力，无形之中将所有的土著人推到了罗马的敌对面。

公元 61 年夏天，布狄卡女王成功地结成了一个几乎所有土著部落都加入的反罗马同盟。暴乱首先在威尔士发生，总督鲍利努斯带领三分之二的军队前往镇压，随后大批驾驶着两轮战车的凯尔特武士袭击了当时罗马人在不列颠的中心——卡姆罗多努，在他们的身后是成群结队身着黑衣驾驶着牛车和马车的妇女，她们诅咒着罗马人并激励着战士们进攻。防御薄弱的卡姆罗多努被攻陷，随即起义军又攻陷了位于今天伦敦所在地的朗蒂尼亚姆，接下来是维鲁拉米亚姆，起义军极其残酷地报复了侵略者，即使是妇女和儿童也被作为祭祀神灵之用，一共有 7 万以上的罗马人和同盟者被杀。

◎ 带着受辱的女儿对不列颠人慷慨陈词的布狄卡女王

但是布狄卡的胜利没有持续下去，经验丰富的鲍利努斯下令焚毁了所有不在坚固据点里的粮食。起义军已经动员了所有的人，自己的田地里没有收成，又无法从罗马人手里得到粮食，而罗马人却可以使

◎ 驾驶镰刀战车的布狄卡女王青铜塑像，位于今天伦敦威斯敏斯特大桥西侧

用据点里的粮食。面对这种情况，布狄卡不得不进攻严密设防的罗马据点以获得补给，这给了鲍利努斯足够的时间重整兵力。女王的进攻失败了，起义者不得不将军队分散开来以收集补给，却遭到罗马人的进攻，最后的决战发生在泰晤士河以南的一块崎岖不平的多石地带，凯尔特人最有力的武器——战车无法发挥作用，罗马人赢得了胜利，绝望的布狄卡用毒药结束了自己的生命，随同她进入坟墓的还有王国的所有财富，直到今天历史学家们也没有找到坟墓的所在。

不过对于尼禄来说，帝国东部的问题才是真正的大麻烦。卡莱之战（公元前53年，帕提亚帝国名将苏莱那歼灭了克拉苏的7个军团的大军）和不久后安东尼不成功的进攻告诉罗马的上层一个事实：在两河流域广阔的平地上，罗马军团很难战胜由骑射手和铁甲骑士组成的帕提亚军队。经过屋大维和提比略的努力，双方在两河流域与陶鲁斯山脉之间形成了一条双方都能够接受的分界线。但对于位于小亚细亚东部地区的山国亚美尼亚王国，双方对其归属还是有相当的争议，早在提比略的时代，两国就为谁控制亚美尼亚王国开始激烈的冲突。

公元62年，帕提亚人包围了罗马军队，并将自己的傀儡提里达提斯扶上了亚美尼亚国王的宝座。尼禄不得不派出自己最优秀的统帅格涅尼乌·多米提乌斯·科尔布罗，这是他一直以来极力避免的，因为他害怕对方从中赢得足够的声望取代自己。

科尔布罗的行动十分成功，他通过几次成功的战役和巧妙的外交行动以很小的代价解决了亚美尼亚－帕提亚问题。提里达提斯表示自己接受罗马的保护并于公元66年亲自来到罗马接受尼禄的加冕（即亚美尼亚成为一个帕提亚和罗马之间的缓冲国）。不过科尔布罗的胜利也确定了他的末日，尼禄在不久之后（公元67年）把科尔布罗召到自己身边（当时尼禄在希腊巡游），并处死了对方。

◎ 与高加索山民交战的罗马军队，请注意山民手中使用的是著名的“玛查尔拉”逆刃长刀

科尔布罗无缘无故的被杀（他一直在东方，不可能参与反尼禄的阴谋）让还活着的人惊恐异常，他们意识到如果自己什么都不做，早晚也会落到科尔布罗的下场。新的阴谋又开始了，这次阴谋参与者的范围变得更广了，其中有高卢行省的总督朱利乌斯·路德克斯和西班牙行省的总督塞尔维乌斯·伽尔巴。当时罗马的所有行省中，驻扎军队最为强大的就是西班牙、高卢和叙利亚。

但此时东部巴勒斯坦行省犹太人起义的规模越来越大了，不但本行省的总督无力镇压，就连在叙利亚负责整个东方事务的副帅凯斯提乌斯·伽路斯也在围攻起义者的中心耶路撒冷时被击败了。如果让起义持续下去后果是不可设想的，很可能整个东方都会起来反抗罗马残酷的统治。尼禄不得不派出自己手中最后一位有足够军事经验的统帅——提图斯·弗拉维优斯·韦伯芗，这位不讨尼禄喜欢的统帅能活到现在的唯一原因是他出身低微，是个包税人的儿子（通常干这行的是骑士或者显贵的释放奴隶）。在尼禄看来这个人不太可能威胁到自己的地位，不过尼禄万万没有想到的是这个已经57岁的老人在他死后成为了新的罗马皇帝。

公元67年，韦伯芗指挥着5万军队在巴勒斯坦开始了军事行动。到第二年，除了犹太一地外，其他地方的起义都被平定了，但此时韦伯芗得知了一个惊人的消息——元首尼禄已经遭到了废黜，韦伯芗立即停止了所有的军事行动，向同盟者索要骑兵和弓箭手，做好了内战的准备。

在罗马，刚刚从希腊返回的尼禄还没有从获得无数桂冠的狂喜中平静下来，就传来了一个可怕的消息：高卢行省的总督朱利乌斯·路德克斯举起了“恢复共和”的旗帜，对新增加的租税极其不满的高卢人站在了起义军团一边。

面对糟糕的局面，尼禄表现出一种与其说是镇静还不如说是逃避事实的态度，在很长的一段时间内他不给任何人回信，也不发布任何命令，只是和平常一样观看赛会，举行宴会，唱歌。最后让尼禄做出反应的是文德克斯的一份檄文，檄文中嘲笑尼禄掌握竖琴艺术比掌握其他艺术差，而掌握统治艺术比竖琴艺术更差。愤怒的元首写了一封信给元老院，让其为他本人和国家报仇。可不久后，西班牙行省的总督塞尔维乌斯·伽尔巴也举起了叛旗。

当得知西班牙行省也竖起了叛旗之后，尼禄立即昏倒了，他长时间地不省人事，一声不吭。突然，他跳起来，撕裂自己的衣服，捶打胸膛，诅咒神灵，就仿佛某些戏剧中的角色一般。不过在此之后，他依然像平时那样过着奢侈的生活。每当得到一个好消息，不管是真是假，他都举行豪华的宴会，在宴会上向自己的朋友手舞足蹈地唱着讥讽叛军的歌曲。某次他前往戏院看戏时，走进后台对赢得成功的演员说对方正在从皇帝的忙碌中得到好处，即假如自己不是这么忙的话，他的表演一定会压倒对方而成为观众们欢呼的对象。

随着时间的流逝，形势变得越来越糟糕。路德克斯的叛军被指挥上日耳曼军团的维尔吉乌斯·卢福斯击败了，但胜利了的日耳曼军队要求维尔吉乌斯宣布自己为元首，维尔吉乌斯拒绝了军队的要求。这并没有让尼禄的处境更好些，因为这不过是维尔吉乌斯想要等待一个更好的机会（当元首）罢了。

暴君的可悲结局

对未来越来越绝望的尼禄不得不从占星术、征兆或者其他迷信手段里寻求安慰，他的情绪不断在孩子般的绝对自信和完全的绝望之间摇摆。一会儿他声称只要他进入高卢行省，在叛变士兵面前流泪，就能让他们追悔莫及；一会儿他又在声称打算放火烧毁罗马城，然后乘船逃往埃及的亚历山大里亚，在那里依靠艺术谋生。不难想象，尼禄的行为会让他的支持者多么沮丧。

终于，尼禄决定亲自出征，他首先下令公民按照部落登记人口（即准备按照部落征兵），但没有合乎年龄的人应征，于是只得向奴隶主们征收奴隶，又向罗马城内的房东们征收一年的租金作为军费，由于尼禄苛求只能用新铸造的金银币缴纳，于是许多人干脆拒绝缴纳。同时尼禄还让自己的情妇打扮成亚马孙女人的模样，准备好装载舞台道具的车辆，好随自己一同出征。

由于战争的进行，罗马的物价高涨，赏赐和赛会也停止了，本来就没有其他生活来源的平民对尼禄的感情也逐渐变为负面。有谣言说尼禄故意抬高粮价从中牟利。有一次当人民正在挨饿时，传来了一个消息，从亚历山大里亚出发的船给宫廷的角斗士运来了沙子，让人民群情激奋。（供应罗马的粮食主要是从埃及运来，而当时罗马进行角斗时，为了防止鲜血太多使地面太滑，所以必须事先在角斗场铺上细沙吸血，来自尼罗河的细沙特别受欢迎。）

就这样，尼禄成为了当时罗马上下所

有阶层憎恨的对象，甚至连近卫军也动摇了起来。新任的近卫军长官宁菲狄乌斯·萨比努斯代表西班牙总督伽尔巴向士兵们许下了慷慨的诺言，这是压倒尼禄的最后一根稻草。最后，即使是尼禄的宠臣奥弗尼乌斯·提该里努斯也必须在自己和元首的生命之间做出选择了，选择的结果是不言而喻的。在近卫军的保护下，元老院做出决议，废黜了尼禄的所有头衔。

众叛亲离的尼禄身边只剩下了十几个获释奴和卫兵，他只得一边派人前往奥斯提亚（罗马附近的港口）准备船只，一面恳求身边的百夫长保护自己逃往埃及，但是每个人都在推诿拖延，甚至一个士兵还大声喊："难道死有那么可悲吗？"

尼禄在屋子里踯躅，他在犹豫是前往伽尔巴或帕提亚人那儿做一个乞求者，还是穿上黑衣到讲坛前去装出可怜的样子请求人民的原谅。如果不能继续当元首，还能当埃及总督也好。最后他决定还是把一切留到第二天早上再考虑，可当他半夜醒来时发现整栋屋子里只剩下几个获释奴，士兵和其他的人都跑光了，这些人甚至连尼禄预先准备好的毒药都拿走了。绝望的尼禄高声叫喊角斗士斯皮库鲁斯的名字，好让对方能够干净利落地结束自己的生命，但无人回应。于是他高声喊道："难道我即没有朋友，也没有敌人吗？"最后，尼禄冲出屋外，跑到台伯河边，仿佛要跳入河中。

不过，尼禄又一次打消了自杀的念头，他决定找一个安静的地方，静静地思考一下。他身边唯一的那个释放奴将自己的农庄让给了他。尼禄当时赤着脚，穿着一件内衣（没有斗篷），蒙了面纱，骑着马，身边只有三个仆人。途中他听到路过的行人喊着："士兵们在追赶尼禄！"此时他的马受了惊，使得尼禄脸上的面纱落了下来，路过的一个退役老兵认出了尼禄，赶忙上前问候。为了防止被人跟踪，尼禄不得不选择了一条穿过荆棘地的小路，马匹不能通过，他的仆人们脱下衣服铺在地上尼禄才穿过荆棘，来到农庄的后门。

尼禄好不容易才进入农庄，此时所有的仆人都劝说主人赶快摆脱威胁着他的耻辱（即自杀）。尼禄下令在他的面前挖一个坑，并准备大理石、水和干柴（大理石用来做墓碑，水清理尸体，干柴焚烧尸体）。当一切准备完毕后，尼禄又犹豫了起来。此时一个信使将一封信交给了尼禄，信中说元老院已经宣布尼禄为公敌，正在搜捕他，并声称要按照祖先的习惯处死他。经过询问后尼禄得知是将受刑者的衣服扒光，然后将脖子夹在"V"形的木叉上，然后鞭打至死。被吓得魂不附体的尼禄从身上取出两把锋利的匕首，一面犹豫，一面不停地责备着自己的怯懦："我活得多么不体面呀，多么可耻呀，这和尼禄多不相称！这个时候应该果断，鼓起勇气吧！"

此时外间传来了马蹄声，害怕是前来捉拿自己的骑兵的尼禄一面说着《荷马史诗》中的诗句"听，那奔驰的烈马的啼声在我耳边轰鸣"，一面在仆人的帮助下用匕首刺入自己的喉咙。当一名百夫长冲进屋子，用斗篷堵住他的伤口，企图阻止血流出来的时候，已经奄奄一息的尼禄说出了两句话："太晚了，这就是忠诚。"他最后的遗言是责成朋友们不要让任何人得到他的头，务必将整个遗体完全火葬。尼禄的愿望被满足了，骨灰被他的两个保姆收存，与他的那个女释放奴隶情妇阿克特并葬在宾齐奥山的多密提乌斯家族墓地。

尼禄死于公元 68 年 6 月 7 日，正是他的发妻屋大维娅的周年忌日。许多人戴上了自由帽（释放奴隶时，待在奴隶头上的一种便帽），以表示庆祝。但并不是没有人怀念尼禄，在相当长的一段时间里，尼禄的坟墓上都有鲜花装饰，在船首讲坛上有人为他竖立了身着镶红边托加的塑像，而且还以他的名义发表敕令，仿佛他还活着。此外，希腊人和帕提亚人都很怀念尼禄，在尼禄死后的 20 年时间里，在东方出现了三次自称是尼禄的人，并纠合了许多拥护者。

尼禄的死并不意味着内战的结束。恰恰相反，这只是内战的开始。朱利乌斯－克劳狄乌斯家族已经绝嗣了，而尼禄也没有收养养子，产生新元首的唯一办法就是击败所有的敌人。

第一个得到元老院承认的元首是西班牙总督伽尔巴，原因很简单，他的出身最为高贵。但生性吝啬的他即没有给予近卫军足够的赏赐，也并没有遵守给予击败路德克斯的日耳曼军团大量赏赐的诺言。公元 69 年 1 月 1 日，上莱茵军团的士兵们拒绝对伽尔巴宣誓效忠，他们拥立自己的长官维尔吉乌斯·卢福斯为新的元首，更大规模的内战爆发了。

年老的伽尔巴是没有足够的能力指挥这场内战的，他不得不收养了一个更加年轻的贵族皮索·李启尼亚努斯为自己的养子和共治者，但这却激怒了波培娅·萨宾娜的前夫奥托。这位年轻的贵族先前被尼禄派到西班牙当一个地区的行政长官，他在伽尔巴的起事中出了很大的力，也得到了伽尔巴的某种承诺。被激怒的奥托开始到近卫军中鼓动对伽尔巴的不满情绪。公元 69 年 1 月 15 日，奥托发动了一次政变，伽尔巴和他的共治者都被刺杀了。

奥托吸取了伽尔巴的教训，他从来不拒绝士兵们的要求，此时除去西班牙、高卢、布列塔尼亚以外的行省和元老院都承认了奥托的元老身份，但维尔吉乌斯的日耳曼军队入侵了意大利，在 4 月份的一次战役中，奥托的军队被击败了，他本人自杀了，在死前他表现得勇敢而又镇定，完全不愧为一个罗马人的皇帝。

◎ 奥托胸像

◎ 维特里乌斯的胸像

◎ 伽尔巴的胸像

相比起奥托和伽尔巴，维尔吉乌斯是更糟糕的元首，他能够战胜奥托完全是因为靠近日耳曼边界的军队有更好的训练和两个有能力的下属。但他本人根本没有能力控制军队，日耳曼军团的纪律彻底败坏了。更糟糕的是，日耳曼军团的成功入侵向所有的行省军团揭示了一个秘密：元首不仅仅在罗马才能产生，在其他地方只要有强大的军队，也能产生元首。由于镇压犹太起义的缘故，在东方集中了一支极为强大的军队，统帅韦伯芗在统帅才能上也远远胜过前面几位元首，无疑他也更有资格成为元首。

韦伯芗的军事行动是非常严密的，公元 69 年 7 月 1 日，他兵不血刃地控制了埃及，也就是控制了罗马的粮食来源。与此同时，他的副将穆启亚努斯率领军队通过小亚细亚进入色雷斯。色雷斯、多瑙河等地的军团立即投入了韦伯芗的麾下。面对强大的对手，维尔吉乌斯惊慌失措，双方在几乎是跟奥托军与维尔吉乌斯军前一次交战相同的地点进行了一场会战。军纪废弛的日耳曼军团被击败了，胜利者对失败者进行了残酷的屠杀。绝望的维尔吉乌斯用投降保住了自己的性命。

但留在罗马城里的近卫军并不愿意接受韦伯芗的元首地位，因为在他们看来，新的元首一定会使用更信任的军队代替自己（近卫军的薪饷和待遇都远远超过其他的行省军团），与其被强制退伍不如拼死一搏。近卫军的叛乱将整个罗马城变成了战场，城市变成了无法无天的士兵们的天

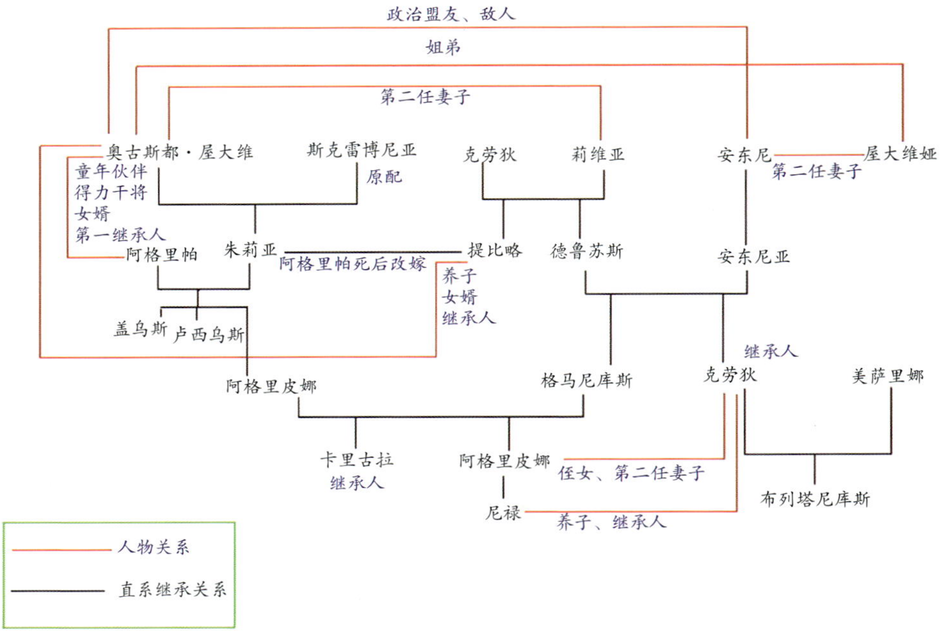

◎ 朱利亚-克劳狄家族谱系图

下，直到韦伯芗的副将穆启亚努斯率领纪律完好的后续部队来到罗马，才恢复了正常的秩序。

就这样，尼禄死后的第四个，也是最后一个元首韦伯芗登上了至尊者的宝座，经过这一系列残酷的内战，元老院里的显贵们残余的那点势力也消耗殆尽，也许这个时候，称其为“皇帝”比“元首”要更名副其实了。因此从某种意义上来说，罗马进入了真正的帝国时代。

阿提拉

Attila the Hun

婚夜暴毙的游牧战神

作者／董狐

被我战马践踏过的土地将寸草不生！

——阿提拉

枭雄录

HE RO

公元五世纪，距离屋大维建立罗马帝国已经过去了500多年。在这500年当中的前半部分，罗马政治稳定、经济繁荣，其疆域在图拉真统治时期也达到最大，这段时期被称为罗马的“黄金时期”。在此之后，罗马帝国境内爆发了长达50年的“三世纪危机”，在这段时期内，帝国各行省农村枯竭、城市衰落，而且内战连绵不绝，帝国政府陷入全面瘫痪的境地。马可·奥里略登上皇位被视为“三世纪危机”开端，也就是在这一年“罗马和平”也正式结束。

马可·奥里略即位的第二年，帝国在东方边境和帕提亚人再度爆发战争，这场战争刚平息不久，帝国西部多瑙河上又传来了边警。公元167年，两个日耳曼人部落渡过多瑙河侵入罗马，其中一支甚至打到意大利的北部，迫使皇帝亲自带兵前往征讨。正当帝国集中力量解决西部问题时，东方的叙利亚又发生了新的叛乱。马可·奥里略只好抽调兵力前往镇压，很快平息了叛乱，但多瑙河上的战争却陷入僵持的局面。康茂德继位后，为了解决边境问题只好与日耳曼人签订和约。根据和约，罗马在表面上维持原有的疆界，但是日耳曼人可以以“同盟者”的身份迁入帝国境内居住，但必须为帝国服兵役，替帝国守卫边境。罗马帝国的边境从此以后不再是一道不可逾越的界线，为之后各个蛮族部落不断侵入罗马疆域开了一个恶例。这个政策还有一个严重的负面影响，那就是罗马军队渐渐“蛮族化”。罗马公民开始习惯于把保卫帝国的任务交给蛮族佣兵，而这些蛮族佣兵纪律松散、训练废弛，严重影响罗马军队的整体战斗力，而且他们对罗马的忠诚度也很成问题。军事上的衰弱往往会导致一系列问题，一旦边境叛乱迟迟不能平息，国内社会稳定会受到很大影响，原有各种矛盾也会加剧。也许后来罗马衰落并不仅仅因为上述这些原因，但边境虚弱、蛮族入侵却是罗马由盛转衰的直接导火索。

蛮族入侵的世界

公元392年，罗马皇帝瓦伦提尼安二世被篡位者杀害，瓦伦提尼安王朝覆灭。罗马将领狄奥多西一世带兵平叛，在消灭了西部的篡权者之后成了帝国唯一的统治者。公元394年，狄奥多西一世建立狄奥多西王朝，宣布基督教为国教。次年狄奥多西一世去世，根据其遗嘱，帝国被彻底

◎ 为罗马服役的哥特骑兵

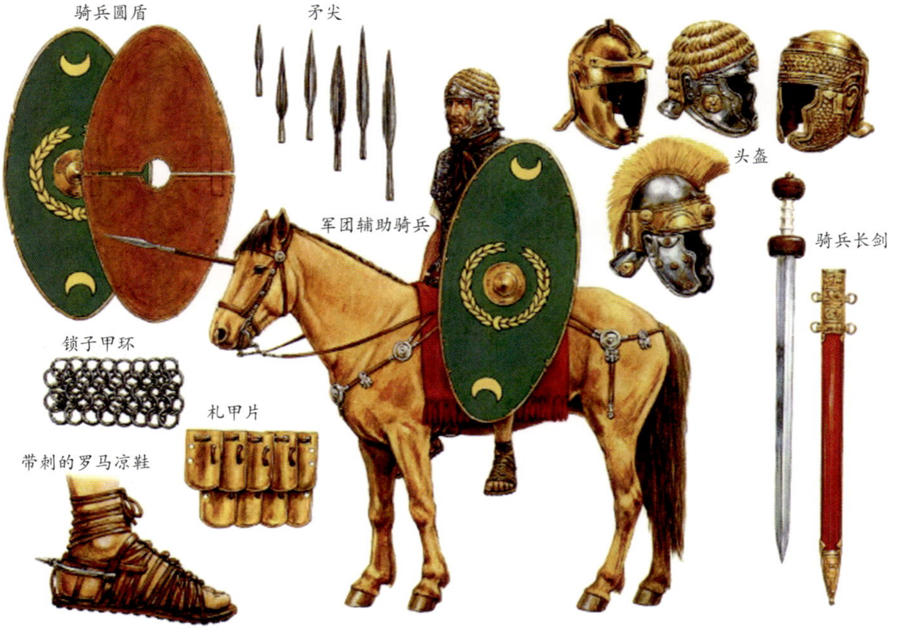

◎ 罗马军队中的蛮族辅助骑兵

分成东西两个国家，东边部分给长子阿卡狄乌斯，西边部分给幼子霍诺里乌斯。

自从罗马立国以来，周围的蛮族一直都威胁着边境的安全。随着罗马疆土的拓展，接壤的蛮族也渐渐从山南高卢（意大利北部）、山北高卢，变成西班牙、日耳曼。早在恺撒时代，各位统治罗马西部的将军就已经习惯于使用日耳曼骑兵卫队，战争中的骑兵也主要由高卢骑兵、日耳曼骑兵组成。几百年间，这些蛮族渐渐进入罗马社会，除了为罗马服役外，有的还被允许在边境耕种土地，山南高卢等蛮族甚至被赐予罗马公民权。在“罗马和平”时期，罗马军队基本上都能把威胁边境的蛮族驱除。

大约公元三世纪到公元六世纪之间，全球气候进入一个小冰河期，亚欧大陆北部变得异常寒冷。从蒙古高原到俄南草原这一条长长的游牧带遭到恶劣天气的残酷打击，牛羊大批死亡，牧民生活难以为继，于是各游牧部族纷纷南下农耕文明区，或者移居南方农耕帝国境内，或者直接劫掠。中国历史上著名的“五胡乱华”也正是发生在这一时期。与罗马的情况类似，经过长期战乱的中原王朝为了弥补人力的不足，不断地招徕北方部族附塞而居，甚至在内战中直接武装胡人为自己作战（比如“八王之乱”）。于是游牧部族渐渐羽翼丰满，等中原王朝出现危机时，他们蜂拥而起推翻中原王朝，在中国境内建立了自己的民族政权。而亚欧大陆西端的西罗马帝国，此时也由胜转衰，在游牧民族对农耕文明的这波规模空前的大袭击前无力招架，摇摇欲坠，进而最终亡国。

公元四世纪，一个名叫匈（英文名称Hun，不同于中国历史上的匈奴人）的游牧民族突然出现在里海北岸的顿河草原上，正如历史学家阿米亚努斯（Ammianus）所言："一个至今为止不为人知的种族从遥远世界的角落里冒出来，像一阵从高山中降下的旋风，将一切挡在他们前进道路中的物体连根拔起、毁灭殆尽。"他们像魔鬼一样凶残但又战无不胜，他们击败了在这里游牧的阿兰人，阿兰人不得不向西迁移，挤压东哥特人的生存空间，东哥特人被迫向西迁移，压迫西哥特人，引发了日耳曼部落的大迁徙浪潮。在遥远的北方，多瑙河北岸的沼泽地中，成千上万的难民在那里聚集，这些人宁愿逃离他们的田地和村庄，忍受贫穷与饥饿，也不愿意面对那些可怕的敌人。这些日耳曼部族像潮水一样进入罗马境内，阿米亚努斯引用了维吉尔的诗句形容他们："要计算他们的人数简直是空思妄想，如同要细数狂风怒号的利比亚的沙子一样。"罗马帝国原有的社会结构受到剧烈冲击，紧接着帝国的安全也受到了致命威胁，这一事件在历史上被称作"蛮族入侵"。

第一个入侵罗马疆土的是西哥特人（日耳曼部落之一），他们为躲避匈人的铁蹄进入帝国东部避难，但后来因不堪罗马官员的欺压愤而发动叛乱。他们在阿德里安堡战役中战胜了罗马军队，罗马帝国东部皇帝瓦伦斯也于是役阵亡。继位的狄奥多西一世被迫与西哥特人订立和约，将色雷斯和马其顿的土地划分给他们居住，并且答应供给粮食，西哥特叛乱才平息下来。五世纪初，西哥特人再度发动叛乱，他们在首领阿拉里克率领下，先是蹂躏了巴尔干半岛，然后进军意大利半岛，沿途得到大量奴隶、隶农和农民的加入，声势浩大。

◎ 入侵欧洲的匈人骑兵

◎ *油画中西哥特人洗劫罗马的场景*

西罗马军队主力从莱茵河前线回军救援，却导致其他日耳曼部落的更大规模的入侵。另外一个日耳曼部落汪达尔人乘机越过莱茵河侵入高卢，然后又南下西班牙建立国家。公元408年，阿拉里克包围罗马城，勒索了大量钱财后才暂时退兵。两年之后，阿拉里克再次围困罗马，城内奴隶打开了城门将西哥特人放入。在内外夹攻之下，这座号称“永恒之城”的罗马终于沦陷了，随后遭到了西哥特人的大肆烧杀劫掠。西哥特人并没有占领罗马，而是向西进入高卢南部，将此前占领西班牙的汪达尔人逐走，于公元419年建立了西哥特王国。汪达尔人则渡海进入北非，于公元439年攻克古城迦太基，建立了汪达尔王国，切断了西罗马帝国的一个重要的粮食来源，导致西罗马经济进一步走向崩溃。同时汪达尔人在地中海上四处抢劫商船，西罗马帝国本已十分脆弱的商业网再次遭到严重破坏。公元455年，汪达尔国王该萨里克率领大批舰队渡海北上攻陷罗马，又把罗马洗劫一空，劫后罗马居民仅存7千人。与此同时，其他日耳曼部落纷纷进入各罗马行省：法兰克人和勃艮第人占领了高卢地区；盎格鲁人、萨克森人和朱特人占领了的不列颠岛南部；苏维汇人占据了伊比利亚半岛西北一角。

在分裂后的头几十年里，西罗马帝国的疆土已经千疮百孔，无数日耳曼小部落在其间建立了独立王国。西罗马人剩余的领地除了意大利半岛和西西里海东岸地区外，就只有高卢北部地区和北非的一小块狭长的土地，就是这些地区也防守极其薄弱，连首都罗马都很容易被蛮族攻破。同时西罗马皇帝也成了蛮族雇佣军的傀儡，昔日享有赫赫威名的罗马军团已不堪再战，要想维持西罗马帝国名义上的存在，罗马皇帝离不开这些蛮族军人的保护。与西部的同胞相反，东罗马帝国（因其首都君士坦丁堡旧称拜占庭故而也被称作拜占庭帝国）虽然未能解除蛮族的威胁，但一直保持了社会和经济上的稳定。各蛮族入侵的主要目标是西罗马，因此拜占庭只需向他们交纳巨额赎金就可以幸免。与此同时，拜占庭皇帝狄奥多西二世在君士坦丁堡修筑了极其坚固的城墙，使得这座城市成为“野蛮人”攻不破的城市。

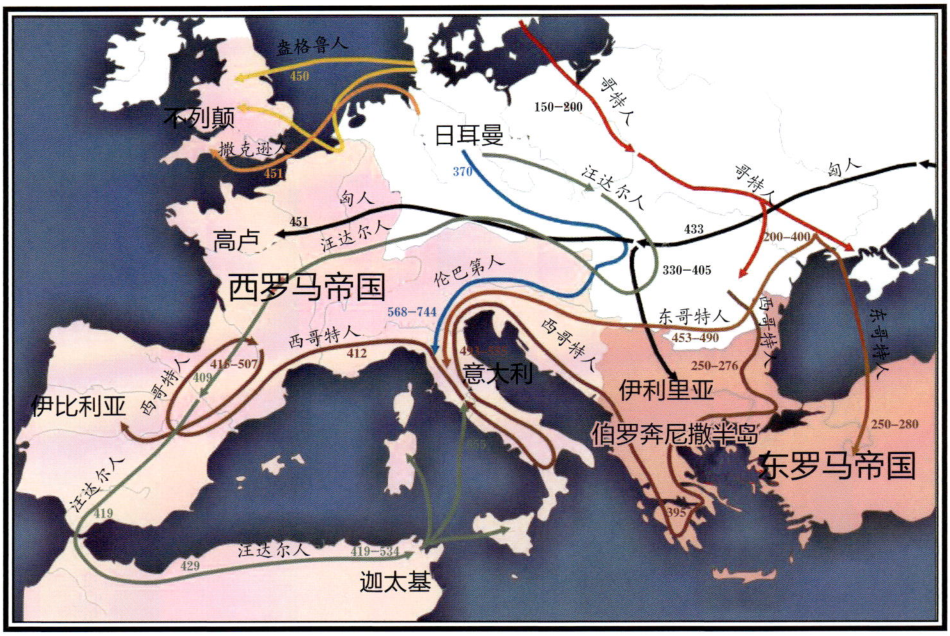

◎ 公元150年至公元500年蛮族迁徙形势图

第一波蛮族入侵带来的动荡渐渐归于平静，各个蛮族虽然建立了许多国家，但彼此征战不休，并无统一昔日罗马疆域的志向。因此西罗马受到的威胁已经暂时降低，只要利用他们之间的矛盾巧妙地周旋其间，同时慢慢积蓄自己的实力，等待合适的时机一战而定，收复罗马旧疆域也不是不可能的事。然而灾难才刚刚开始，正当罗马人渐渐恢复正常秩序时，那个带来这一切可怕灾难的敌人——匈人也正在逼近。

关于匈人的来源，史学界并无定论。因为匈人本身没有文字和历史记载，所以关于他们和文明民族打交道之前的历史都无法得知。至于搅乱欧洲的匈人和中国历史上的匈奴人是否为一个民族，迄今也没有结论。

《汉书·匈奴传》中记载匈奴人“逐水草迁徙，无城郭常居耕田之业，然亦各有分地，无文书，以言语为约束。儿能骑羊，引弓射鸟鼠，少长则射狐兔，肉食。士力能弯弓，尽为甲骑。其俗，宽则随畜田猎禽兽为生业，急则人习战攻以侵伐，其天性也。其长兵则弓矢，短兵则刀铤。利则进，不利则退，不羞遁走。苟利所在，不知礼义。”

而罗马史学家马塞林对匈人有这样的描述：“匈人比欧洲所有的蛮族还要野蛮很多。他们天生丑怪，四肢粗短，躯干壮硕，大脑袋，罗圈腿，整个身体的线条就好像是上帝用斧头在一块老树根上随便砍出来的一样。他们吃半生不熟的兽肉，或者是地里挖出来的草根，从来不用调料；穿粗糙的亚麻布衣服，或者是鼠皮袍子，一件

◎ 匈人骑兵画像

衣服上身以后就再也不洗不换，直到破烂不堪。他们在马背上生长，可以几天几夜不下马。打仗的时候，他们很少排成整齐的队形，时而分散，时而聚集，来去如风，往往在敌人没有防备的时候就已经冲到眼前，而杀戮劫掠一番后又迅速离去。他们是非常可怕的敌人，在远处他们飞快地射箭，来到近前他们用剑与敌格斗，舍身忘死骁勇无比，当敌人拼命招架时他们会突然甩出绳套，将敌人缚倒在地，动弹不得。”

由此看来，匈人与匈奴人之间有很多共同点：以游牧为生，精于骑射、来去如风，具有极强的侵略性并且对农耕定居文明造成了严重的威胁。匈人一进入欧洲，便体现出远超其他蛮族的强大战斗能力，以至于引发了声势浩大的民族迁移潮，这与他们的作战特点是密不可分的。匈人的战术最大的特点是惊人的闪电式攻击，具有极强的战略机动性。他们的军队主要由轻骑兵组成，一天之中可以几次更换坐骑以保持高速行军，往往能在敌军兵力还未集结前便已杀到，正是这点令对手深为畏惧。与此同时，匈人军队在战场上的战术机动性也很强，他们延续了帕提亚等东方游牧民族的弓骑兵战术，作战时利用机动性和敌军保持距离，同时用手中的弓箭远程射杀敌人，这种战术对崇尚重步兵近战的罗马世界军队来说，始终是个无法克服的难题。

除此之外，匈人军队的战斗力之所以如此强还有个关键性原因，那就是他们装备着更为先进的马具。后世历史学家这样描述匈人入侵欧洲时的马上装具：“马鞍是人与马完全结合在一起的关键。匈人独特的马鞍引起了罗马人的惊奇，他们的马鞍不像罗马人的那样由裹住马肚子的皮革制成，匈人的马鞍的特别之处在于它有一个两头高的木制托架（高桥马鞍）。这样不论马怎么跑，骑士们都能稳稳地坐在马背上。……相反，罗马人笨拙的骑术使不少骑手经常在战斗中失去平衡，而从马上掉下来，这通常很危险，有时甚至是致命的。……除了马鞍，匈人还从亚洲带来了一项在当时具有革命性的创新：欧洲人从未见过的马镫。为了防止腿在长距离地骑马后会疲劳，人们在马鞍上系上了绷带、皮带或者用一种亚麻织成的腿带。这样，脚就有了可踏的地方。……尽管当时这种马镫还不完善，但它给骑手们一种安全感，同时也能让他们在马上站起来向各个方向转身。由于有了木马鞍和马镫，匈人骑手们能在骑马的过程中朝每个方向射箭。”

在世界军事发展史上，高桥马鞍和马

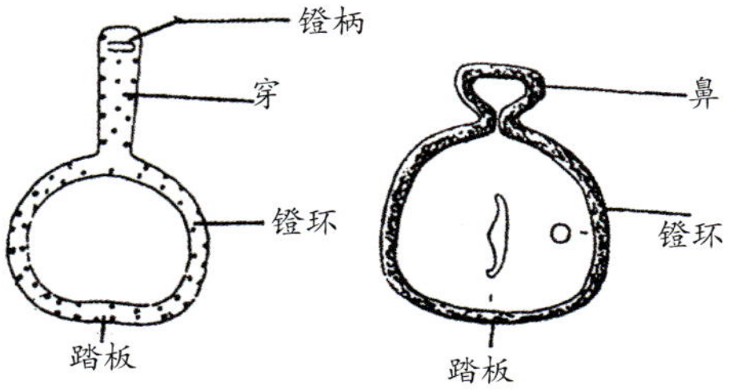

◎ 马镫示意图

镫堪称具有划时代意义的发明。两者未发明之前，骑兵战斗力发挥受到很大限制，因为战马还不是一个稳定的平台。那时的很多军队甚至只是把马当成行军时的坐骑，到了战场还需要下马作战。只有骑术高明的游牧民族才能在无马镫的情况下拉弓射箭。而一旦装备了高桥马鞍和马镫，骑手在马上就有了稳固的支点，他们的两只手被解放出来，可以更加轻松地完成射箭、劈砍等战术动作。同时马镫的发明也完善了骑兵挺矛冲锋的战术，让重装骑兵的冲击变得更加有力和可怕，这对后来欧洲中世纪的军事产生了极为深远的影响。从以上这些角度来看，率先装备了高桥马鞍和马镫的匈人能够横扫欧洲也就不足为奇了。

公元 375 年，到达黑海北岸的匈人开始大规模扩张。他们先向西攻灭阿兰人和东哥特人在多瑙河沿岸所建立的国家，然后向南攻克亚美尼亚，一直打到波斯和叙利亚。匈人以凶残闻名于世，他们不放过任何一个烧杀掳掠的机会，而走后往往留下一片废墟、一地白骨。多瑙河南岸富庶的耐苏城（Naissus）后来被匈人攻陷，因为他们将城市烧得如此彻底，以至于几年后罗马的使者经过这里时不得不在城外宿营，而这时河边仍然能见到累累白骨。所幸进入匈牙利草原以后，匈人征伐的脚步暂时停了下来。此时的匈仍然是由各部落组成的松散联盟，部落首领之间的争执拖住了他们前进的脚步。但是这个局面不会维持太久，因为一个年轻人正在崛起。他就是本章的主角，匈人帝国的君主——阿提拉（Attila）。

罗马的交换人质

根据哥特史学家记载，阿提拉在外形上是一个典型的匈人。他肩膀宽阔，躯干壮硕，头颅硕大且面色黝黑，胡须稀疏粗硬，鼻子扁平，深陷的眼窝里是一双鹰隼一般的小眼睛。他喜欢以犀利的目光在众人脸上来回扫视，让人不寒而栗。不过阿提拉和那些简单粗暴的蛮族首领完全不同，他是一位出类拔萃的政治家和战略家，而且在任何时候都能保持冷静的头脑，从来不感情用事。虽然在连年的征战中锻炼出了优秀的军事才能，但阿提拉更愿意利用政治手腕达到他的目的。

关于阿提拉的童年史书上的记载很少，只知道他于公元 418 年按照议和条约被送到西罗马宫廷当做人质。这时他只有 12 岁。作为交换，西罗马人则派遣了阿非利加行省总督高登提乌斯的儿子埃提乌斯去匈做人质。阿提拉在西罗马宫廷接受了良好的教育，同时也学到了罗马人的传统和习俗以及奢华的生活方式。西罗马人希望阿提拉回去的时候能在匈人当中传播罗马文化，以增加西罗马对周边民族的影响力，而匈

◎ 十九世纪欧洲油画中的阿提拉

人则希望通人质交换获取更多西罗马内部的情报。阿提拉曾经一度试图逃离西罗马但最终失败了，于是他开始把注意力集中在研究西罗马的内部政情上，有时他甚至会暗中观察西罗马的外交会议，以获取他们外交方面的情报。阿提拉在西罗马学到的一切，对于他以后统治匈以及发动征服西罗马的战争都有极大的帮助。

与阿提拉一样，埃提乌斯在匈做人质期间也获益良多，多年来的匈人军营生活让他对这个敌人了如指掌。严格说起来，埃提乌斯并非罗马人，他母亲是高卢名门望族，其父高登提乌斯则有日耳曼血统，后因战功升为罗马的骑兵统帅，最后做到阿非利加行省总督。埃提乌斯的青少年时代也是作为人质在各个蛮族部落中度过的，

◎ 画家笔下的西罗马第一任皇帝霍诺里乌斯

先是在西哥特首领阿拉克里那里，阿拉克里死后又被送到匈王卢阿的营帐中，因此埃提乌斯会说哥特语、匈语、希腊语、拉丁语，而且熟知各个蛮族的情况。在匈作人质期间，埃提乌斯还结识了很多匈人贵族，包括匈王卢阿和他的侄子阿提拉，据说埃提乌斯和阿提拉交往甚密，两人经常会晤，对彼此非常了解。

结束人质生活后埃提乌斯回到国内，凭借与匈的良好关系他开始在西罗马政坛上发挥重要作用。为了躲避蛮族的袭击，这时西罗马的首都已经迁到了拉文纳。霍诺里乌斯和君士坦提乌斯三世为共治皇帝。公元 421 年，君士坦提乌斯三世病死，其妻普拉西提阿（霍诺里乌斯之妹）因与霍诺里乌斯发生矛盾被赶到拜占庭首都君士坦丁堡。两年后，霍诺里乌斯去世，文官约翰被其他人拥戴为皇帝。这时拜占庭应普拉西提阿的要求出兵干预，埃提乌斯虽然支持约翰但无力对抗拜占庭军队，于是携带成箱的黄金前往匈人那里寻求帮助。埃提乌斯告诉匈人这些只是预付金，一旦击败拜占庭军队将会有更多的酬劳。匈人

立刻派出6万骑兵跟随埃提乌斯前往拉文纳，打算从背后袭击拜占庭军队。然而他们来晚了，拜占庭军队已占领拉文纳并将约翰斩首。君士坦提乌斯三世和普拉西提阿的儿子瓦伦丁尼安三世被拜占庭扶植为新皇帝，皇帝幼年时期由普拉西提阿摄政。

匈的军队开始向拜占庭军队发起进攻，但迟迟无法取得胜利。埃提乌斯决定和对方和谈，最后双方达成了协议：埃提乌斯承认既成事实，普拉西提阿对埃提乌斯的敌对行为既往不咎，匈人从拉文纳撤军。但作为撤军条件，新朝廷要替埃提乌斯向匈人支付事先许诺的军费。匈人在这笔交易中获益匪浅，他们非常乐于继续为西罗马帝国效力。为了安抚匈人，西罗马赠送了他们很多土地，双方保持了良好的关系。而埃提乌斯则被派往高卢行省担任军队统帅，去对付那些大大小小的日耳曼蛮族部落。

帝国东方边境暂时保持了稳定，埃提乌斯从而得以腾出手来解决高卢事务。他先是在在阿尔战役中击败了西哥特人，迫使他们退回阿奎塔尼，紧接着又前往莱茵河防线支援，在诺里库姆打败了日耳曼人的进犯。公元430年，因战功卓著，埃提乌斯被任命为步兵和骑兵总司令。这时埃提乌斯的政敌伯尼法斯伯爵从北非返回拉文纳，并且得到了普拉西提阿的宠信。埃提乌斯认为二人正密谋除掉自己，于是起兵前去征讨伯尼法斯，两军在里米尼附近展开会战。伯尼法斯赢得了胜利，但他本人却身受重伤，于一个月后死去。埃提乌斯战败后逃亡到萨尔马提亚，但后来在匈人的支持下，迫使普拉西提阿恢复他的权力，任命他为西罗马帝国的统帅。

在恢复权力后，埃提乌斯成了帝国的实际支配者，他把主要精力都放在处理北方边境的问题上。与匈交好是埃提乌斯的一个无可比拟的优势，除了帝国军队中有大量匈人佣兵外，埃提乌斯还经常能得到匈额外的军事支援。作为回报，匈人得到了在占领地区劫掠的特权。公元436年，高卢地区以底层高卢人为主力的巴高达（高卢语“战士”的意思）暴乱越演越烈，巴高达首领巴托率领军队向西罗马军队发动了规模空前的猛烈进攻，甚至在高卢的许多地方建立了政权。西哥特人见有机可乘，趁西罗马军队顾此失彼之时派大军袭击高卢南部商业都市阿尔勒，守军奋起抵抗，但因力量悬殊城市即将沦陷。危急时刻，埃提乌斯率军赶来驰援，与西哥特大军对峙于城外。敌人兵力雄厚而且英勇善战，直接开战恐怕没有胜算，这时占据布列塔尼的蛮族阿利摩人向西罗马军事据点发起进攻，埃提乌斯沉着冷静，一面暗中派大将利托略带军前往征讨，一边派人和西哥特人谈判。埃提乌斯给了西哥特人一笔钱，并且劝说他们去打西班牙。西哥特人对埃提乌斯背后的匈人深为忌惮，于是调头西进西班牙，阿尔勒得以转危为安，而利托略的军队也击溃了阿利摩人，局势初步得到稳定。

时隔不久，另外一支日耳曼蛮族勃艮第人又开始向西罗马进攻，埃提乌斯率军前往征讨。西哥特人再度乘虚而入，围困纳尔榜城。城中守军全力抵抗，但城中粮食渐渐吃完，西哥特人又调来攻城撞槌，日夜不停地撞击城门，情况岌岌可危。关键时刻，埃提乌斯派利托略率领一支骑兵前往救援，这支部队每人都在马上绑着两大袋面粉，从西哥特军队背后杀开一条血路冲进城内。城中守军得到了宝贵的粮食，顿时士气大振，连续打退敌军多次进攻。见破城期限又被延长，西哥特人失去了耐心，加上自己的后勤也难以为继，不久之后即撤围离去。在另外一条战线上，埃提乌斯指挥西罗马军队有力地阻遏了勃艮第人的攻势，等敌军攻势稍挫后立即发起猛烈反攻。战斗十分激烈，西罗马军最后大获全胜，总共杀死了2万名勃艮第士兵。紧接着埃提乌斯率军追歼勃艮第残部，一直打到沃姆斯，无情地摧毁了勃艮第王国，这场大屠杀便是日耳曼史诗《尼伯龙根之歌》的原型。公元443年，埃提乌斯将剩余的勃艮第人迁到日内瓦湖以南的萨伏伊地区，彻底地解决了勃艮第问题。

紧接着，埃提乌斯率军转战高卢，在这里同西哥特进行了决战。因为少年时期在蛮族做人质的经历，埃提乌斯熟知西哥特人的战术和习性，在同他们作战时能驾轻就熟，稳操胜券。在这次战役中，西罗马军大败西哥特军，取得了决定性胜利。西哥特方面损失惨重，阵亡高达8千人。获胜以后，埃提乌斯把指挥权交给利托略，自己先回意大利去了。这时利托略因此前的几次胜利滋生了轻敌情绪，率军冒险进攻西哥特王国的首都图卢兹。而西哥特人吃了败仗后却变得十分谨慎，不再像以前那样正面迎敌，而是派兵突袭包抄利托略的营地，西罗马军队仓促迎敌，双方展开激烈的混战，相持良久，最后西罗马军全面溃败，利托略本人也当了俘虏。此战之后西哥特的气焰复盛，埃提乌斯不得不再度带兵出征，把西哥特人牢牢挡在图卢兹一线。埃提乌斯本打算采取攻势一举击溃敌军，但考虑到利托略新败，己方兵力受到相当损失，需要保存实力防备其他蛮族的进攻，因而采取防守的战略。西哥特国王提奥多里克也是一个务实的君主，因为击败对手殊无胜算，他也有意与埃提乌斯媾和，以保持现有领土。最后双方达成停战协议，各自保有实际控制领土，相互不得越界，此后双方在边界上一直相安无事。

在这些战役中，埃提乌斯体现了作为一个伟大统帅的各方面优秀素质。首先，

◎ 埃提乌斯画像

他清醒地认识到，兵源不足的西罗马军队难堪大任，于是在战争中大量使用主要来自匈的雇佣军，同时他也很善于驾驭这些异族佣兵。其次，埃提乌斯深知敌情，了解他们的优点和缺点，在作战指挥上能够扬长避短，因而总是能取得战争的胜利。不仅手下的蛮族佣兵对他心悦诚服，而且周围的蛮族都对他既敬畏又钦佩，甚至连匈的首领听到埃提乌斯这个名字都敬畏三分。

在埃提乌斯的不断努力下，西罗马帝国开始渐渐恢复在高卢、西班牙诸行省的权威。借胜利之势，埃提乌斯和汪达尔人首领盖瑟里克进行谈判，双方订立互不侵犯的和平协定，从而保持了帝国中心所在意大利半岛的安全。最后埃提乌斯出兵打败了法兰克人和苏维汇人，迫使他们与西罗马帝国结盟，成为帝国十分得力的盟友和帮手。

除军事手段外，埃提乌斯还对蛮族进行安抚，听取他们的抱怨，考虑他们的困难，与之展开谈判和协商，对于蛮族提出的正当要求则予以满足，但又坚决遏制他们的侵略野心。此前，西罗马在军事上主要存在两个问题，一是传统的罗马军团兵源枯竭，而蛮族佣兵在镇压同胞叛乱时不肯努力作战，甚至对西罗马的忠诚度都存在问题；二是短期内涌入的蛮族太多，一时间烽火四起，数量有限的西罗马军队难免顾此失彼。单单击败或镇压其中一支也并非不可能，但敌人太多、局势太复杂，头绪万端极难理清，只有具备极高统筹能力的统帅才能完成这一工作。埃提乌斯恰恰在这两点上都做得很好，经过他的一番打理，西罗马帝国的统治大大加强，渐有中兴迹象。

正在埃提乌斯征战西方的同时，东边的匈也更换了统治者，另外一个强有力人物正在欧洲东部崛起。他就是埃提乌斯的好朋友——阿提拉。不久之后，埃提乌斯的这个好朋友还将会有一个绰号——“上帝之鞭”。

“上帝之鞭”的铁蹄

公元 434 年，匈王卢阿去世，他的两个侄子布莱达和阿提拉共同继承了匈的王位。为了避免两面受敌，埃提乌斯一直小心维持着他和阿提拉之间从幼年就开始的友好关系，两人过从密切，书信不断。埃提乌斯后来给阿提拉找了一位博学多才的私人助手，帮助阿提拉打理外交事务，接待来自希腊罗马文明世界的使者。为了巩固这种友好关系以及培养具有军事才能的接班人，埃提乌斯又将自己的儿子送到阿提拉身边学习骑射。

因为与西罗马之间有着良好的关系，所以一开始阿提拉把精力主要放在对东方的扩张上。首当其冲的是拜占庭，刚一即位阿提拉兄弟就开始陈兵边境，向拜占庭索要在其庇护下的叛教部落。这些部落归顺拜占庭后曾帮助他们抵御过汪达尔人的进攻，拜占庭不想归还但又畏惧匈的武力，只得进行谈判。第二天阿提拉兄弟前往马古斯会见拜占庭外交代表团，经过谈判双方达成协议：拜占庭归还匈人叛教部族，将之前每年 350 罗马镑的岁币增加两倍，开放更多边境与匈互市，匈人同意拜占庭以每人8个金币的代价赎回此前被俘的罗马人。条约签署后，匈人撤军北还，拜占庭皇帝狄奥多西二世乘机修复了被地震震坏的城墙，并沿多瑙河建立防御工事，大大加强了拜占庭帝国的防御能力。

鉴于拜占庭加强了防御，阿提拉引军东向进攻帕提亚帝国的继承者萨珊波斯，然而却在亚美尼亚被波斯军击败，迫使阿提拉放弃了征服波斯的计划。公元440年，阿提拉再次把注意力放到拜占庭帝国，他派军队频频袭扰多瑙河北岸的商业城市，反而指责拜占庭人未履行和平条约内容，更声称拜占庭的马古斯主教亵渎了多瑙河北岸的匈人皇家坟墓，要求对方交出此人，否则便要再次进攻拜占庭。拜占庭不肯轻易将自己的主教交出，阿提拉便率军横渡多瑙河入侵拜占庭。因此前因局势好转，多瑙河沿岸的工事已被皇帝狄奥多西二世拆除，匈人军队一路烧杀抢掠，如入无人之境，伊利里亚地区和色雷斯地区被彻底摧毁。拜占庭军队无法抵抗，匈人军队一直打到马古斯城下。正当双方商讨交出马古斯主教的条件时，主教已经逃出了马古斯城。此后匈人军队接连攻陷费米拉孔、辛吉度努姆、塞尔曼等城市。直至次年，狄奥多西二世从北非调回军队，并发行新金币充作军费，这才暂时遏止了阿提拉的攻势。在此之后，狄奥多西二世认为已有足够的力量对抗阿提拉，便拒绝了匈人索要战争赔款的要求。

公元443年，经过精心准备的阿提拉再次沿多瑙河发动大规模进攻，先是攻陷了拜占庭的一座军事重镇，随即包围并攻占了尼斯城。这两场战役中，匈人首次使用了攻城槌及攻城车等重形装备，这正是他们能够胜利的关键因素。再之后匈人军

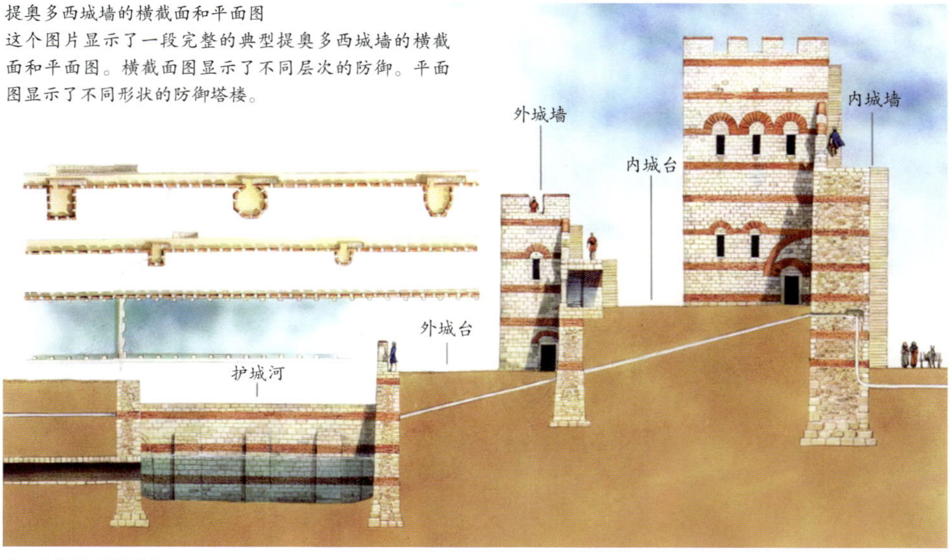

◎ 君士坦丁堡城墙

队横扫巴尔干半岛，沿着尼沙瓦河依次攻陷了谢尔迪卡、菲立普波里斯、留莱布尔尬兹等大城市，最后直到君士坦丁堡城下。虽然阿提拉已经消灭了城外所有的拜占庭军队，但因攻城器械不足，面对高大坚固的君士坦丁堡城墙仍然是无可奈何，只好采取长期围困的策略。

最后君士坦丁堡城内粮食断绝，狄奥多西二世只得答应阿提拉的要求。他派皇室使节亚纳多留斯出城与阿提拉谈判，最终狄奥多西二世与阿提拉达成协议，签订了比之前要求更严苛的条约：拜占庭赔偿匈6千罗马镑（约1963公斤黄金）作为毁约的惩罚，每年的岁币增至以前的三倍，而每个被俘的罗马人赎金也增加到12个金币。不过这些赔款对拜占庭来说实在不算什么，他们每年的财政收入高达27万磅，这笔“巨额赔款”占其总数二十分之一还不到。得到赔款后，阿提拉心满意足地离开拜占庭的国土。刚回去不久，阿提拉无情地谋杀了胞兄布莱达，成为匈唯一的统治者，他运用学到的各种政治知识对匈加以改造，将它从松散的部落联盟变成一个强有力的中央集权政体。

◎ 阿提拉的饮宴

随后匈人军队连续击败了哥特人、巴斯克人，阿提拉的威望如日中天，北非的汪达尔人出于对抗西哥特的需要，也遣使向阿提拉表示臣服，其他民族也纷纷效仿。一时间匈的首都布达城成了欧洲的政治中心，各国使者云集于此，争先恐后地献上自己的贡品以表示臣服。

在这段时间里，一连串的天灾人祸再次袭击了拜占庭帝国：先是大竞技场发生规模空前的大暴动，经过很多天骚乱才彻底平息；紧接着帝国境内发生了可怕的饥荒和瘟疫，大量人死亡，能为帝国军队服役的人大大减少；再之后是一场几乎摧毁君士坦丁堡城墙的大地震。公元447年，阿提拉率军再度来袭，由默西亚行省侵入拜占庭领土。拜占庭派遣一支由哥特将军率领的军队前往抵抗，但很快被阿提拉击败。这次阿提拉打算快速突袭君士坦丁堡，因而没有与各地拜占庭守军纠缠，而是绕过了对方的一些主要军事重镇，横越巴尔干半岛径取皮莱隘口，以绝对优势兵力击溃那里的守军后直取君士坦丁堡。当匈人军队再次来到君士坦丁堡城外时，他们这才发现巨大的城墙依然完好，并没有被地震摧毁。本打算突袭的阿提拉见破城无望，于是向拜占庭提出了恢复“和平”的条件：拜占庭人需继续履行纳贡的义务，并且把多瑙河以南的五天骑程以内的防御工事全部撤除。拜占庭并没有轻易答应这些条件，双方关于这件事的谈判断断续续持续了数年。

◎ 行军途中的匈人军队

在谈判期间，虽然表面上战火已熄，但双方的斗争并未停止。军事上无法打败敌人，拜占庭于是打起了暗杀的主意。这时阿提拉向君士坦丁堡派来了一个高规格的外交使团，其中的主要成员是匈人附庸、基尔人首领艾迪卡和阿提拉的罗马裔私人顾问俄瑞斯忒斯。公务之余，两人游历了繁华的君士坦丁堡，负责接待他们的是拜占庭负责外交事务的宦官克里萨皮乌斯。见艾迪卡在君士坦丁堡流连忘返，又听说他很得阿提拉宠信，而且负责阿提拉的安全保卫，于是克里萨皮乌斯酝酿出了一个大胆的计划。他避开俄瑞斯忒斯，独自和艾迪卡接触，希望他回去后利用保护阿提拉安全的优越条件将阿提拉刺死，拜占庭方面会给予他永远享用不尽的荣华富贵。艾迪卡毫不犹豫地答应下来，但又索要50磅黄金作为定金和活动经费，克里萨皮乌斯也答应了他的要求。艾迪卡一行走后，克里萨皮乌斯又向拜占庭皇帝狄奥多西二世汇报了此事。狄奥多西二世批准了这个计划，并且又派遣一个使团以商讨归还双方逃亡人员为名跟随匈人使团回去，以便见证阿提拉被刺杀的过程并赶回来汇报，必要的时候也可以配合暗杀。这个使团包含了三位重要人物——资深外交官马克西明、史学家普里斯库斯及哥特裔翻译比基拉斯，其中比基拉斯身负秘密使命，那50磅黄金也放在他身上，而其他两个人对暗杀计划毫不知情。

两支使团一路上经过饱经战火的巴尔干各城市，在中途休息时举行的宴会上，一度爆发过冲突。双方都在祝酒时赞颂自己的君主，但比基拉斯说狄奥西二世的权力来自上天，而阿提拉只是一个凡人，无法与狄奥多西相提并论。匈人大怒，几乎要兵戎相见，最后马克西明和普里斯库斯出来解围才避免双方火拼。渡过多瑙河，回到阿提拉大营后，艾迪卡立刻向阿提拉汇报了这个阴谋。

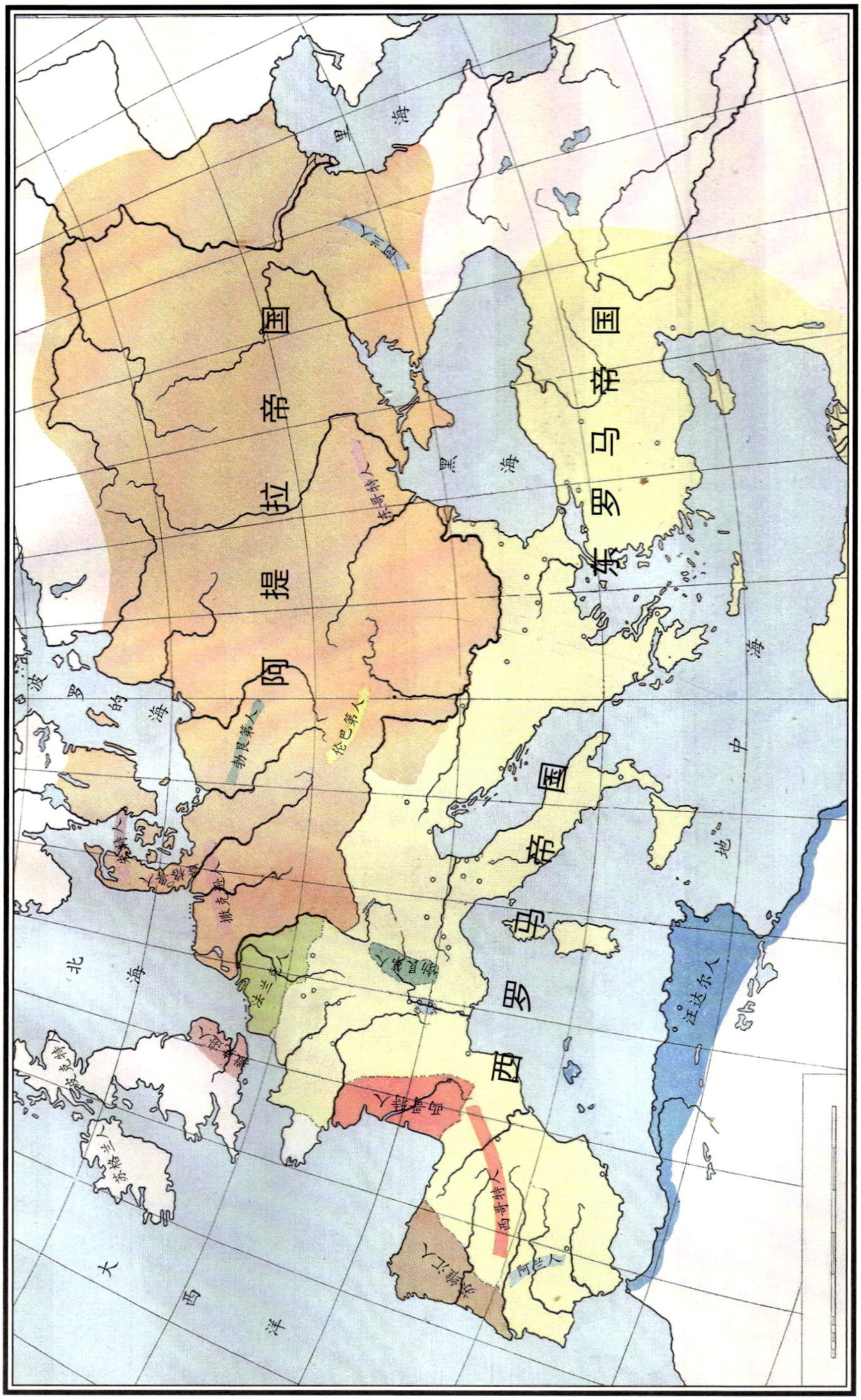

◎ 阿提拉帝国版图

几天后，使团见到了阿提拉。阿提拉忽然大发雷霆，就人口逃亡问题责问比基拉斯，声称要将他钉上十字架，再将尸体喂鸟，之后又对拜占庭边防要塞表示鄙夷，“只要我们高兴，难道就不能把它化为粉末？”最后阿提拉平息了怒气，没有杀掉比基拉斯，也没提刺杀之事。直到使团离开前最后一天，马克西明和普里斯库斯忽然得到消息，比基拉斯已被逮捕。当着他们的面，阿提拉质问50磅黄金的用途，比基拉斯慌张地答不上来，最后阿提拉以杀死他带来的儿子为威胁，比基拉斯才招供出所有的计划。然而阿提拉又宣布赦免了比基拉斯，但又把他关起来做人质，然后放其儿子回去报信，让拜占庭皇帝把比基拉斯赎回去。赎金不多不少也是黄金50磅，阿提拉这是在用自己的方式羞辱狄奥多西二世。此外，他还给狄奥多西二世写了一封信：“你我都出身于贵族，但你的行为使你失去了继续保持这份头衔的资格，而我却以我的功绩保留了荣耀。我们因此可以分出高下了。”

在此之后，在东方已没有多少施展余地的阿提拉将扩张的矛头又转向了西方。凭借与埃提乌斯非同一般的关系，匈一直与西罗马保持着友好的关系。“他们与罗马已经有长达十五年的和平了，这都是根植于被匈人的老朋友埃提乌斯支撑着的匈人－罗马人联盟，但阿提拉不是一位让友情挡住他得到战利品的路的人，不用一年，他的附庸们甚至他自己的上层精英集团都会变得不安分。需要做一些事了”（《上帝之鞭阿提拉》，〔英〕约翰·曼）。

对于阿提拉来说，打击拜占庭和焚掠巴尔干不过是一个前奏，向西扩张彻底占领高卢甚至西罗马才是他的真正目的。这时匈人已经全盘接收了昔日东哥特人的广袤领土，包括莱茵河以东的中部欧洲和东部欧洲，以及南俄罗斯、巴尔巴半岛和保加利亚的一部分。阿提拉虽然没在这块土地上建立一个统一的帝国，也没有做到治下的所有部落都对阿提拉绝对服从，但至少没人敢和他进行武力对抗，而且这片土地上的一切事务都在阿提拉的控制之下。一旦他对外发动战争，其他部落就会给他提供足够的军队。如果再征服高卢地区甚至西欧，阿提拉的统治范围将会从里海延伸到大西洋，那么除了意大利半岛的西罗马以及巴尔巴和小亚细亚的拜占庭外，匈人帝国的疆土与当年的罗马帝国也相差无几了。

与西罗马人为敌

然而此时高卢地区的局势异常复杂：东北部的法兰克人建立了稳固的统治，距离匈人最近；西北高卢布列塔尼地区是巴高达人；在西南高卢阿斯坦地区，西哥特人完成了穿越西班牙的长途迁徙后就定居在这里，他们是这一地区除西罗马外最强的势力；罗马在高卢中部和南部等“安全地区”还维系着统治，以阿尔勒为首府，这里保存了罗马文化并受到罗马的保护。埃提乌斯的军队遍布连接罗马与大小军事重镇的道路网。高卢行省的统治者是阿维图斯，他曾经在埃提乌斯手下担任过将领，因而被埃提乌斯授予在高卢行省的高级职务以作为奖励。公元 439 年，在许多使节都失败后，阿维图斯成功地说服了西哥特国王提奥多里克，与之签订了一项互不侵犯的和平条约。

面对高卢地区政权林立的现状，阿提拉首先展开了一轮外交活动，以便在将来采取军事行动时尽量为自己减少敌人。第一个要解决的是西哥特，为了达到占领高卢一部分土地的目的，同时又不让埃提乌斯感觉到西罗马在高卢的统治受到威胁，西哥特是最好的切入点，因为他们既是西罗马的敌人也是匈的敌人。阿提拉通过外交途径向埃提乌斯表示，西哥特人曾经是匈的附庸，现在他们背叛了宗主国逃到高卢，自己有义务率军将他们追回来，他将会继续扮演“匈与罗马友谊的捍卫者”。埃提乌斯自然没有被他的伎俩所欺骗，但居住在阿斯坦地区的罗马人却倍受鼓舞，他们认为阿提拉会帮助自己夺回被西哥特人夺走的土地。

不过，西哥特是一支强大的力量，在阿提拉看来，在没有决定先打谁之前，他们最好也保持中立，至少不能让他们和西罗马联合起来。因此，阿提拉又给西哥特国王提奥多里克写了一封立场完全不同的信，在信中他让提奥多里克认真考虑一下，谁才他真正的敌人。此外阿提拉还花费了很多语句来表示对提奥多里克的支持，显得非常和蔼可亲并且善于为他人着想，正如拜占庭历史学家约尔达内斯所说，“在极度残暴的外表下，他其实是一个敏感细腻的人”。

这件事也说明了这时的匈人战斗力已经严重退化，以至于阿提拉不得不用外交手段为自己减少敌人，不能再像他们父辈刚进入欧洲时那样，以区区一个民族的力量击败所有的蛮族。经过几十年的定居生活，匈人已经完全改变了生活方式，因为脱离游牧生活，他们的马匹数量越来越少，以至于不得不组建步兵以补充骑兵数量的不足，这时的匈人军队从战术到组织都已和其他蛮族没有太大差别。

正在阿提拉等待时机时，间谍向他报告了一则关于西哥特人的重要情报：北非的汪达尔王国和西哥特王国严重交恶，双方已经到了爆发战争的边缘。此前出于政治联姻的需要，西哥特国王提奥多里克将女儿嫁给了汪达尔国王盖萨里克的儿子胡内里克。一开始两人感情笃好，很快有了孩子，但没过多久胡内里克的脾气变得异常暴躁，残酷地对待妻子和自己的孩子。后来因怀疑妻子试图毒死自己，胡内里克把西哥特公主的鼻子割下来并送还到她父亲那里。原本天生丽质的公主变成了见不得人的丑八怪，提奥多里克自然震怒异常，发誓要讨伐汪达尔为女儿报仇。阿提拉异常兴奋，他打算先发制人，在西哥特还没有行动之前就出兵摧毁他们，但在此之前，他要先做好安抚西罗马的工作。公元 450 年春天，阿提拉给西罗马皇帝瓦伦丁尼安三世写了一封短信，在信中他明确表达了即将进攻西哥特的意图，并向对方保证不会和西罗马发生冲突。然而就在此时，两个意外事件的发生打乱了他的计划。

首先，埃提乌斯和阿提拉之间的关系

因为法兰克王位继承人问题出现裂痕。法兰克王死后，两个王子争夺王位，次子前往西罗马寻求支持，埃提乌斯答应给予帮助并将他收为养子。而长子却逃到了匈，得到了阿提拉的支持。这件事把两个本来是朋友的人推到了一个尴尬的境地，两人谁都不肯轻易放弃这个控制法兰克的大好机会。自从阿提拉把扩张方向转向西边之后，除非埃提乌斯放弃恢复罗马疆土的宏大志向，否则他和阿提拉之间爆发冲突是避免不了的。

而另外一个事件直接给予阿提拉对西罗马帝国提出领土要求的借口，埃提乌斯已经无法避免和阿提拉的正面冲突了。西罗马皇帝瓦伦丁尼安三世有个姐姐叫做霍诺莉娅，因与管家尤金尼厄斯私通，后因怀孕而败露。皇太后普拉西提阿认为这是皇室的奇耻大辱，于是命令处死尤金尼厄斯，然后霍诺莉娅自己选择处理方式：要么嫁给一个“富有且安全并且没有任何针对皇帝阴谋的执政官”，要么将会被送到遥远的君士坦丁堡，在那里接受严厉管束，等待她的将会是修道院般清苦的禁闭生活。霍诺莉娅在政治方面的野心比起其母普拉西提阿有过之而无不及，这两个选择都不是她想要的。她既不肯嫁给一个无聊透顶的丈夫，更不愿在君士坦丁堡度完余生。最后霍诺莉娅还是被送到了君士坦丁堡，可谁也没想到，被逼得走投无路的公主在那里做出一个足以导致整个欧洲陷入战火的决定。她通过一名忠诚的宦官海厄森苏斯，给西哥特王提奥多里克送了一封求救信，表示如能得到解救便嫁给对方为妻，嫁妆是整个西罗马帝国。同时她也给阿提拉送了一枚戒指和一个口信，表达了同样的意思。从法理上来说，一位被流放到同盟国的罗马公主是无权拿整个国家做自己的嫁妆的，但对于阿提拉这样的蛮族首领来说，这些并不重要，重要的是他得到了一个看似非常合理的开战借口。

不过先动手的是西哥特人。提奥多里克得信后便以此为由，大举进攻关押着霍诺莉娅的拜占庭，一路烧杀抢掠直到君士坦丁堡城下，被贿以重金后始退。然而他没有要求对方履行婚约，他深知罗马公主不可能下嫁蛮族。而且他也非常惧怕阿提拉，不愿意与他争夺妻子。阿提拉收到公主的礼物后并没有马上做出反应，而是打算到了合适的时候再向西罗马摊牌。这种不顾一切把国家至于极其危险的境地的做法，让拜占庭人也把霍诺莉娅看成了一位危险人物，为了避免惹火烧身，拜占庭皇帝狄奥多西下令把霍诺莉娅送回西罗马。

狄奥多西建议瓦伦丁尼安三世把霍诺莉娅交给阿提拉以甩掉这个麻烦，而瓦伦丁尼安三世认为这是对帝国的侮辱，自然拒绝了这个提议。这时前去送信给阿提拉的宦官海厄森苏斯回来向霍诺莉娅报告任务已经完成，瓦伦丁尼安三世将他逮捕了，经过严刑拷打后处死。瓦伦丁尼安三世也想处死霍诺莉娅，但被母亲普拉西提阿阻止了。普拉西提阿认为女儿只是误入歧途，希望瓦伦丁尼安三世好好照顾她。最后皇太后把霍诺莉娅嫁给一个西罗马官员，这样阿提拉就无机可乘了。

这时阿提拉也陷入了困境，之前为了

与西哥特作战，他已经集结了一支规模空前的大军（一些编年史书记载有50万）。这支大军除了匈人军队外，还有大量附庸国军队，他们包括时为拜占庭和匈服役的东哥特人、颇有名气的阿兰枪骑兵部队以及格皮德人、鲁吉安人、斯基里安人、阿卡喇里人、赫鲁里安人、伦巴第人等大小蛮族。而这时拜占庭政局发生变化，阿提拉原先指望用来发动战争的军费没了着落。7月底，拜占庭皇帝狄奥多西二世骑马时摔伤，2天后去世。因为狄奥多西没有儿子可以继承皇位，而他的姐姐普尔喀莉娅和霍诺莉娅一样充满政治野心。为了夺权，普尔喀莉娅先是嫁给了一名色雷斯元老马西安，然后告诉拜占庭大臣们狄奥多西临终前指定马西安为继承人。就这样马西安成了拜占庭新的统治者，他上台后做的第一件事就是不再继续向匈进贡岁币。

阿提拉正忙于筹划西征之事，没有精力也不可能再调转矛头来处理拜占庭问题，于是他派出一支使团去拜占庭请求经济上的支援。马西安的回答是：金子是用来给朋友的，铁才是给敌人的。在拜占庭那里碰了壁，阿提拉这时还有另外一个选择，那就是带着霍诺莉娅送给他的戒指去帮她恢复在西罗马的统治，这样自己也能从中得到不少经济上的好处。阿提拉派使者去西罗马，宣称“霍诺莉娅不应该被亏待，如果她不能得到权杖，那他会为她报复”（《出使匈人王廷记》，〔拜占庭〕普里斯库斯），对于阿提拉这个荒唐的请求，西罗马人的回应是“霍诺莉娅不能同他结婚，因为她已经被许配给了另一个人，而且她也没有权力要求得到权杖，因为罗马的统治权属于男性而不是女性”。

这件事导致西罗马和匈彻底决裂，阿提拉决定暂时撇开西哥特先进攻西罗马的高卢行省。只要匈人在高卢迅速取得决定性胜利，一直打到大西洋岸边，那么整个南欧都会处在阿提拉的控制之下。然而这种从未经历过的远征对他而言存在很多困难：匈人此前的战术是骑兵远程突袭，像闪电一样插入敌后致敌防线崩溃，然后由跟在后面的步兵肃清残敌。不过这种战术仅适用于开阔的大平原，阿提拉向西前进的道路上有不少带堡垒的城镇，必须要使用投石机或攻城塔之类的攻城器械。往远处运送攻城器械往往太耗费时日，而阿提拉集结的庞大军队每日开销极大，他不可能等那么长时间，于是只好再度和西罗马谈判。不过这次阿提拉的价码更高：因为霍诺莉娅是他的合法妻子（有戒指为证），而本来拥有继承帝国的权力的霍诺莉娅却被贪婪的弟弟赶走，现在又被许配给他人，因此瓦伦丁尼安三世应该直接把帝国的一半疆土——整个高卢直接交给阿提拉。瓦伦丁尼安三世自然无法接受这个条件，阿提拉又派了一名使者告诉他：“我的以及你的主人阿提拉命令我通知你，为他准备好你的宫殿！”

正当皇帝还在幻想阿提拉能够前去攻打西哥特放过西罗马时，对局势严重性有着清醒认识的埃提乌斯已展开了卓有成效的外交工作。埃提乌斯深知，单凭西罗马一己之力绝对不是阿提拉率领的蛮族联盟的对手。虽然帝国军队曾在自己的带领下

◎ 匈人军队对高卢庄园的洗劫

攻无不克战无不胜，但那时的主力是匈人佣兵，很多战争甚至得到匈的直接出兵援助。为了扭转这个劣势，西罗马必须把高卢地区的大小蛮族也联合起来，尤其是强大的西哥特人。虽然西哥特长期以来是埃提乌斯的主要敌人，但如果阿提拉击败了西罗马帝国，那西哥特也必然不能幸免。于是他派了曾成功说服提奥多里克签订和平条约的阿维图斯前往图卢兹，劝说他们与西罗马共同抵抗阿提拉，并提醒西哥特人不要忘记被匈人抢夺祖先土地的深仇大恨，以及至今仍在不时被匈骚扰的现实。提奥多里克被阿维图斯说动了，但还是没有最终下决心。

这时的阿提拉正在解决法兰克问题。他的行军路线是渡过莱茵河后沿摩泽尔河逆流而上，从这一带的山区穿过然后到达香槟平原，那里才是匈人骑兵的用武之地。而这一带控制在法兰克人手中，如果他们对阿提拉采取敌对政策，那将会对西征极为不利。最后阿提拉派之前向他求助的前法兰克王的大儿子希尔德里克前往该地区，收编了还没为西罗马效力的法兰克人，组成了一支军队，为行军解除了侧翼威胁。为了避免西哥特和西罗马联合，阿提又派出使者去告诉提奥多里克自己只是借道攻打西罗马，同时又派人给埃提乌斯传话，说这次出兵只是为了攻打西哥特。然而西罗马和西哥特相互一核实，这个谎言就被揭穿了，提奥多里克反而因此下定决心和埃提乌斯一起抵抗阿提拉。

血腥的沙隆会战

公元 451 年 3 月，阿提拉的部队从多处地方搭浮桥渡过莱茵河及其支流，并在过河之后汇聚成一支大军，一路势不可挡地向高卢地区杀来。高卢行省的城市一座接着一座沦陷。4 月 7 日，阿提拉大军攻陷高卢名城梅兹，整座城市遭到了空前惨烈的烧杀抢掠，最后被彻底夷为平地。根据教会文献记载，阿提拉在屠杀之后宣称自己是奉神谕来惩办世上的罪人的，即“上帝之鞭”。紧接着是卢特提亚（巴黎的前身），但主教派遣一名7岁小女孩出城和阿提拉谈判，这座城市才幸免于难，到此时高卢北部城市除了军事重镇奥尔良外，全部宣告沦陷。

奥尔良控制在阿兰人的手里，他们本来许诺支持阿提拉，但见到匈人军队惨无人道的杀戮后又心生反悔。阿提拉不能容忍这种背叛，于5月初率领全军前往围攻奥尔良。阿兰人联合城中的一个罗马军团拼死抵抗，此前城中的阿乃努斯主教已派人向埃提乌斯请求援兵，告诉他守军最多只能坚持到6月中旬，埃提乌斯则要求他们尽力坚守到底。这时所有的蛮族都被阿提拉大军对高卢的蹂躏所震惊，大家都意识到单凭自己的力量是无法对抗匈的。埃提乌斯抓住这个同仇敌忾的良机，派人四处联络，凭借自己在高卢地区的威望建立了一个反抗匈的联盟。分布于高卢和西班牙的各个日耳曼蛮族部落，甚至位于不列颠的凯尔特部落都派兵前来支援，西哥特国王提奥多里克也亲自带兵前来助战。据历史记载，当阿提拉大军开始围困奥尔良城时，埃提乌斯联军的规模也达到了50余万人。决战的时刻快到了。

◎ 罗马鹰旗

由于阿提拉大军没有携带笨重的攻城器械，虽然他的部队规模极其庞大，但缺乏攻城的手段，一连数周如潮水般的攻击也未能拿下奥尔良，反而自己伤亡惨重，士气也急剧下降。原先的闪电突袭变成了长期围城，数十万大军的补给也是沉重的负担，阿提拉的西征计划遭受了严重的挫折。而这时城中守军也几乎到了山穷水尽的地步，阿乃努斯主教也快绝望了，眼看城池就要沦陷，关键时刻，埃提乌斯的大军出现了。城上守军看到罗马鹰旗缓缓地在地平线上出现，背后是西哥特大军，援军的到来让他们欢声雷动，顿时士气大振。在匈人大军没有在奥尔良城下被消耗得差不多之前，埃提乌斯前来迎战没有什么胜算，而且他也需要利用这段时间集结足以与阿提拉抗衡的强大兵力。而对阿提拉来说，顿兵坚城久攻不克，敌方援军又从背后出现是兵家大忌，这时战局已对他极为不利。

埃提乌斯的援军赶到战场后不做任何停留，立刻向匈人联军发起进攻，城中守

◎ 奥尔良围城战

军也集中全部投射武器向敌军射击，匈人军队再也支持不住，向东退却，阿提拉宏伟的西征计划到此彻底破产了。而埃提乌斯和提奥多里克却紧追不舍，尾随阿提拉渡过塞纳河来到马恩河畔。当天晚上，埃提乌斯让法兰克人当先锋袭击阿提拉的营地，阿提拉连夜下令撤退，充当后卫的格皮德人付出了很大代价才阻止住法兰克人的突袭。这时阿提拉意识到自己的大军已无法全身而退，攻城时跟在后边的步兵大量聚集在奥尔良城下，如果率领轻骑兵部队逃走，那么就等于把他们交给敌人，自己用了好几年时间才集结的部队大部分就会瓦解，这是阿提拉所不能接受的。第二天上午，阿提拉修正了原有的撤退计划，回军列阵，这时埃提乌斯的联军也尾随而至，两军终于在沙隆附近的卡塔隆尼原野相遇，各自摆开决战的阵势。

这时的罗马军队和凯撒时代相比已经发生了很大变化，首先罗马军团的编制已经从 6 千多人缩小为 1 千多人；其次步兵装备也有一定改变，原先的木制盾牌为包裹金属外皮的盾牌所取代，这种盾牌的防护性虽然显著增强，但重量也大大增加，非常不利于步兵冲锋。罗马步兵从前惯用的重型标枪也被一种超轻型标枪替代，这种标枪虽然穿透力远逊于重标枪，但射程可达 50 米之远，几乎接近弓箭的射程。这时罗马军队的战术也变得非常保守，一般都是组成盾牌阵等敌人来攻，直到敌人冲击方阵受到很大损失后才随后追击。而西哥特军队的战术与罗马军队形成鲜明对比，他们的军队往往以大量的重装骑兵为核心，战斗时由重骑兵冲击敌阵，一旦取得胜利后步兵随后掩杀。匈的战术仍然是以大量的弓骑兵为主力，在冲锋的时候向敌人射出遮天蔽日的箭雨，如果用来对敌军实施边逃跑边射箭的战术可能游刃有余，但正面冲击的效果可能不如西哥特的重骑兵。

卡塔隆尼原野非常平坦，除了少数隆起的土丘外全是一望无际的旷野，正是匈人擅长的且适合骑兵的战场。在战前，阿提拉命令巫师通过观察牲畜的内脏以预测战争的吉凶，巫师占卜的结果是对匈不利，但敌军统帅将会阵亡。阿提拉认为这样也划得来，于是下定决心在这里和埃提乌斯展开决战。阿提拉看见埃提乌斯的联军阵型严整，知道无法像以前那样通过突袭迅速击溃，于是采取谨慎的打法，首先把军中战车集中起来围城一个车阵，将自己的大营置身其中。

扎下大营后，阿提拉发现旁边有一个小土丘，于是马上派出一支骑兵前往占领。这时埃提乌斯也发现了这座土丘，从这里可以很好地观察到匈的大营，便派遣西哥特王子托里斯蒙德前去抢夺。托里斯蒙德果然没有辜负埃提乌斯的厚望，他率领精锐亲军卫队向山丘上的匈人军队展开进攻，勇猛地把匈人赶下坡去，夺取了这个制高点，大大地鼓舞了联军的士气。

阿提拉虽然没有占到地利，但丝毫没有气馁，为了提振军队的士气，他花了很多时间给属下做战前动员。直到下午，匈人才走出车阵，在平原上摆开阵势。这时埃提乌斯把联军分为左中右三翼，左翼是由埃提乌斯亲率的罗马军团，右翼是由提奥多里克率领的西哥特部队，而阿兰人、法兰克人和其他蛮族则被放在中央。阿提拉则针锋相对，亲率匈人精骑居中，把东哥特人放在左翼去面对他们的同胞西哥特人，其他各蛮族军队则位于右翼。埃提乌斯这样的部署相当冒险，因为他放在中间的蛮族部队是联军中最弱的部分，非常容易被匈人骑兵从中央突破，那么整个西罗马联军的防线将会被拦腰斩断。然而从另一方面看，中心突破的匈人部队也有从两翼被包抄的危险，有可能会重蹈罗马军团在坎尼会战中的覆辙。

午后不久，会战终于打响。阿提拉一方首先发动进攻，在遮天蔽日的箭雨掩护下，匈人精锐骑兵排成楔形突击阵型向西罗马联军的中央直插而去。由各蛮族组成的中央军阵缺乏严格的纪律性，在首轮箭雨的射击下军心就已经开始动摇了，等到

◎ 匈人下属的阿兰人重骑兵被罗马军团标枪打倒

匈人骑兵冲到时很多人开始溃逃，防线被轻易撕开一个大口子。匈人骑兵并不追击败敌，而是向左旋转，从背后包围西哥特军队。一旦对方最强的西哥特军战败，那么此战基本上大局已定。为了逼退敌人，年过60的提奥多里克亲自率领重骑兵向匈人发起反冲锋，结果在激战时中箭落马，被紧随其后的重骑兵活活踩死。失去领袖的西哥特军开始出现混乱的迹象，战况千钧一发之际，王子托里斯蒙德站出来迅速恢复了秩序。西哥特重骑兵在他的带领下向匈人骑兵发起了凌厉的反击，将他们从中央缺口压了回去。这时埃提乌斯率领的左翼罗马军团也取得了胜利，他们排成密集队形，首尾呼应、稳步前进，冲散了阿提拉由蛮族组成的右翼军阵，然后将其分割歼灭。从中央败退的匈人骑兵正好迎面撞上了罗马军团的盾牌防线，大量骑兵在罗马士兵的标枪攒射之下纷纷倒下。与此同时，阿提拉联盟左翼的东哥特人也抵挡不住西哥特铁骑的猛烈冲击，率先退出战场。孤军深入的匈人军主力此时失去了两翼的掩护，战役进行到这里基本上胜负已分。

夜幕悄悄来临，阿提拉明白大势已去，于是丢下大部分人马，只带领精锐亲军卫队冲出重围，狼狈地逃回用战车围住的大营。回到大营后，阿提拉命令将所有马鞍都搜集在一起，燃起一堆大火，准备在大营被攻破之后跳入火堆自尽，以免受被俘之辱。入夜之后，战场上依然一片混乱。托里斯蒙德率部追击时与大部队走散，结果误入匈人的营地，幸好随从拼死保护，托里斯蒙德这才从敌阵中突围出来。埃提乌斯在混战中也和部队失散，最后不得不在西哥特人的大营里过夜。直到次日凌晨，整个战场才渐渐安静下来，沙隆平原上尸横遍野。埃提乌斯巡视战场时发现了敌军伤亡比己方要多得多，而且阿提拉大营一片安静，不再有人出来挑战，埃提乌斯这才意识到自己已经赢得了战争的胜利。提奥多里克的尸体也被找到，西哥特人哀伤不已，为他们的国王举行了一场沙场葬礼，送葬的队列在匈人面前缓缓前进，令躲在大营里的阿提拉也深为震撼。

此战双方伤亡惨重，据历史记载至少有16万人战死或负伤。阿提拉大军大部溃散，余下的兵力也无力再发起进攻了，而且补给断绝，退路又被西罗马弓弩手封死，被全歼也只是时间问题。虽然已经陷入绝境，但阿提拉仍然躲在车阵里负隅顽抗。匈人大营中的战鼓不分昼夜地响彻云霄，托里斯蒙德率西哥特骑兵发起的几次冲锋都被乱箭射了回来，暂时也不能将其奈何。而在西罗马联盟这边的军事联席会议上，关于如何处理阿提拉，各方也产生了严重的分歧。有人主张强攻，有人主张长期围困，但埃提乌斯却想把阿提拉放走。埃提乌斯对局势有着清醒的认识，他知道匈虽然盛极一时，但注定无法长久，而居住于高卢地区的数量极其庞大的各个蛮族才是罗马最大的威胁，尤其是西哥特人，他们的过于强大是埃提乌斯所不愿见到的，留下阿提拉可以有效地制衡这些蛮族。当天晚上，埃提乌斯劝说托里斯蒙德赶紧回国继承王位，然后自己也拔营撤退了。阿提拉这才得以逃出重围。在返回首都布达的路上，

◎ 沙隆会战示意图

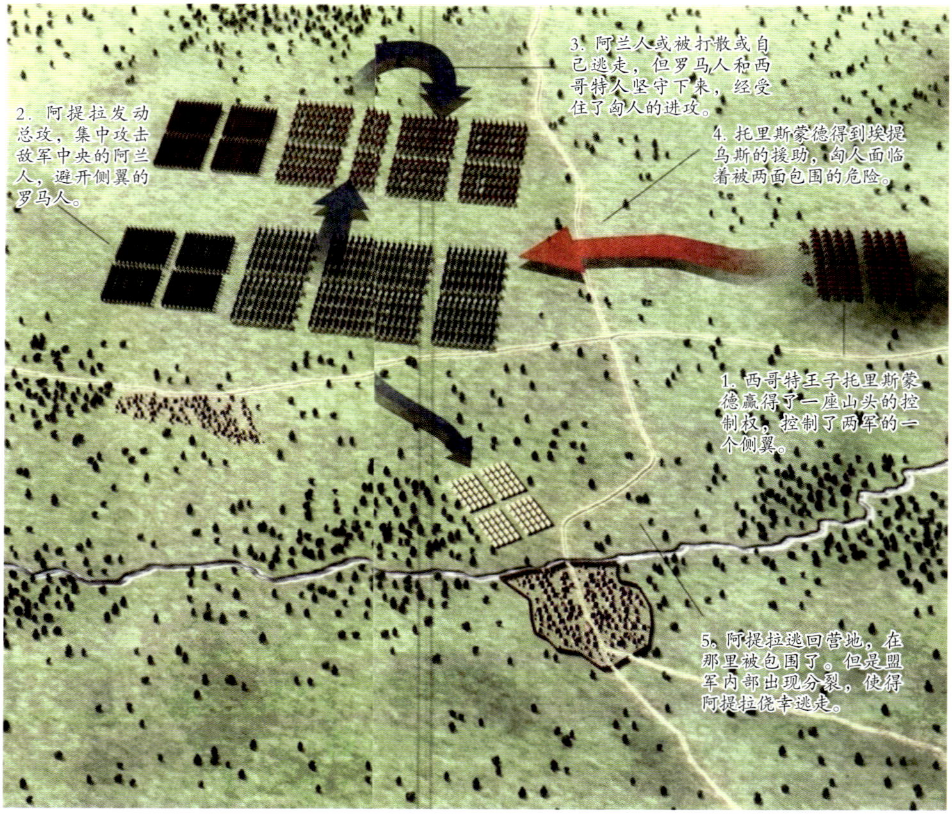

阿提拉得到消息，自己发动的波斯战争也失败了。

客观的说，整个战争的转折点是奥尔良守城战而不是沙隆会战，正是奥尔良城中的守军消耗了匈人军大部分战力，西罗马联军才能在之后的决战中只用一个下午就把阿提拉大军打垮了。可以说自从埃提乌斯率领援军在围城的匈人军背后出现以后，阿提拉的西征计划就不可能实现了。他唯一的正确选择是尽量全军而退，而不是用久战疲惫之师在这里和对手赌一把。

沙隆会战沉重地打击了阿提拉率领的匈人联军，将西欧从匈人铁蹄下拯救出来，然而这并不意味着罗马帝国可以重新强大起来。阿提拉撤军后，高卢地区仍然充斥着不服从罗马统治的大大小小的蛮族，“这个时候，整个国家的情况显得相当糟，因为没有一个行省没有蛮族居民”（《上帝之鞭阿提拉》，〔英〕约翰·曼），西罗马帝国对这里的统治仍然非常脆弱，只有埃提乌斯这样的厉害人物才能掌控如此复杂的局面，小心翼翼地维系着帝国在高卢地区的存在感。而阿提拉也没有从此一蹶不振，他的西征大军虽然战败，但作为核心力量的匈人骑兵却没有遭受毁灭性打击，仍然具有强大的作战能力。

◎ 被汪达尔人洗劫的罗马城

◎ 油画中描述的教皇利奥与阿提拉会面的场面

新婚夜里的暴毙

仅仅在沙隆之战的一年后，阿提拉又集结起一支大军，绕过阿尔卑斯山，从东面攻入意大利北部。这次被威胁的是西罗马帝国的本土，而且情况远比上次还要糟糕，埃提乌斯对此却无能为力，因为他无法劝说西哥特等蛮族为保卫罗马本土而战，只得躲在仅剩兵力守卫着的拉文纳，预备和西罗马皇室成员一起前往拜占庭避难。和以往的无数次侵略一样，匈人军队将他们的野蛮本性发挥到了极致，亚得里亚海西岸的阿奎利亚城几乎被从地面上抹平，括米兰、威罗那和巴度阿等波河流域地区的其他城市全部遭到了洗劫。只有阿奎利亚抵抗得比较激烈，匈军连攻三个月也没能拿下，最后阿提拉通过观察发现了城墙的弱点，这才攻克这座城市然后将之夷为平地。在围城期间，阿提拉造了一座土山，用来祭祀曾经到过此地的祖父乌尔丁。短短几个月时间，整个北意大利几乎被匈人彻底焚毁，饱掠之后的匈人军队开始向罗马城进军，而罗马城自从上次被汪达尔人焚毁之后一直未能恢复过来，根本没有能够抗敌的军队。

关键时刻，罗马教皇利奥一世冒险出城，在米西诺河和波河交汇处会见了阿提拉。据基督教文件记载，两人会面的时候出现了“圣迹”，圣彼得和圣保罗通过神谕威胁阿提拉，如果不撤军就会将他处死，阿提拉因害怕“神罚”而退兵，罗马这才得以保全。其实阿提拉退兵的真正原因并不是因为什么“圣迹”，而是因为他自身也陷入了困境。这时意大利半岛正在发生饥荒，成千上万的人饿死，这些尸体无人掩埋又爆发了可怕的瘟疫。匈军中不仅严重缺粮，而且也传染上了瘟疫，而拜占庭军队这时又乘机袭扰匈的后方，渡过多瑙河进入了潘诺尼亚。阿提拉的军队在沙隆会战中其实损失很大，这次强行进军意大利纯粹是为了泄愤，本已超出自己的 能力范围，现在又遇到这么多困难，最后只得从意大利撤军。这两次征战让匈人帝国元气大伤，从此以后阿提拉再也没对外发起过大规模进攻。

公元 354 年，阿提拉在新婚之夜暴病身亡。他迎娶的是一位叫伊笛可的日耳曼少女，第二天人们在新房里发现阿提拉全身赤裸的尸体，而伊笛可正躲在床角瑟瑟发抖。后经军医检查，阿提拉是在睡梦中被鼻腔血管破裂流出的血呛死的。在葬礼上，匈人战士们割下自己的一绺头发，用剑刺破自己的脸来哀悼阿提拉，按照匈的习俗，“最伟大的战士是不应以女性的哀号和泪水，而是以战士的鲜血来哀悼的”。匈人把阿提拉的遗体装进分别由金、银、铁制成的三层棺材里，然后驱赶着奴隶们筑起大坝拦住河流，再把棺材埋葬在干枯的河床下，从各国掳掠来的战利品也扔进了墓穴。最后匈人开闸放水，奔涌的河流淹没了阿提拉的墓地，所有参与施工的奴隶全部被处死，从此以后再也没人知道阿提拉被葬在何处。阿提拉死后，他的几个儿子因争夺继承人爆发了战争，匈的实力被进一步削弱，此后也渐渐地在欧洲历史上销声匿迹了。

据记载，在阿提拉暴毙的那个晚上，西罗马皇帝梦见阿提拉的弓弦被折断了。

和西哥特等其他蛮族的国王相比，阿提拉是个彻底的暴君，他的死对文明世界来说是福音。虽然拥有当时欧洲最强大的军队，但他却未能为自己的民族增加一寸疆土。他的军队像流寇一样在全欧洲散布着恐怖，除了屠杀就是勒索，既没有试图去安抚当地人民，也没有试图去建立统治机构。正如后人所评价的那样，如果阿提拉真的成功了，那欧洲肯定将会成为一片人烟稀少的荒原。

正当匈人帝国在东方渐渐消失时，西罗马帝国也遭受了同样的命运。战后埃提乌斯一度以“罗马的救星”、“帝国对付野蛮人的坚强堡垒”而享有极高的威望，不仅帝国的很多军政要人是他的部下或者挚友，而且他的儿子和皇帝瓦伦丁尼安三世的女儿小普拉西提阿订有婚约，甚至一些从外省来的官员都去向埃提乌斯面述政情而不再去觐见皇帝。瓦伦丁尼安三世是个没有主见的君主，执政以来一直接受母亲普拉西提阿的指导。公元 450 年，普拉西提阿死后，国家就操纵在埃提乌斯的手里，瓦伦丁尼安三世对此非常不满，但又忌惮埃提乌斯巨大的威望而无可奈何。一直想取代埃提乌斯的地位的罗马元老马克西姆斯见有机可乘，便通过皇帝的亲信赫拉克利乌斯向皇帝暗示，埃提乌斯可能正在策划一场政变，从而建立一个新的王朝，并建议皇帝先下手为强。

公元 454 年 9 月 21 日，瓦伦丁尼安三世以废除婚姻为名将埃提乌斯骗到皇宫，随即两人发生了激烈的争执。瓦伦丁尼安三世忽然指责埃提乌斯为叛徒，然后跳下王位拔出剑刺进埃提乌斯的胸膛，据历史学家记载，这是他有生以来第一次拔剑。赫拉克利乌斯和其他侍卫也拔出剑冲上来，用剑刺入埃提乌斯的身体。手无寸铁的埃提乌斯身中十几剑，当场死去。

杀死埃提乌斯后，瓦伦丁尼安三世封锁消息，紧接着将埃提乌斯在军中的亲信骗进宫中一一诛杀，西罗马能征惯战的将领损失殆尽。帝国军队失去了这位伟大的统帅，军心彻底涣散，再也不堪作战。听到埃提乌斯被杀的消息，一位大臣痛惜地对瓦伦丁尼安三世说：“我不了解陛下和埃提乌斯的过节，我只知道您刚刚用左手砍掉了右手。”消息传到国外，不论埃提乌斯曾经的盟友还是敌人，都对这位英雄的陨落感到分外惋惜。埃提乌斯没有光荣地战死在沙场上，却死于一个怯懦无能的君主的剑下。西罗马人本来就蔑视无能懦弱的瓦伦丁尼安三世，现在开始更加憎恶他了。

马克西姆斯原指望杀死埃提乌斯后取代他的位置，但这个角色却被赫拉克利乌斯抢走了。为了报复盟友的背叛，马克西姆斯安排了埃提乌斯的两个匈族部属——奥普提拉和萨斯提拉，去暗杀瓦伦丁尼安三世和赫拉克利乌斯。公元 455 年 3 月 16 日，瓦伦丁尼安三世前往玛提厄斯军营检阅并准备观看射箭练习，跟在身后的奥普提拉突然拔刀刺向了他。当受惊的皇帝转身去看是谁在袭击他时，奥普提拉又刺下第二刀将他杀死。与此同时，萨斯提拉冲上前杀死了赫拉克利乌斯。军营中的士兵大多是埃提乌斯的忠实追随者，当刺杀发生时，他们站在一边无人上前援救。

虽然埃提乌斯的手下间接帮他报了仇，但西罗马帝国行将衰亡的命运再也无法挽救。自从蛮族像潮水一样涌入帝国境内以来，罗马的国势就如同风中残烛，随时都有熄灭的危险。在最黑暗的日子里，上天将埃提乌斯赐给了罗马人，在他的带领下，帝国军队重振消失多年的声威，东征西讨、战功赫赫，甚至击败了不可一世的阿提拉，罗马人的荣誉与尊严仍然得以保持，他们对埃提乌斯的依赖远甚于强盛时期罗马人对恺撒的依赖。现在埃提乌斯死在他所效忠的皇帝的剑下，罗马人失去了他们最后的一位良将，之后再也没出现过类似的能力挽狂澜的人物，帝国的前景因而越来越黯淡。

公元 476 年 9 月 4 日，西罗马末代皇帝罗慕路斯·奥古斯都被蛮族将领奥多亚塞废除，西罗马帝国正式宣告灭亡。

欧洲古典时代到此结束，漫长而黑暗的中世纪开始了。

枭雄录

古代中国卷

以计智武勇成一方枭雄
因功败垂成而身死灰灭

战争事典特辑系列创作团队

主创：何单 刘晓 谭兵兵

视觉：黄丹 王星 郭娜

营销：牟燕红 胡小茜 陈晶 王婕

指文烽火工作室主编：原廓

官方网站：www.zven.cn
天猫店：zwhxts.tmall.com
投稿信箱：zven@zven.cn